# 班微书馆

（第一卷）

班飞舞　著

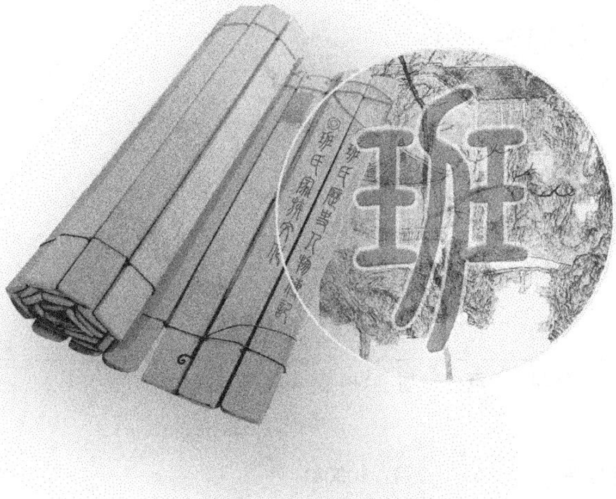


◎班氏历史人物传记

◎班氏家族文化

小子乃班氏后裔，翻及族谱，
遍阅史书，念我先祖之功，追我先祖之德，
焉能不慕而述其传乎

知识产权出版社
全国百佳图书出版单位
—北京—

**图书在版编目（CIP）数据**

班微书馆. 第一卷 / 班飞舞著. —北京：知识产权出版社，2022.1

ISBN 978-7-5130-7877-1

Ⅰ.①班… Ⅱ.①班… Ⅲ.①班固（32-92）-家族-史料 Ⅳ.①K820.9

中国版本图书馆 CIP 数据核字（2021）第 234177 号

**内容提要**

本书主要借鉴班氏家族族谱、历史文献和地方志等内容，创作有关班氏家族有名的历史人物的个人传记，介绍了班氏家族宗祠和姓氏文化方面的知识。旨在通过挖掘家族历史信息，结合个人经历和实际探访，传承中国传统文化关于家族姓氏学方面的知识，并以事实为依据，列举考古方面的实证，详细而真实地撰写历史人物，发扬家国情怀，展现文明家风，体现班氏家族的历史贡献，进而继承和发展班氏家族在新时代的精神风貌。本书可作为班氏族人缅怀先祖、传承家风之参考。

**责任编辑**：彭喜英　　　　**责任印制**：孙婷婷

**班微书馆（第一卷）**

BAN WEISHU GUAN（DI-YI JUAN）

班飞舞　著

| | |
|---|---|
| **出版发行**：知识产权出版社有限责任公司 | **网　　址**：http://www.ipph.cn |
| **电　　话**：010－82004826 | http://www.laichushu.com |
| **社　　址**：北京市海淀区气象路50号院 | **邮　　编**：100081 |
| **责编电话**：010－82000860转8539 | **责编邮箱**：laichushu@cnipr.com |
| **发行电话**：010－82000860转8101 | **发行传真**：010－82000893 |
| **印　　刷**：北京中献拓方科技发展有限公司 | **经　　销**：各大网上书店、新华书店及相关专业书店 |
| **开　　本**：720mm×1000mm　1/16 | **印　　张**：19.75 |
| **版　　次**：2022年1月第1版 | **印　　次**：2022年1月第1次印刷 |
| **字　　数**：336千字 | **定　　价**：98.00元 |

ISBN 978-7-5130-7877-1

# 自　序

**图 1　陕西省宝鸡市扶风县街道牌楼**

班姓在宋版《百家姓》上排名第 235 位，属于靠后的稀少小族姓氏，未曾听闻者，何其多也？然在中国的历史长河中，班氏家族始终光照千秋，让人不能忘怀。尤以班姓第七、第八、第九世的丰功伟绩，青史留名，影响深远。一代大儒班彪审时度势，匡扶汉室，不遗余力，著书立说，搜集汉史，明标史册；班固开断代史之先河，创地理志之新图，编撰《汉书》，文耀华夏；班超投笔从戎，率三十六骑深入西域，三十余年不烦汉庭之兵，威德服五十余国归汉，二通西域，定远之功，万里封侯。班勇继父遗志，三通西域，使匈奴不敢犯，畅通丝绸之路，往来络绎不绝。放眼华夏，何谓无人？堪比肩者，况又鲜矣！

至若唐宋元明以来，能者亦不乏之，如班景倩、班宏、班肃、班惟志诸公，皆一时名望，岂有不识？近代者亦有班广盛辈，抗战英烈诸公，足训后辈子孙。

小子乃班氏后裔，翻及族谱，遍阅史书，念我先祖之功，追我先祖之德，焉能不慕而述其传乎？遂多方搜集，整理文稿，加以考证，尚恐遗缺错漏，笔力有限，撰成数篇，以供读者查之，作此传记，一则传承于家族内，望后辈子孙知之，以思奋发有为；二则弘扬传统历史文化，与时俱进，共创文化繁荣昌盛。

望知其事者，互相切磋，若有错讹，烦请指正！

敬谢！共勉！

班飞舞记于申城翠香斋

庚子年上元（公元 2020 年 2 月 8 日）

# 目录
Contents

# 第一篇

# 班氏历史人物传记

# （一）班氏历史人物第一至五世——合传

本传主要人物：班壹、班孺、班长、班回与班况

《汉书·叙传第七十》[1] 载：

班氏之先，与楚同姓，令尹子文之后也。子文初生，弃于瞢中，而虎乳之。楚人谓乳“穀”，谓虎“於菟”，故名穀於菟，字子文。楚人谓虎“班”，其子以为号。秦之灭楚，迁晋、代之间，因氏焉。

始皇之末，班壹避地于楼烦，致马牛羊数千群。值汉初定，与民无禁，当孝惠、高后时，以财雄边，出入弋猎，旌旗鼓吹，年百馀岁，以寿终，故北方多以“壹”为字者。

壹生孺。孺为任侠，州郡歌之。孺生长，官至上谷守。长生回，以茂材为长子令。回生况，举孝廉为郎，积功劳，至上河农都尉，大司农奏课连最，入为左曹越骑校尉。成帝之初，女为婕妤，致仕就第，赀累千金，徙昌陵。昌陵后罢，大臣名家皆占数于长安。

况生三子：伯、斿、穉。

## 第一世　班壹

班壹是有史记载的班氏第一人。班氏根从楚国而来，据说是楚国著名令尹（楚国宰相）斗子文后裔。

《左传·宣公四年》载：

初，若敖氏娶于䢵，生斗伯比。若敖卒，从其母畜于䢵，淫于䢵子之女，生子文焉。䢵夫人使弃诸梦中，虎乳之。䢵子田，见之，惧而归，夫人以告，遂使收

[1] 本书所引《汉书》内容均为中华书局1999年版《汉书》。

图2 班壹画像（班氏家族后裔天津支脉国家一级美术师班德海画）

之。楚人谓乳縠，谓虎於菟，故命之曰斗縠於菟。以其女妻伯比，实为令尹子文。

楚国第十三代国君熊仪，为若敖氏，娶了附属国郧氏女，生一子为斗伯比。熊仪死后，斗伯比跟随其母回到郧地，长大后与郧国君之女私通，生下一子。郧国君夫人派人将孩子遗弃在云梦泽（最早见于《周礼·职方》“其泽薮曰云梦”，古长江三角洲地区，北临汉水，南近长江，北宋设县垦地为平原而消失，大概今湖北安陆、云梦县等地）。当时郧国君恰好去云梦泽田猎，见到一只老虎（莫非华南虎?）正在喂养一个婴孩，因此恐惧返回，告诉夫人，夫人知之以为奇而天不灭之，遂派人抱回抚养。楚国方言里称乳为谷，称老虎为於菟，于是给孩子取名斗谷於菟，并将其女正式嫁与斗伯比。这孩子就是后来楚国“毁家纾难”的著名令尹斗子文，子文是其字。

楚国方言里有称虎纹为班，斗子文生一子为斗班。至秦国灭楚后，斗氏后裔迁徙至晋、代之间，遂改姓为班。

秦始皇末年，有姓第一人为班壹，因避秦乱而迁入楼烦（今山西宁武、保德、苛岚一带，三班故里位于楼烦一隅）。班壹以畜牧起家，有马、牛、羊数千群。西汉立国，与民休养生息，当孝惠帝吕后时期，班壹因畜牧生财，富甲一方，为边境一时之豪杰。每当出入弋猎，旌旗飘飘，鼓声隆隆，人马随行众多，犹如帝王一般。班壹年至百余岁，寿终正寝，得长寿之名，后北方多以壹字命名。

班壹卒，有一子为班孺。

## 第二世　班孺

班孺（据《巢邑班氏宗谱》上记为儒，此处从班固《汉书》，为孺），其父班壹，家财雄富，长于边境，颇有乃父之风。班孺有任侠之气，交游广阔，人多敬之。

班孺名声在外，受地方举荐而入仕途，官至陕州（河南西部，今三门峡一带）郡守，盖因其为人处世颇得民心，遂有民歌颂之，流传于当地。

班孺卒，有一子为班长。

## 第三世　班长

班长，班孺之子，有贤名，承父志，官至上谷郡（战国时燕国治所，北魏时废，今河北怀来东南一带）守。

班长卒，有一子为班回。

## 第四世　班回

班回，班长之子，受地方举荐为茂才（即秀才，班固写《汉书》避光武帝刘秀名讳而改为茂才），后官至长子县（今山西长子县西南一带）令。

班回卒，有一子为班况。

## 第五世　班况

班况，班回之子，受地方举荐为孝廉（西汉时无科举，人才多靠地方举荐选拔，孝、廉为两类举荐方式）而担任郎官。班况为人谦恭有礼，兢兢业业，在官勤政无暇，素有功劳，遂累积而升迁至上河（今宁夏黄河青铜峡附近）农都卫（典掌农事官衔）。班况又因连年课考第一（西汉朝廷每年或积二三年有官员考核，再定升迁罢免贬黜的制度），在西汉成帝时被召入为左曹越骑校卫（汉武帝时设置中央固定五校尉为屯骑校尉、越骑校尉、步兵校尉、长水校尉、射声校尉）。汉成帝初年，班况有一女被选入宫，后封为婕妤（见《班婕妤传》）。

班况去哪里做官便居住到哪里，每常勤俭持家，遂有家财累积至千斤。

班况后迁徙至昌陵（今西安近郊昌陵），而后世子孙，日渐繁荣，或为重臣，或为名家，皆入帝都长安（登记长安户籍，为新长安人），昌陵本地则推为望族。

班况除有一女入宫封为婕妤，另有三子为伯、斿、稚（见《兄弟传》）。

# （二）班氏历史人物第六世——兄弟传

本传主要人物：班伯、班斿与班稚

《汉书·叙传第七十》载：

况生三子：伯、斿、穉。伯少受《诗》于师丹。大将军王凤荐伯宜劝学，召见宴昵殿，容貌甚丽，诵说有法，拜为中常侍。时上方鄉学，郑宽中、张禹朝夕入说尚书、论语于金华殿中，诏伯受焉。既通大义，又讲异同于许商，迁奉车都尉。数年，金华之业绝，出与王、许子弟为群，在于绮襦纨绔之间，非其好也。

家本北边，志节慷慨，数求使匈奴。河平中，单于来朝，上使伯持节迎于塞下。会定襄大姓石、李群辈报怨，杀追捕吏，伯上状，因自请愿试守期月。上遣侍中中郎将王舜驰传代伯护单于，并奉玺书印绶，即拜伯为定襄太守。定襄闻伯素贵，年少，自请治剧，畏其下车作威，吏民竦息。伯至，请问耆老父祖故人有旧恩者，迎延满堂，日为供具，执子孙礼。郡中益弛。诸所宾礼皆名豪，怀恩醉酒，共谏伯宜颇摄录盗贼，具言本谋亡匿处。伯曰："是所望于父师矣。"乃召属县长史，选精进掾吏，分部收捕，及它隐伏，旬日尽得。郡中震栗，咸称神明。岁余，上征伯。伯上书愿过故郡上父祖冢。有诏，太守都尉以下会。因召宗族，各以亲疏加恩施，散数百金。北州以为荣，长老纪焉。道病中风，既至，以侍中光禄大夫养病，赏赐甚厚，数年未能起。

会许皇后废，班婕妤供养东宫，进侍者李平为婕妤，而赵飞燕为皇后，伯遂称笃。久之，上出过临侯伯，伯惶恐，起眂事。

自大将军薨后，富平、定陵侯张放、淳于长等始爱幸，出为微行，行则同舆执辔；入侍禁中，设宴饮之会，及赵、李诸侍中皆引满举白，谈笑大噱。时乘舆幄坐张画屏风，画纣醉踞妲己作长夜之乐。上以伯新起，数目礼之，因顾指画而问伯："纣为无道，至于是乎？"伯对曰："书云'乃用妇人之言'，何有踞肆于朝？所谓众恶归之，不如是之甚者也。”上曰：“苟不若此，此图何戒?”伯曰：“‘沉湎于酒’，微子所以告去也；‘式号式呼’，大雅所以流连也。诗书淫乱之戒，其原皆在于酒。”上乃喟然叹曰：“吾久不见班生，今日复闻谠言!”放等不怿，稍自引起更衣，因罢出。时，长信庭林表适使来，闻见之。

后上朝东宫，太后泣曰：“帝间颜色瘦黑，班侍中本大将军所举，宜宠异之，益求其比，以辅圣德。宜遣富平侯且就国。”上曰：“诺。”车骑将军王音闻之，以风丞相御史奏富平侯罪过，上乃出放为边都尉。后复征入，太后与上书曰：“前所道尚未效，富平侯反复来，其能默乎?”上谢曰：“请今奉诏。”是时，许商为少府，师丹为光禄勋，上于是引商、丹入为光禄大夫，伯迁水衡都尉，与两师并侍中，皆秩中二千石。每朝东宫，常从；及有大政，俱使谕指于公卿。上亦稍厌游宴，复修经书之业，太后甚悦。丞相方进复奏，富平侯竟就国。会伯病卒，年三十八，朝廷愍惜焉。

斿博学有俊材，左将军史丹举贤良方正，以对策为议郎，迁谏大夫、右曹中郎将，与刘向校秘书。每奏事，斿以选受诏进读群书。上器其能，赐以秘书之副。时书不布，自东平思王以叔父求太史公、诸子书，大将军白不许。语在东平王传斿亦早卒，有子曰嗣，显名当世。

穉少为黄门郎中常侍，方直自守。成帝季年，立定陶王为太子，数遣中盾请问近臣，穉独不敢答。哀帝即位，出穉为西河属国都尉，迁广平相。

王莽少与穉兄弟同列友善，兄事斿而弟畜穉。斿之卒也，修缌麻，赙赗甚厚。平帝即位，太后临朝，莽秉政，方欲文致太平，使使者分行风俗，采颂声，而穉无所上。琅邪太守公孙闳言灾害于公府，大司空甄丰遣属驰至两郡讽吏民，而劾闳空造不详，穉绝嘉应，嫉害圣政，皆不道。太后曰：“不宣德美，宜与言灾害者异罚。且后宫贤家，我所哀也。”闳独下狱诛。穉惧，上书陈恩谢罪，愿归相印，入补延陵园郎，太后许焉。食故禄终身。由是班氏不显莽朝，亦不罹咎。

初，成帝性宽，进入直言，是以王音、翟方进等绳法举过，而刘向、杜邺、王章、朱云之徒肆意犯上，故自帝师安昌侯，诸舅大将军兄弟及公卿大夫、后宫外属史、许之家有贵宠者，莫不被文伤诋。唯谷永尝言：“建始、河平之际，许、班之贵，倾动前朝，熏灼四方，赏赐无量，空虚内臧，女宠至极，不可尚矣；今之后起，无所不飨，什倍于前。”永指以驳饥赵、李，亦无间云。

穉生彪。

## 第六世　班伯

图3　班伯像（选自安徽《巢邑班氏宗谱》像赞引）

班伯（公元前47—前10年，生卒年推论见后），班氏第五世班况长子。

班伯年轻时拜师丹为师学习《诗经》，大将军王凤闻之，向汉庭举荐可以劝帝以学，汉成帝乃召班伯于宴昵殿（指皇帝亲戚宴饮聚会的宫殿），见班伯容貌长相甚美，且诵经解说，中规中矩，遂拜班伯为中常侍（可出入禁中，侍从皇帝)。汉成帝始向学，让郑宽中、张禹早晚到金华殿（未央宫内殿）讲解《尚书》《论语》，诏班伯一同受听。班伯有悟性，通其大义，便能与许商（西汉《尚书》学大家夏侯胜再传弟子）辩论《尚书》异同，官升奉车都尉（掌管皇帝出行车马）。数年后，辍学金华殿，出同王（太后王氏族）、许（皇后许氏族）子弟为伍，周游于贵族之间，非其本愿也。

班伯祖籍北方，有志向操守，正直高昂，曾数次请求出使匈奴。汉成帝河平年间（河平年号，公元前28—前25年，共四年），匈奴单于来朝，汉成帝使班伯手持汉节迎于塞下。恰逢定襄（郡名，今内蒙古和林格尔西北一带）大姓石、李族人，为报私怨，追杀捕吏，班伯乃上奏自请暂代郡守一个月。汉成帝遂派遣侍中中郎将王舜快速赶往塞下代替班伯去迎护单于，并携玺书印绶赐班伯，就地拜班伯为定襄郡太守。定襄郡人听闻班伯素来高贵且年少，又自请治理本郡，恐其到来，必定发威，官吏百姓惶恐不安。班伯至，即召见耆老父祖以及有故旧恩情相关人等，迎满厅堂，每日亲奉供饮之物，常执子孙礼进见。郡人稍敢松懈。诸宾客皆当地名人豪士，承怀恩情饮酒至醉，乃向班伯谏言应该收捕盗贼，全数相告相关藏匿之处。班伯称全仰赖诸父老相助，乃召集属县有经验的官吏，选择精干强兵，分别按处收捕，至各所藏匿处，十日便全部拿获。郡中大震，皆称班伯有神明。

一年后，汉成帝复征召班伯入都，班伯上书想先去祖籍故郡给父祖扫墓，诏令当地太守都尉以下同赴其所。班伯会见宗族辈，各以亲疏分给恩赐，散去数百金。北部州郡以此为荣，有长者记述之。班伯离开故郡向都中进发，不想于途中得病中风（脑内小血管破裂，大概是脑溢血）。及至都中，汉成帝命以光禄大夫的秩俸在家养病，赏赐颇丰，班伯竟数年未能起。

待许皇后被废，班婕妤退养东宫，荐李平为婕妤，时赵飞燕被立为皇后，班伯更称病不起。后汉成帝出宫亲至府中等班伯，班伯乃感惶恐，遂起视事。

自大将军王凤死后，富平侯张放、定陵侯淳于长始受帝宠，常微服同车而出，入则同聚宴饮，会赵李诸侍中皆杯酒放浪，醉则于御屏上作画，画的是商纣王醉躺在妲己怀中以为长夜之乐。

汉成帝因班伯病后新来，数次相顾以示尊重，遂指画问班伯曰：“商纣王就是这样的无道么？”

班伯答："《尚书》云乃用妇人（见《尚书·泰誓》篇）之言，哪有在朝堂上如此放肆之理？所谓众恶归之（《论语·子张篇》载子贡曰'纣之不善，不如是之甚也。是以君子恶居下流，天下之恶皆归焉。'班伯引此为据以说），比此更坏的多不胜数呢！"

汉成帝曰："假如不是这样，那么此图有何警戒？"

班伯答："沉湎于酒（见《尚书·微子》篇），微子乃出走归周。式号式呼（《诗经·大雅·荡》载'式号式呼，俾昼作夜'，意思指醉酒号呼，把白天当夜晚），《大雅》的诗人所以泣涕流连以告啊！《尚书》《诗经》对于淫乱的警戒，其根源皆在于酒。"

汉成帝感慨叹曰："吾许久不见班生，今天才又听到正直之言！"

张放等人非常不高兴，遂借如厕，罢宴而出。时长信宫庭林表（后宫妇女官名，此处指太后长信宫中的女官侍从）刚好来此，听到了这件事，回去后禀告了太后。汉成帝去朝见东宫，太后泣曰："皇帝近来面瘦色黑，班侍中本大将军所荐，应该特别对待，更多求此类人才，以辅佐圣上。宜督促富平侯张放就国。"汉成帝遵从。车骑将军王音听到后，同丞相御史奏富平侯罪过，汉成帝乃贬黜张放为边都尉（北地都尉）。后又征还，太后给汉成帝写书道："前所说宜宠班侍中尚未行，富平侯却反先回来，是这样遵从的吗？"汉成帝谢罪请今奉诏。当时许商为少府，师丹为光禄勋，汉成帝乃升许商、师丹同为光禄大夫，班伯升水衡都尉（掌管上林苑，兼管皇室财务并铸钱），与两师（师丹为汉成帝师，后又为太子即汉哀帝太傅，故称两师）并为侍中，皆秩俸二千石。每朝见东宫太后，班伯都在侧，若有大政之事，太后都谕旨让公卿商讨。汉成帝稍稍收敛不再游玩宴饮，复修经书之业，太后甚为高兴。丞相才复奏，富平侯张放终就国（指离开京都去北地任上）。

班伯因病去世，年三十八，朝廷异常怜恤。

按《汉书·公卿表》载"元延元年彪大伯为侍中水衡都尉，三年卒"，亦有是年"水衡都尉南阳王超"，可知班伯卒于元延三年（元延为汉成帝第六个年号，公元前12—前9年，共四年，元延三年即公元前10年）无误，又年三十八卒，可知生年当为公元前47年，约比班婕妤大一岁。

班伯有一子为班都。

## 第六世 班斿

图4 班斿像（选自安徽《巢邑班氏宗谱》像赞引）

班斿（生卒年不详），班氏第五世班况次子。

斿亦非常博学，且有俊才。左将军史丹举荐贤良方正（西汉选拔官吏人才科目，类同孝廉），斿对策出众，拜为议郎（西汉官名，属郎中令或光禄勋），再升迁谏大夫、右曹中郎将（西汉官名，同属光禄勋），同刘向（原名更生，字子政，楚元王刘交五世孙，文学家，领校祕书，撰《别录》第一部综合分类的目录书）一起校订秘书（皇家珍藏书籍）。每逢奏事，斿被选诏于帝前读群书。汉成帝器重其才能，赐以秘书之副本。当时书通常不外借，自东平思王（刘宇）以叔父（刘宇为汉成帝叔父）之名求取《太史公》（司马迁著《太史公》书，至东汉后方称《史记》）与诸子书，大将军白不许，记录在《东平王传》中。

斿亦早卒，有一子为班嗣，名显当时。

其子班嗣虽学儒，但推崇老（老子）严（庄子，班固写《汉书》避东汉明帝刘庄名讳改严）之术。桓生（桓谭，经学大家，懂天文哲学，琴师）欲借其书，嗣回报曰："若夫严子者，绝圣弃智，修生保真，清虚澹泊，归之自然，独师友造化，而不为世俗所役者也。渔钓于一壑，则万物不奸其志，栖迟于一丘，则天下不易其乐。不絓圣人（絓 guà，绊住，圣人指周公孔子类）之罔，不嗅骄君之饵，荡然肆志，谈者不得而名焉，故可贵也。今吾子已贯仁义之羁绊，系名声之缰锁，伏周、孔之轨躅，驰颜、闵（颜回、闵子骞，孔子贤弟子）之极挚，既系挛于世教矣，何用大道为自眩耀？昔有学步于邯郸者，曾未得其仿佛，又复失其故步，遂匍匐而归（《庄子·秋水篇》载'且子独不闻夫寿陵余子之学行于邯郸欤？未得国能，又失其故步矣，直匍匐而归耳'）耳！恐似此类，故不进。"嗣为人修身持己，言论皆如此类。

## 第六世　班稚

班稚（生卒年不详），班氏第五世班况第三子。

稚年少时即担任黄门郎（黄门侍郎，在黄门之内任给事）中常侍，为人方正，严于自守。汉成帝季年（此处指晚年），立定陶王为太子，数次谴中盾（西汉官名，主徼巡宫中，属詹事）询问近臣，独稚不答。汉哀帝即位后，遂贬黜稚为西河（西河郡，今内蒙古准格尔旗西南）属国都尉（西汉官名，掌管属国事务，即负责少数民族事务），后升迁广平相（广平属国，今河北曲周北，《后汉书》记为广平太守）。

王莽少时与稚兄弟同列（汉成帝时王莽亦担任黄门郎，故称同列）友善相处，事斿如兄，待稚如弟。当班斿卒时，王莽穿缌麻（人亡时穿五服，有别亲疏，缌麻属最轻的一种，服丧三月），赠送很多赙赗（赙 fù 为货财，赗 fèng 为车马，皆丧葬财物）。至汉平帝即位，太后临朝，王莽秉国政，想粉饰太平（其时西汉末年，天下已不太平），下令化风俗，采颂歌。官吏投其所好，瞎编祥瑞以进，而稚未曾上表。琅琊太守公孙闳在公府陈说灾害一事，大司空甄丰派遣属吏快马赶至两郡（琅琊与广平）胁迫吏民虚报祥瑞隐瞒灾害，更弹劾公孙闳凭空捏造不祥。稚谢绝赞颂虚报，称有害于国家德政，全是不符常理。

太后曰：“不宣德美，宜与言灾害者异罚。且后宫贤家（指班婕妤家），我所哀也。”

公孙闳独被下狱诛杀。

稚忧惧，为避祸计，乃上书陈恩谢罪，愿归还广平相印，入补延陵园郎（延陵，指汉成帝陵，园郎官名，掌管陵园事务；想必此时班婕妤亦守园陵），太后许之。稚仍领故俸禄至终身，因此班氏不再显露莽朝，亦不曾遇祸。

稚有一子为班彪（见《班彪传》）。

当时，汉成帝性宽和，进退出入，仗以直言，所以王音、翟方进等人绳法令举过错，而刘向、杜邺、王章、朱云之流敢肆意犯上。故自汉成帝师安昌侯（董宏），诸舅大将军兄弟及公卿大夫、后宫外属史、许之家有贵宠者，莫不被奏文告中伤诋毁。

唯谷永曾言：“建始（汉成帝初年年号，建始公元前32—前29年，共四年）河平（汉成帝初年年号，河平公元前28—前25年，共四年）之际，许（许皇后）班（班婕妤）之贵，倾动前朝，熏灼四方，赏赐无量，空虚内臧，女宠至极，不可尚矣。今之后起，天所不飨，什倍于前。”

谷永所指无非驳讥赵（赵飞燕）李（李夫人）而已。

# （三）班氏历史人物第六世——班婕妤传

本传主要内容：关于班婕妤的生平事迹与千古诗文的传诵。

《汉书·外戚传第六十七》载：

孝成班倢伃。帝初即位选入后宫。始为少使，蛾而大幸，为倢伃，居增成舍，再就馆，有男，数月失之。成帝游于后庭，尝欲与倢伃同辇载，倢伃辞曰："观古图画，贤圣之君皆有名臣在侧，三代末主乃有嬖女，今欲同辇，得无近似之乎？"上善其言而止。太后闻之，喜曰："古有樊姬，今有班倢伃。"倢伃诵诗及窈窕、德象、女师之篇。每进见上疏，依则古礼。

自鸿嘉后，上稍隆于内宠。倢伃进侍者李平，平得幸，立为倢伃。上曰："始卫皇后亦从微起。"乃赐平姓曰卫，所谓卫倢伃也。其后，赵飞燕姊弟亦从自微贱兴，踰越礼制，寖盛于前。班倢伃及许皇后皆失宠，稀复进见。鸿嘉三年，赵飞燕谮告许皇后、班倢伃挟媚道，祝诅后宫，詈及主上。许皇后坐废。考问班倢伃，倢伃对曰："妾闻'死生有命，富贵在天。'修正尚未蒙福，为邪欲以何望？使鬼神有知，不受不臣之诉；如其无知，诉之何益？故不为也。"上善其对，怜悯之，赐黄金百斤。

赵氏姊弟骄妒，倢伃恐久见危，求共养太后长信宫，上许焉。倢伃退处东宫，作赋自伤悼，其辞曰：

承祖考之遗德兮，何性命之淑灵，登薄躯于宫阙兮，充下陈于后庭。蒙圣皇之渥惠兮，当日月之盛明，扬光烈之翕赫兮，奉隆宠于增成。既过幸于非位兮，窃庶几乎嘉时，每寤寐而累息兮，申佩离以自思，陈女图以镜监兮，顾女史而问诗。悲晨妇之作戒兮，哀褒、阎之为邮；美皇、英之女虞兮，荣任、姒之母周。虽愚陋其靡及兮，敢舍心而忘兹？历年岁而悼惧兮，闵蕃华之不滋。痛阳禄与柘馆兮，仍襁褓而离灾，岂妾人之殃咎兮？将天命之不可求。

白日忽已移光兮，遂晻莫而昧幽，犹被覆载之厚德兮，不废捐于罪邮。奉共养于东宫兮，托长信之末流，共洒埽于帷幄兮，永终死以为期。愿归骨于山足兮，依松柏之馀休。

重曰："潜玄宫兮幽以清，应门闭兮禁闼扃。华殿尘兮玉阶，中庭萋兮绿草生。广室阴兮帷幄暗，房栊虚兮风泠泠。感帷裳兮发红罗，纷綷縩兮纨素声。神眇眇兮密靓处，君不御兮谁为荣？俯视兮丹墀，思君兮履綦。仰视兮云屋，双涕兮横流。顾左右兮和颜，酌羽觞兮销忧。惟人生兮一世，忽一过兮若浮。已独享兮高明，处生民兮极休。勉虞精兮极乐，与福禄兮无期。绿衣兮白华，自古兮有之。"

至成帝崩，倢伃充奉园陵，薨，因葬园中。

班婕妤（约公元前48—约前6年），西汉女文学家。祖籍楼烦（今山西朔县宁武附近），后迁居长安（今陕西西安）西郊。

关于婕妤生卒年问题，同样无考证，不详。还是按班固《汉书》略做推理，从"帝初即位，选入后宫"来看，汉成帝刘骜即位时在公元前32年，汉女子十五行笄礼为成年，入宫当在16岁上下，故生年约公元前48年。又据"至成帝崩，婕妤充奉园陵，薨，因葬园中"，汉成帝崩于公元前7年，婕妤去守陵。因遭赵飞燕姊妹妒而退，供养太后于长信宫多年，抑郁成疾，必不能久，彼时又复守陵，更是难以为继，随后薨逝，葬于园陵中，故卒年约在公元前6年（仅供参考）。

婕妤名已失传，更不可考，后世所谓恬者，虚也。

西汉宫中皇后下嫔妃有十四等：一昭仪、二婕妤、三娙娥、四容华、五美人、六八子、七充依、八七子、九良人、十长使、十一少使、十二五官、十三顺常、十四无涓、共和、娱灵、保林、良使、夜者等。婕妤为汉武帝时设置，位视上卿，秩比列侯。

其父为左曹越骑校尉班况，善战，常出战匈奴，有名望。

其侄班彪，侄孙班固、班超，侄孙女班昭，另见他传。

婕妤善诗赋，有美德。少有才学，汉成帝时以才貌俱佳被选入宫，初为少使，后立为婕妤，颇受宠幸。婕妤生有一子，仅存活数月，即夭折。婕妤辞辇，太后嘉许"古有樊姬，今有婕妤"。又因赵氏姊妹谗妒，婕妤聪慧以退保全，而许皇后遭废。

图 5　班婕妤画像（班氏家族后裔天津支脉国家一级美术师班德海画）

婕妤前退供养太后于长信宫，后于成帝崩而志守陵，卒后遂葬延陵（今西安东南）园中。

婕妤作品繁多，多已散佚。《隋书 · 经籍志》著录《成帝班婕妤集》一卷，已佚。现存作品仅《自悼赋》（见《汉书》）和一首五言诗《怨歌行》，亦称《团扇歌》。另传有《捣素赋》，无确切考据，当属伪作，本书不录之。

《怨歌行》见于南梁昭明太子编的《文选》及南陈徐陵编的《玉台新咏》，《玉台新咏》记曰："班为赵飞燕所谮、失宠、幽居于长信宫，乃作赋自伤，并为怨诗一首。"钟嵘《诗品》称其"《团扇》短章，辞旨清捷，怨深文绮，得匹妇之致"。宋郭茂倩《乐府诗集》载《相和歌 · 楚调曲》中亦题为汉班婕妤作。刘勰《文心雕龙》疑其真伪，道是他人假借婕妤名而作。按史索迹，其文辞清新哀婉，与人物性格境遇贴合，两汉无作第二人想，当属婕妤耳。

《怨歌行》或《团扇歌》原诗：

新裂齐纨素，鲜洁如霜雪。
裁为合欢扇，团团似明月。
出入君怀袖，动摇微风发。
常恐秋节至，凉飙夺炎热。
弃捐箧笥中，恩情中道绝。

团扇，西汉时又称绢宫扇、合欢扇，多为仕女饰品。此诗流传后，影响甚广，后人单提秋凉团扇，必思之为"班女扇"。唐王建词《宫中调笑 · 团扇》曰："团扇，团扇，美人病来遮面。玉颜憔悴三年，谁复商量管弦？弦管，弦管，春草昭阳路断。"颇为凄楚悲凉。

晋顾恺之画《女史箴图》，所绘乃西汉成帝与班婕妤同乘一驾肩舆之情景，历历在目，为天下女子鉴。

西晋陆机咏班婕妤乐府诗《班婕妤》：

婕妤去辞宠，淹留终不见。
寄情在玉阶，托意惟团扇。
春苔暗阶除，秋草芜高殿。
黄昏履綦绝，愁来空雨面。

唐刘方平叹班婕妤亦作《婕妤怨》：

夕殿别君王，宫深月似霜。
人幽在长信，萤出向昭阳。
露浥红兰湿，秋凋碧树伤。
惟当合欢扇，从此箧中藏。

2014 年 5 月 2 日第四届全国班氏祭祖大典，班氏后裔齐聚陕西扶风，于 5 月 3 日前往咸阳祭祀班婕妤。班婕妤墓地在延陵（汉成帝陵）旁，咸阳城北 5 公里处渭城区周陵乡马家窑村，为陕西省第三批区级重点文物保护单位。

**图 6　陕西省咸阳市汉延陵故地**

图 7　陕西省咸阳市汉延陵文物保护石碑

图 8　陕西省咸阳市汉延陵旧石碑

图 9　陕西省咸阳市汉延陵陪葬之汉孝成许皇后陵

图 10　班氏后裔相聚在陕西省咸阳市班婕妤墓地

图 11 陕西省咸阳市汉延陵旁班婕妤墓石碑

# （四）班氏历史人物第七世——班彪传

本传主要内容：关于班彪的史实传记。
备注：文中部分注释与翻译，仅供参考。

《汉书·叙传第七十》载：

彪字叔皮，幼与从兄嗣共游学，家有赐书，内足于财，好古之士自远方至，父党扬子云以下莫不造门。

嗣虽修儒学，然贵老严之术。桓生欲借其书，嗣报曰："若夫严子者，绝圣弃智，修生保真，清虚澹泊，归之自然，独师友造化，而不为世俗所役者也。渔钓于一壑，则万物不奸其志；栖迟于一丘，则天下不易其乐。不絓圣人之罔，不齅骄君之饵，荡然肆志，谈者不得而名焉，故可贵也。今吾子已贯仁谊之羁绊，系名声之缰锁，伏周、孔之轨躅，驰颜、闵之极挚，既系挛于世教矣，何用大道为自眩曜？昔有学步于邯郸者，曾未得其仿佛，又复失其故步，遂匍匐而归耳！恐似此类，故不进。"嗣之行已持论如此。

叔皮唯圣人之道然后尽心焉。年二十，遭王莽败，世祖即位于冀州。时隗嚣据垄拥众，招辑英俊，而公孙述称帝于蜀汉，天下云扰，大者连州郡，小者据县邑。嚣问彪曰："往者周亡，战国并争，天下分裂，数世然后乃定，其抑者从横之事复起于今乎？将承运迭兴在于一人也？愿先生论之。"对曰："周之废兴与汉异。昔周立爵五等，诸侯从政，本根既微，枝叶强大，故其末流有从横之事，其势然也。汉家承秦之制，并立郡县，主有专己之威，臣无百年之柄。至于成帝，假借外家，哀、平短祚，国嗣三绝，危自上起，伤不及下。故王氏之贵，倾擅朝廷，能窃号位，而不根于民。是以即真之后，天下莫不引领而叹，十余年间，外内骚扰，远近俱发，假号云合，咸称刘氏，不谋而同辞。方今雄桀带州城者，皆无七国世业之资。诗云：'皇矣上帝，临下有赫，鉴观四方，求民之莫。'今民皆讴吟思汉，鄉仰刘氏，已可知矣。"嚣曰："先生言周、汉之势，可也，至于但见愚民习识刘氏姓号之故，而谓汉家复兴，疏矣！昔秦失其鹿，刘季逐而掎之，时民复知汉乎！”既感嚣言，又愍狂狡之不息，乃著《王命论》以救时难。其辞曰：

昔在帝尧之禅曰：“咨尔舜，天之历数在尔躬。”舜亦以命禹。暨于稷契，咸佐唐虞，光济四海，奕世载德，至于汤、武，而有天下。虽其遭遇异时，禅代不同，至乎应天顺民，其揆一也。是故刘氏承尧之祚，氏族之世，著乎春秋。唐据火德，而汉绍之，始起沛泽，则神母夜号，以章赤帝之符。由是言之，帝王之祚，必有明圣显懿之德，丰功厚利积累之业，然后精诚通于神明，流泽加于生民，故能鬼神所福飨，天下所归往，未见运世无本，功德不纪，而得屈起在此位者也。世俗见高祖兴于布衣，不达其故，以为适遭暴乱，得奋其剑，游说之士至比天下于逐鹿，幸捷而得之，不知神器有命，不可以智力求也。悲夫！此世所以多乱臣贼子者也。若然者，岂徒暗于天道哉？又不睹之于人事矣！

夫饿馑流隶，饥寒道路，思有短褐之亵，儋石之畜，所愿不过一金，然终于转死沟壑。何则？贫穷亦有命也。况乎天子之贵，四海之富，神明之祚，可得而妄处哉？故虽遭罹厄会，窃其权柄，勇如信、布，强如梁、籍，成如王莽，然卒润镬伏质，亨醢分裂，又况幺𫵥，尚不及数子，而欲暗奸天位者乎！是故驽蹇之乘不骋千里之涂，燕雀之畴不奋六翮之用，楶棁之材不荷栋梁之任，斗筲之子不秉帝王之重。《易》曰：“鼎折足，覆公餗。”不胜其任也。

当秦之末，豪桀共推陈婴而王之，婴母止之曰：“自吾为子家妇，而世贫贱，卒富贵不祥，不如以兵属人，事成少受其利，不成祸有所归。”婴从其言，而陈氏以宁。王陵之母亦见项氏之必亡，而刘氏之将兴也。是时，陵为汉将，而母获于楚，有汉使来，陵母见之，谓曰：“愿告吾子，汉王长者，必得天下，子谨事之，无有二心。”遂对汉使伏剑而死，以固勉陵。其后果定于汉，陵为宰相封侯。夫以匹妇之明，犹能推事理之致，探祸福之机，而全宗祀于无穷，垂策书于春秋，而况大丈夫之事乎！是故穷达有命，吉凶由人，婴母知废，陵母知兴，审此四者，帝王之分决矣。

盖在高祖，其兴也有五：一曰帝尧之苗裔，二曰体貌多奇异，三曰神武有征应，四曰宽明而仁恕，五曰知人善任使。加之以信诚好谋，达于听受，见善如不及，用人如由己，从谏如顺流，趣时如响赴；当食吐哺，纳子房之策；拔足挥洗，揖郦生之说；寤戍卒之言，断怀土之情；高四皓之名，割肌肤之爱；举韩信于行陈，收陈平于亡命，英雄陈力，群策毕举：此高祖之大略，所以成帝业也。若乃灵瑞符应，又可略闻矣。初刘媪妊高祖而梦与神遇，震电晦冥，有龙蛇之怪。及其长而多灵，有异于众，是以王、武感物而折券，吕公睹形而进女；秦皇东游以厌其气，吕后望云而知所处；始受命则白蛇分，西入关则五星聚。故淮阴、留侯谓之天授，非人力也。

历古今之得失，验行事之成败，稽帝王之世运，考五者之所谓，取舍不厌斯位，符瑞不同斯度，而苟昧于权利，越次妄据，外不量力，内不知命，则必丧保家之主，失天年之寿，遇折足之凶，伏鈇钺之诛。英雄诚知觉寤，畏若祸戒，超然远览，渊然深识，收陵、婴之明分，绝信、布之觊觎，距逐鹿之瞽说，审神器之有授，毋贪不可几，为二母之所笑，则福祚流于子孙，天禄其永终矣。

知隗嚣终不寤，乃避墜于河西。河西大将军窦融嘉其美德，访问焉。举茂材，为徐令，以病去官。后数应三公之召。仕不为禄，所如不合；学不为人，博而不俗；言不为华，述而不作。

《后汉书卷四十上·班彪列传第三十上》载：

班彪字叔皮，扶风安陵人也。祖况，成帝时为越骑校尉。父稚，哀帝时为广平太守。

彪性沈重好古。年二十馀，更始败，三辅大乱。时隗嚣拥众天水，彪乃避难从之。嚣问彪曰："往者周亡，战国并争，天下分裂，数世然后定。意者从横之事复起于今乎？将承运迭兴，在于一人也？愿生试论之。"对曰："周之废兴，与汉殊异。昔周爵五等，诸侯从政，本根既微，枝叶强大，故其末流有从横之事，执数然也。汉承秦制，改立郡县，主有专己之威，臣无百年之柄。至于成帝，假借外家，哀、平短祚，国嗣三绝，故王氏擅朝，因窃号位。危自上起，伤不及下，是以即真之后，天下莫不引领而叹。十馀年间，中外搔扰，远近俱发，假号云合，咸称刘氏，不谋同辞。方今雄桀带州域者，皆无七国世业之资，而百姓讴吟，思仰汉德，已可知矣。"嚣曰："生言周、汉之执可也；至于但见愚人习识刘氏姓号之故，而谓汉家复兴，疏矣。昔秦失其鹿，刘季逐而羁之，时人复知汉乎？"

彪既疾嚣言，又伤时方限，乃著王命论，以为汉德承尧，有灵命之符，王者兴祚，非诈力所致，欲以感之，而嚣终不寤，遂避地河西。河西大将军窦融以为从事，深敬待之，接以师友之道。彪乃为融画策事汉，总西河以拒隗嚣。

及融征还京师，光武问曰："所上章奏，谁与参之？"融对曰："皆从事班彪所为。"帝雅闻彪才，因召入见，举司隶茂才，拜徐令，以病免。后数应三公之命，辄去。

彪既才高而好述作，遂专心史籍之间。武帝时，司马迁著《史记》，自太初以后，阙而不录，后好事者颇或缀集时事，然多鄙俗，不足以踵继其书。彪乃继采前史遗事，傍贯异闻，作后传数十篇，因斟酌前史而讥正得失。其略论曰：

唐虞三代，诗书所及，世有史官，以司典籍，暨于诸侯，国自有史，故孟子曰："楚之梼杌，晋之乘，鲁之春秋，其事一也。定、哀之间，鲁君子左丘明论集其文，作左氏传三十篇，又撰异同，号曰国语，二十一篇，由是乘、梼杌之事遂暗，而左氏、国语独章。"又有记录黄帝以来至春秋时帝王公侯卿大夫，号曰世本，一十五篇。春秋之后，七国并争，秦并诸侯，则有战国策三十三篇。汉兴定天下，太中大夫陆贾记录时功，作楚汉春秋九篇。孝武之世，太史令司马迁采左氏、国语，删世本、战国策，据楚、汉列国时事，上自黄帝，下讫获麟，作本纪、世家、列传、书、表凡百三十篇，而十篇缺焉。迁之所记，从汉元至武以绝，则其功也。至于采经摭传，分散百家之事，甚多疏略，不如其本，务欲以多闻广载为功，论议浅而不笃。其论术学，则崇黄老而薄五经；序货殖，则轻仁义而羞贫穷；道游侠，则贱守节而贵俗功：此其大敝伤道，所以遇极刑之咎也。然善述序事理，辩而不华，质而不野，文质相称，盖良史之才也。诚令迁依五经之法言，同圣人之是非，意亦庶几矣。

夫百家之书，犹可法也。若左氏、国语、世本、战国策、楚汉春秋、太史公书，今之所以知古，后之所由观前，圣人之耳目也。司马迁序帝王则曰本纪，公侯传国则曰世家，卿士特起则曰列传。又进项羽、陈涉而黜淮南、衡山，细意委曲，条例不经。若迁之著作，采获古今，贯穿经传，至广博也。一人之精，文重思烦，故其书刊落不尽，尚有盈辞，多不齐一。若序司马相如，举郡县，著其字，至萧、曹、陈平之属，及董仲舒并时之人，不记其字，或县而不郡者，盖不暇也。今此后篇，慎核其事，整齐其文，不为世家，惟纪、传而已。传曰：杀史见极，平易正直，《春秋》之义也。

彪复辟司徒玉况府。时东宫初建，诸王国并开，而官属未备，师保多阙。彪上言曰：

孔子称“性相近，习相远也”。贾谊以为：“习为善人居，不能无为善，犹生长于齐，不能无齐言也。习与恶人居，不能无为恶，犹生长于楚，不能无楚言也。”是以圣人审所与居，而戒慎所习。昔成王之为孺子，出则周公，邵公、太史佚，入则大颠、闳夭、南宫括、散宜生，左右前后，礼无违者，故成王一日即位，天下旷然太平。是以春秋“爱子教以义方，不纳于邪。骄奢浮佚，所自邪也”。诗云：“诒厥孙谋，以宴翼子。”言武王之谋遗子孙也。

汉兴，太宗使晁错导太子以法术，贾谊教梁王以诗书。及至中宗，亦令刘向、王褒、萧望之、周堪之徒，以文章儒学保训东宫以下，莫不崇简其人，就成德器。今皇太子诸王，虽结发学问，修习礼乐，而傅相未值贤才，官属多阙旧典。宜博选名儒有威重明通政事者，以为太子太傅，东宫及诸王国，备置官属。又旧制，太子食汤沐十县，设周卫交戟，五日一朝，因坐东箱，省视膳食，其非朝日，使仆、中允旦旦请问而已，明不媟黩，广其敬也。

书奏，帝纳之。

后察司徒廉为望都长，吏民爱之。建武三十年，年五十二，卒官。所著赋、论、书、记、奏事合九篇。

班彪（公元3—54年），字叔皮，东汉扶风安陵人（今咸阳东北）。

班彪生卒年非常明确，据《后汉书》“建武三十年，年五十二，卒官”倒推可知，故略。

从班固《汉书·叙传》中得知，班姓得姓第一人为班壹，班壹生一子为班孺，孺生长，长生回，回生况，况生三子为伯、斿、稚，生一女，成帝时封为婕妤。稚生彪。

西汉末年，王莽窃位建新朝。时彪居扶风安陵，家中藏书丰富，学问渊博，经济殷实，交游广阔，好古之士自远方至，父党杨子云以下莫不造门。彪崇尚五经，尊重儒家，审时度势，以定进退。因避战乱，彪出走长安，先依隗嚣。隗嚣表面谦恭爱士，实为招揽人才，见彪来投，遂问及天下大势，彪答以儒学正统，隗嚣不以为然。

建武八年（公元32年），班彪乃作《王命论》劝之，见隗嚣不听，欲割据

图 12　班彪画像（班氏家族后裔天津支脉国家一级美术师班德海画）

一方，遂悄然离去，转投河西窦融。后隗嚣闻知，命人追杀，已为窦融接应而去。

窦融与班彪同乡，初附更始帝刘玄，任张掖属国都尉，安抚民心，河西归之。及更始帝败，酒泉太守梁统、金城太守厍钧、张掖都尉史苞等共推窦融为河西五郡大将军。窦融颇善经营，治所安定，民富兵强，势力大增。以师友待班彪，并委以从事。隗嚣遣张玄说窦融割据一方以为相助，窦融犹而不决，求教班彪。班彪以“应天命，顺民意，天下必将一统”之大趋势，劝窦融拥刘秀拒隗嚣。窦融乃命长史刘均诣洛阳“奉书献马”，恰逢光武帝刘秀亦派使者至河西招抚窦融，遂同归洛阳。光武帝大悦，封窦融为梁州牧。

后光武帝平隗嚣、公孙述，班彪再说窦融，窦融听之，光武帝封窦融为安丰侯，召回洛阳。

建武十三年（公元37年），光武帝赞窦融奏章文辞颇佳，问谁参与？窦融答班彪所为。光武帝嘉许班彪，亲自召见，举茂才，任徐县令。

建武十四年（公元38年），班彪因病辞官。

西汉武帝时，太史公司马迁集《左传》《国语》《世本》《战国策》与楚汉列国相关史料而作《史记》一百三十篇。班彪赞其良史，然自太初后缺而不录，且不足以五经之法论，他人补序差强人意，遂下定决心，继采前史遗事，傍贯异闻，续写《史记后传》。

建武十七年（公元41年），东汉封王。

建武十九年（公元43年），明帝始为太子。

建武二十三年（公元47年），玉况任司徒，班彪为司徒掾，上书光武帝言太子诸王，当配良师优属以佐之，为汉室江山千秋大计耳，光武帝纳之。时北匈奴遣使和亲，光武帝命武威太守避之不见。

东汉初，乌桓趁匈奴内乱进兵，迫使匈奴北撤千里，光武帝乃招乌桓。

建武二十五年（公元49年），乌桓率众归汉，班彪上书谏言恢复乌桓校尉设置，以加强对乌桓氏、鲜卑氏族管控，光武帝从之。

建武二十八年（公元52年），冯勤为司徒，班彪仍为司徒掾。时北匈奴再乞和亲，光武帝命三公论处。班彪复上书建言，拒之不可，应慎重回复，一是以礼回赠，二是追述西汉元帝时王昭君和亲呼韩邪单于故事，借此安抚匈奴，光武帝复从之。

建武二十九年（公元53年），班彪任职尽责，多有建树，吏民爱之，推为望都长。

建武三十年（公元54年），班彪卒于望都任上，终年五十二岁，所遗《史记后传》六十篇及赋、论、记、奏事合九篇。

# （五）班氏历史人物第八世——班固传（上篇）

**本篇主要内容：录《汉书·叙传》所载班固著《幽通赋》与《答宾戏》，以及《汉书》成书的总体指导思想与成因，并分类排列十二纪、八表、十志与七十传共百篇的作者总自述。**

《汉书·叙传第七十上》载：

有子曰固，弱冠而孤，作《幽通之赋》，以致命遂志。其辞曰：

系高顼之玄胄兮（本高阳颛顼的远代子孙），氏中叶之炳灵（指令尹子文的显赫英灵，照应前文班姓来源），由凯风而蝉蜕兮（言南风有来自楚国之意），雄朔野以飏声（及北境而班姓始扬名）。皇十纪而鸿渐兮（汉十代方进朝堂），有羽仪于上京（《易·渐》曰“鸿渐于陆，其羽可以为仪”，此处指班况女为汉成帝婕妤，班况父子俱为京臣）。巨滔天而泯夏兮（王莽字巨君，莽不畏天而欲灭诸夏），考遘愍以行谣（先考指班彪，李善引《流别论》曰“更始时，班彪避难凉州，发长安，至安定，作《北征赋》”），终保己而贻则兮（能保己立命并留下写史准则），里上仁之所庐（所居处当崇尚仁义）。懿前烈之纯淑兮（继承前人之余业），穷与达其必济（穷能独善，达能兼济），咨孤矇之眇眇兮（叹孤身之微），将圮绝而罔阶（将亡而无所成），岂余身之足殉兮（难道我可以杀身送死吗）？愇世业之可怀（深思班彪续史之大业）。

靖潜处以永思兮，经日月而弥远，匪党人之敢拾兮（自谦不敢与乡党同进），庶斯言之不玷。魂茕茕与神交兮，精诚发于宵寐，梦登山而迥眺兮，觌幽人之仿佛（可见作者销神伤魂，夜以继日，用脑过度，以致神思恍惚梦见神人），揽葛藟而授余兮（送我葛藤），眷峻谷曰勿隧（回顾峻谷而不坠）。昒昕寤而仰思兮（清早醒来回想），心蒙蒙犹未察，黄神邈而靡质兮（黄帝太远无从问当时之事），仪遗谶以臆对（据遗留谶书为法则来以意应对之）。曰乘高而遇神兮，道遐通而不迷，葛绵绵于樛木兮，咏南风以为绥（《诗经·周南·樛木》曰

“南有樛木，葛樛累之。乐只君子，福履绥之”，歌咏《南风》便可心安），盖惴惴之临深兮，乃《二雅》之所祇（《诗经·小雅·小旻》曰“战战兢兢，如临深渊，如履薄冰”，《诗经·小雅·小宛》曰“惴惴小心，如临于谷”，小心谨慎，可见班固作史时的心境，小心谨慎，以诗经二雅不停提醒自己恭敬，不敢有丝毫怠忽）。既谇尔以吉象兮，又申之以炯戒：盍孟晋以迨群兮（何不早进朝廷为官干一番事业）？辰倏忽其不再（时光匆匆一去不复返）。

承灵训其虚徐兮，仁盘桓而且俟，惟天墜之无穷兮，鲜生民之脢生（天长地久，人生苦短）。纷屯亶与蹇连兮（《易·屯》六四爻辞“屯如亶如”，战时多乱，民生多艰），何艰多而智寡！上圣寤而后拔兮，岂群黎之所御！昔卫叔之御昆兮，昆为寇而丧予（《左传》云“僖公二十八年，卫叔武迎兄成公，成公令前驱射杀之”）。管弯弧欲毙雠兮，雠作后而成己（《史记》载“管仲射齐桓公中带钩，桓公返国却拜管仲为相”）。变化故而相诡兮，孰云豫其终始（变化无常，谁能预料）！雍造怨而先赏兮（雍齿对刘邦分封有怨言却先受封赏），丁繇惠而被戮（丁公对刘邦有惠却反被杀）；臬取吊于逌吉兮（汉景帝之栗姬，有子而以妒见废），王膺庆于所戚（汉宣帝之王婕妤，无子而以谨慎为帝母）。畔回冗其若兹兮，北叟颇识其倚伏（塞翁失马，焉知非福）。单治里而外凋兮（《庄子·达生》曰“鲁有单豹者，岩居而水饮，不与民共利，行年七十，而犹有婴儿之色；不幸遇饿虎，饿虎杀而食之。……豹养其内，而虎食其外”），张修襮而内逼（《庄子》曰“张毅外修恭敬，斯徒马圉皆与亢礼，不胜其劳，内热而死”），昄中和为庶几兮，颜与冉又不得（孔子弟子颜回早死，冉耕恶疾，为善之人不得其报）。溺招路以从己兮，谓孔氏犹未可，安慆慆而不萉兮，卒陨身乎世祸（《论语·微子篇》曰：“长沮、桀溺耦而不耕，孔子过之，使子路问津焉。长沮曰：‘夫执舆者为谁?’子路曰：‘为孔丘。’曰，‘是鲁孔丘欤?’曰：‘是也。’曰：‘是知津矣。’问于桀溺。桀溺曰：‘子为谁?’曰：‘为仲由。’曰：‘是鲁孔丘之徒欤?’对曰：‘然。’曰：‘滔滔者天下皆是也，而谁以易之？且尔与其从避人之士也，岂若从避世之士哉?’耰而不辍。”子路不能避世，遇蒯聩乱而身死）。游圣门而靡救兮，顾覆醢其何补（《礼记·檀弓上篇》曰：“孔子哭子路于中庭。……既哭，进使者而问故。使者曰，‘醢之矣。’遂命覆醢。”子路跟从孔子，孔子不能救，虽感子路之亡而为之倒肉酱不食，有何益）？固行行其必凶兮，免盗乱为赖道（子路本性刚强，必凶死，闻道于孔子而免为乱）；形气发于根柢兮，柯叶汇而灵茂。恐网蜽之责景兮，庆未得其云已（《庄子》曰：“罔两问影曰：‘曩子行，今子止，曩子坐，今子起，何其无持操钦?’影曰：‘吾有待而然。吾所待，又有待而然。’”寓言根本不一样，盛衰自然相承，人生如是）。

黎淳耀于高辛兮，芈强大于南汜（楚姓芈，南汜指长江、汉江一带）；嬴取威于百仪兮（伯益有仪百物之德，而嬴氏始兴），姜本支乎三止（伯夷典天地人鬼之礼，而姜齐始发）：既仁得其信然兮，卬天路而同轨（人世即求仁得仁，仰视天道亦如此）。东从虐而歼仁兮（商纣暴虐伤三仁：微子、箕子、比干），王合位乎三五（周武王一统于三所五位，三所：逢公所凭神，周分野所在，后稷所经纬，五位：岁日月辰星）。戎女烈而丧孝兮（骊姬酷而致太子申生亡），伯徂归于龙虎（伯指霸，重耳外出十九年归）：发还师以成性兮（姬发还师以奉天命），重醉行而自耦（重耳初亡命于齐，娶妻欲安，齐姜与子犯谋，醉而遣之）。震鳞漦于夏庭兮，匝三正而灭姬（《易·震》曰“龙，鳞虫之长”，指褒姒祸周，历夏、商、周而灭姬氏）；巽羽化于宣宫兮，弥五辟而成灾（《易·巽》曰“鸡，羽虫”，指汉宣帝时，未央宫路转厩中雌鸡化为雄，元后统政之祥，历宣、元、成、哀、平五世后而王莽篡位）。

道悠长而世短兮（王道长远而人世短促），敻冥默而不周（当时冥默而探索难周），胥仍物而鬼诹兮，乃穷宙而达幽（圣人卜筮谋于鬼神，极古今，通幽微）。妫巢姜于孺筮兮（妫陈姓也，陈完少年卜筮，得居有齐国之卦），旦算祀于挈龟（周公旦占卜居洛之年）。宣、曹兴败于下梦兮（东汉应劭曰“周宣王牧人梦众鱼与旐旟之祥而中兴。曹伯阳国人梦众君子立于社宫，谋亡曹而曹亡也”），鲁、卫名谥于铭谣（三国时孟康曰“鲁文成之世，童谣言‘稠父丧劳，宋父以骄’，后昭公名稠，遂死于野井。定公名宋，即位而骄。卫灵公掘地得石椁，其铭曰‘灵公’，遂以为谥”）。妣聆呱而刻石兮（晋平公逼羊叔向娶申公巫臣女，生子伯石，叔向母视之，及堂，闻其声而还，曰“是豺狼之声也！狼子野心，非是，莫丧羊舌氏矣”），许相理而鞠条（许负给条侯周亚夫相面，观其纵理入口，当饿死之相也）。道混成而自然兮，术同原而分流。神先心以定命兮，命随行以消息。斡流迁其不济兮，故遭罹而嬴缩（人生穷达，各随其遇）。三栾同于一体兮，虽移盈然不忒（《左传》襄公十四年载“春秋时晋大夫栾书、栾黡、栾盈祖孙三栾善恶不一，报应不差”）。洞参差其纷错兮，斯众兆之所惑。周、贾荡而贡愤兮，齐死生与祸福，抗爽言以矫情兮（庄周贾谊虽然都说死生相同，祸福一致，言行又自相矛盾），信畏牺而忌服（庄周不欲为牺牛，贾谊恶忌服鸟）。

所贵圣人之至论兮，顺天性而断谊。物有欲而不居兮，亦有恶而不避（取富无道，君子不居，死得其所，君子不避），守孔约而不贰兮，乃輶德而无累（守约无二，轻德易行）。三仁殊而一致兮（微子、箕子、比干行为不一而同称仁），夷、惠舛而齐声（伯夷、柳下惠行为不一亦同声名）。木偃息以蕃魏兮（段干木客居魏，魏文侯礼遇之，秦不敢用兵于魏），申重茧以存荆（吴师入楚都郢，申包胥赴秦乞师，远行艰阻，足长厚茧，立秦庭号哭七日，终使秦出师败吴，楚得存）。纪焚躬以卫上兮（纪信因貌似刘邦，项羽围困荥阳，假替降而使刘邦走脱，项羽见其忠欲招降，纪信不从，为项羽烧死），皓颐志而弗营（四皓养志于商山而不惑乱于世）。侯中木之区别兮（《论语》子夏曰“君子之道，譬诸草木，区以别矣”），苟能实而必荣。要没世而不朽兮，乃先民之所程。

观天罔之纮覆兮，实棐谌而相顺（天道反复，惟以助顺），谟先圣之大繇兮，亦从德而助信（先圣大道，近德助信）。虞韶美而仪凤兮，孔忘味于千载（《尚书·虞书·舜典》曰“萧《韶》九成，凤皇来仪”，《论语》曰“孔子在齐闻《韶》，三月不知肉味”，指孔子闻《韶》乐而入迷故事）。素文信而底麟兮（孔子曾作《春秋》素王之文），汉宾祚于异代（西汉封孔子后裔为褒成君，东汉立殷后为绍嘉公）。精通灵而感物兮，神动气而入微。养游睇而猿号兮（楚神射养由基持弓瞄猿，猿抱木而号），李虎发而石开（汉李广夜视白石以为虎，开箭射之，直入石中，所谓没羽也）。非精诚其焉通兮，苟无实其孰信！操末技犹必然兮，矧湛躬于道真！

登孔、颢而上下兮（上自太颢伏羲，下讫孔子），纬群龙之所经（圣人作经而群贤纬之），朝贞观而夕化兮（朝闻道，夕死可也），犹喧已而遗形，若胤彭而偕老兮，诉来哲以通情（彭祖之寿，老聃之迹，唯贤哲可言大道通情也）。

乱曰（总而言之）：天造中昧（《易·屯》彖辞曰“天造草昧”，指草木天生），立性命兮，复心弘道（循环往复乃天地之本，大道之弘扬），惟贤圣兮。

浑元运物，流不处兮（天地生气，万物灵动，变化不止），保身遗名，民之表兮。舍生取谊，亦道用兮，忧伤夭物，忝莫痛兮（忧以自伤，物必自夭，莫不痛之）！昊尔太素，曷渝色兮（守善信道者，不染流俗而变色）。尚粤其几，沦神域兮（《易》曰："知几，其神乎！"知神道之微，可入神明之域）！

————以上为《幽通赋》，以下为《答宾戏》————

永平中为郎（东汉明帝永平年号，公元58—75年，共十八年，班固担任校书郎），典校秘书，专笃志于博学，以著述为业。或讥以无功，又感东方朔、扬雄自谕以不遭苏、张、范、蔡之时（生不逢苏秦、张仪、范雎、蔡泽纵横舌辩之时代），曾不折之以正道，明君子之所守，故聊复应焉。其辞曰：

宾戏主人曰："盖闻圣人有一定之论，列士有不易之分，亦云名而已矣。故太上有立德，其次有立功。夫德不得后身而特盛，功不得背时而独章，是以圣哲之治，栖栖皇皇，孔席不燠，墨突不黔（孔子墨子皆不得闲）。由此言之，取舍者昔人之上务，著作者前列之馀事耳。今吾子幸游帝王之世，躬带冕之服，浮英华，湛道德（外有名誉，内修道德），矕龙虎之文，旧矣（文章之盛已很久了）。卒不能摅首尾，奋翼鳞，振拔洿涂（振脱低洼之泥），跨腾风云，使见之者景骇，闻之者向震。徒乐枕经籍书，纡体衡门，上无所蒂，下无所根。独摅意乎宇宙之外（意念超乎宇宙之外），锐思于豪芒之内（神思钻乎纤细之内），潜神默记，恒以年岁。然而器不贾于当已，用不效于一世，虽驰辩如涛波，摛藻如春华，犹无益于殿最（殿为下功，最为上功）。意者，且运朝夕之策，定合会之计，使存有显号，亡有美谥，不亦优乎？"

主人逌尔而笑曰："若宾之言，斯所谓见势利之华，暗道德之实，守窔奥之荧烛（窔为室之东南，奥为室之西北），未卬天庭而睹白日也。曩者王涂芜秽，周失其御，侯伯方轨（周失其道，群雄逐鹿中原），战国横骛，于是七雄虓阚（战国七雄秦、楚、燕、韩、赵、魏、齐），分裂诸夏，龙战而虎争。游说之徒，风飑电激，并起而救之，其余猋飞景附，煜霅其间者，盖不可胜载。当此之时，搦朽摩钝，铅刀皆能壹断，是故鲁连飞一矢而蹶千金（齐人鲁连使魏不尊秦为帝，秦围赵邯郸，又使秦退却五十里，赵遂安，赵王送千金而鲁连不受），虞卿以顾眄而捐相印也（赵相虞卿为救魏齐，解相印，与魏齐同奔魏公子无忌）。夫啾发投曲，感耳之声，合之律度，淫蛙而不可听者（不合古乐之俗乐），非韶、夏之乐也；因势合变，偶时之会，风移俗易，乖忤而不可通者，非君子之法也。及至从人合之，衡人散之，亡命漂说，羁旅聘辞，商鞅挟三术以钻孝公（三术者，王道、霸道、富国强兵之道也），李斯奋时务而要始皇，彼皆蹑风云之会，履颠沛之势，据徼乘邪以求一日之富贵，朝为荣华，夕而焦瘁，福不盈眦，祸溢于世（祸乱延及后嗣），凶人且以自悔，况吉士而是赖乎！且功不可以虚成，名不可以伪立，韩设辩以徼君，吕行诈以贾国。说难既酋，其身乃囚（韩非辩说难于秦而终遭囚禁）；秦货既贵，厥宗亦隧（秦子楚贵而吕不韦则丧身覆灭）。是故仲尼抗浮云之志（《论语·述而》曰‘不义而富且贵，于我如浮云’），孟轲养浩然之气（《孟子·公孙丑上》曰‘我善养吾浩然之气，而无害，则塞乎天地之间也’），彼岂乐为迂阔哉？道不可以贰也。方今大汉洒扫群秽，夷险芟荒，廓帝纮，恢皇纲，基隆于羲、农（伏羲、神农），规广于黄、唐（黄帝、唐尧）；其君天下也，炎之如日，威之如神，函之如海，养之如春。是以六合之内，莫不同原共流，沐浴玄德，禀卬太和，枝附叶著，譬犹中木之殖山林，鸟鱼之毓川泽，得气者蕃滋，失时者苓落，参天墬而施化，岂云人事之厚薄哉？今子处皇世而论战国，耀所闻而疑所觌，欲从旄敦而度高乎泰山（高后下为旄丘，高土堆为敦丘），怀氿滥而测深乎重渊（小泉为氿滥），亦未至也。”

宾曰：“若夫鞅、斯之伦（商鞅、李斯），衰周之凶人，既闻命矣。敢问上古之士，处身行道，辅世成名，可述于后者，默而已乎？”

主人曰：“何为其然也！昔咎繇谟虞（虞舜任皋陶掌刑），箕子访周（箕子归周），言通帝王，谋合圣神；殷说梦发于傅岩（傅说原为傅岩版筑奴隶，后为商武丁大臣），周望兆动于渭滨（姜望，字子牙，钓于渭水之滨，周文王卜而得之），齐甯激声于康衢（宁戚喂牛叩牛角而歌，齐桓公召而用之），汉良受书于邳沂（张良下邳桥上受书于老父），皆俟命而神交，匪词言之所信，故能建必然之策，展无穷之勋也。近者陆子优繇（陆贾，著有《新语》），新语以兴；董生下帷（董仲舒），发藻儒林；刘向司籍，辩章旧闻；扬雄覃思，法言、大玄；皆及时君之门闱，究先圣之壸奥，婆娑乎术艺之场，休息乎篇籍之囿，以全其质而发其文，用纳乎圣所，列炳于后人，斯非其亚与！若乃夷抗行于首阳（伯夷耻食周粟而饿死于首阳山），惠降志于辱仕（柳下惠三黜不去，人问之，答曰‘直道而事人，焉往而不三黜；枉道而事人，何必去父母之邦！’），颜耽乐于箪瓢（《论语·雍也篇》曰：‘贤哉，回也！一箪食，一瓢饮，在陋巷，人不堪其忧，回也不改其乐。贤哉，回也！’），孔终篇于西狩（孔子编《春秋》，绝笔于西狩获麟），声盈塞于天渊，真吾徒之师表也。且吾闻之：壹阴壹阳，天墬之方；乃文乃质，王道之纳；有同有异，圣哲之常。故曰：‘慎修所志，守尔天符，委命共己，味道之腴，神之听之，名其舍诸（修志守道，自然名存而不废）！’宾又不闻龢氏之璧韫於荆石，随侯之珠藏於蚌蛤乎？历世莫眂，不知其将含景耀，吐英精，旷千载而流夜光也。应龙潜于潢污（有翼之龙潜藏于非流动之水），鱼鼋媟之（遭鱼鼋戏之），不睹其能奋灵德，合风云，超忽荒，而躆颢苍也（《尔雅》曰‘春曰苍天，夏曰昊天’）。故夫泥蟠而天飞者，应龙之神也；先贱而后贵者，和、隋之珍也（和氏壁、隋侯珠）；时暗而久章者（当时暗昧而久后愈章），君子之真也。若乃牙、旷清耳于管弦（伯牙善鼓琴，与钟子期善，子期死，伯牙不复鼓琴，疾世无知音。师旷为乐师，晋人闻有楚师，师旷曰‘不害。吾骤歌北风，又歌南风：南风不竞，楚必无功’）；离娄眇目于豪分（黄帝时有离娄善眯眼见秋毫之末于百步之外）；逢蒙绝技于弧矢（相传逢蒙学射于后羿而得之道，思天下惟羿胜己，遂杀羿），班输榷巧于斧斤（鲁国公输班，天下名匠也）；良乐轶能于相驭（王良善驭，伯乐相马），乌获抗力于千钧（秦壮士乌获，力举千钧）；和、鹊发精于针石（医和、扁鹊精于针石），研、桑心计于无垠（越人计然善计算，桑弘羊善理财）。仆亦不任厕技于彼列，故密尔自娱于斯文。”

——————以下为《汉书》成书总览——————

《汉书·叙传第七十下》载：

固以为唐虞三代，诗书所及，世有典籍，故虽尧舜之盛，必有典谟之篇，然后扬名于后世，冠德于百王，故曰：“巍巍乎其有成功，焕乎其有文章也（出自《论语·泰伯篇》孔子赞尧舜禅让之德）！”汉绍尧运，以建帝业，至于六世，史臣乃追述功德，私作本纪（司马迁作《史记》），编于百王之末，厕于秦、项之列。太初以后（太初，西汉武帝年号，公元前104—前101年，共四年），阙而不录，故探纂前记，缀辑所闻，以述《汉书》，起元高祖，终于孝平王莽之诛十有二世，二百三十年，综其行事，旁贯《五经》，上下洽通，为春秋考纪、表、

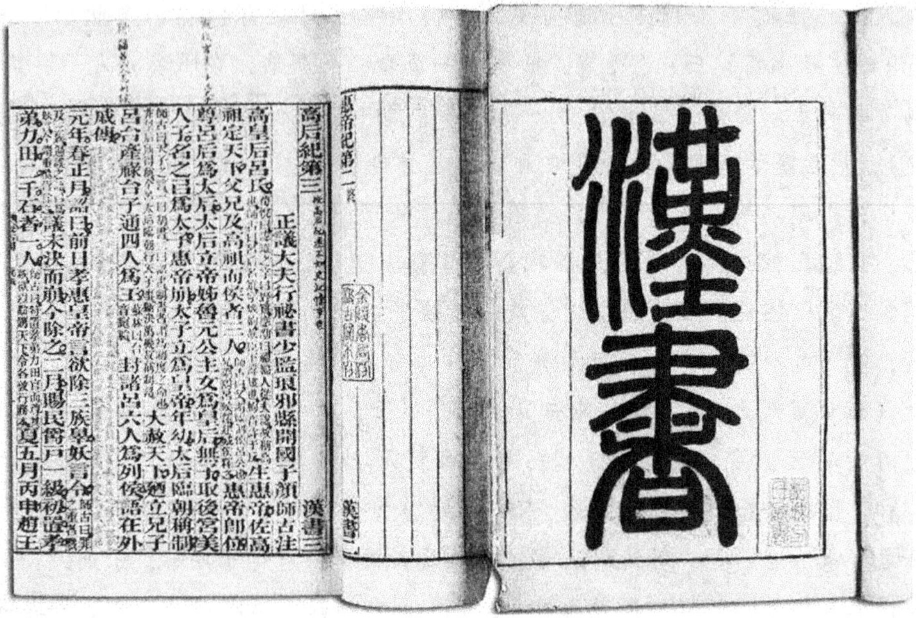


图 13 《汉书》线装内页

志、传，凡百篇。其叙曰：

皇矣汉祖，纂尧之绪，实天生德，聪明神武。秦人不纲，罔漏于楚，爰兹发迹，断蛇奋旅（汉高祖刘邦斩白蛇起义）。神母告符，朱旗乃举（刘邦号称赤帝子），粤蹈秦郊，婴来稽首（刘邦先入关中，秦王子婴投降）。革命创制，三章是纪（刘邦入关与民约法三章），应天顺民，五星同晷。项氏畔换，黜我巴、汉（项羽封刘邦为汉中王，入巴蜀，都南郑），西土宅心，战士愤怨（关西民心归汉，汉兵欲思东归）。乘衅而运，席卷三秦，割据河山，保此怀民。股肱萧、曹（萧何、曹参），社稷是经，爪牙信、布（韩信、黥布），腹心良、平（张良、陈平），龚行天罚，赫赫明明。述高纪第一。孝惠短世，高后称制，罔顾天显，吕宗以败。述惠纪第二，高后纪第三。太宗穆穆（西汉太宗孝文帝），允恭玄默，化民以躬，帅下以德。农不供贡（除田租），罪不收孥（除收孥诸相坐律令），宫不新馆（不建新馆），陵不崇墓（不兴宏墓）。我德如风，民应如中（《论语·颜渊篇》曰“君子之德风，小人之德草”），国富刑清，登我汉道。述文纪第四。孝景莅政，诸侯方命，克伐七国，王室以定（西汉孝景帝平定七国之乱）。匪怠匪荒，务在农桑，著于甲令，民用宁康。述景纪第五。世宗晔晔（西汉世宗孝武帝），思弘祖业，畴咨熙载，髦俊并作（与众谋兴国大事，英俊之士遂起）。厥作伊何？百蛮是攘，恢我疆宇，外博四荒（开疆拓土，废止和亲，对匈奴用兵，首开丝绸之路）。武功既抗，亦迪斯文，宪章六学，统壹圣真（崇六艺，罢百家）。封禅郊祀，登秩百神；协律改正（修改太初历），飨兹永年。述武纪第六。孝昭幼冲，冢宰惟忠（霍光受命辅佐孝昭帝）。燕、盖诪张（燕王刘旦与盖长公主诳放），实睿实聪，罪人斯得，邦家和同。述昭纪第七。中宗明明（西汉中宗孝宣帝），夤用刑名，时举傅纳（引刑名，纳贤言），听断惟精。柔远能迩，燀燿威灵，龙荒幕朔（匈奴龙城及漠北荒服），莫不来庭。丕显祖烈，尚于有成。述宣纪第八。孝元翼翼（西汉孝元帝），高明柔克（出自《尚书·洪范》指高明亦当柔和而成德），宾礼故老，优繇亮直。外割禁囿，内损御服，离宫不卫，山陵不邑。阉尹之呰，秽我明德（弘恭、石显之徒谮毁萧望之、刘向、周堪等人，元帝杀贤傅良臣，有累明德）。述元纪第九。孝成煌煌（西汉孝成帝），临朝有光，威仪之盛，如圭如璋（指品行高尚）。壶闱恣赵（壶闱指后宫，此处指皇后赵飞燕、昭仪赵合德姊妹恣意后宫），朝政在王（外朝大政在外戚王凤、王音等王氏家族），炎炎燎火，亦允不阳（天子威严，难以张炽）。述成纪第十。孝哀彬彬（西汉孝哀帝），克揽威神（孝哀帝痛恨前朝大臣掌权，所以收归自己），雕落洪支（东平王刘云因息夫躬、孙宠诬陷而自杀，史称“东平案”），底剧鼎臣（杀戮重臣朱博、王嘉）。婉娈董公（董贤），惟亮天功，大过之困，实桡实凶（《易·大过》曰“栋桡，凶”，指用小材为栋梁，难堪其任，故折桡而凶）。述哀纪第十一。孝平不造（西汉孝平帝难守家业），新都作宰（新都侯王莽自号宰衡），不周不伊（无周公、伊尹之忠），丧我四海。述平纪第十二。

汉初受命，诸侯并政，制自项氏，十有八姓。述异姓诸侯王表第一。太祖元勋，启立辅臣，支庶藩屏，侯王并尊。述诸侯王表第二。侯王之祉，祚及宗子，公族蕃滋，支叶硕茂。述王子侯表第三。受命之初，赞功剖符（辅佐开国之功，剖符分封功臣），奕世弘业，爵土乃昭。述高惠高后孝文功臣侯表第四。景征吴楚，武兴师旅，后昆承平，亦犹有绍（西汉孝景帝削藩征伐吴楚七国之乱，孝武帝断和亲兴师征伐匈奴，立功封侯者颇多，后世虽承平，然子孙袭爵守邑不绝）。述景武昭宣元成哀功臣侯表第五。亡德不报，爰存二代（商周二朝），宰相外戚，昭韪见戒（明其是，戒其非）。述外戚恩泽侯表第六。汉迪于秦（汉承秦制），有革有因，粗举僚职，并列其人。述百官公卿表第七。篇章博举，通于上下，略差名号，九品之叙。述古今人表第八。

元元本本，数始于一，产气黄钟（古乐十二律/调：黄钟、大吕、太簇、夹钟、姑洗、仲吕、蕤宾、林钟、南吕、夷则、无射、应钟），造计秒忽。八音七始（八音：金［钟］、石［磬］、丝［琴瑟］、竹［萧管］、瓠［笙竽］、土［壎］、革［鼓］、木［柷敔］；七始：黄钟、林钟、太簇为天地人之始，姑洗、蕤宾、南宫、应钟为春夏秋冬之始），五声六律（五音：宫、商、角、徵、羽；十二乐律中分阴阳各六，阳为律，阴为吕，六律：黄钟、太簇、姑洗、蕤宾、夷则、无射，其余即为六吕），度量权衡，历算逌出。官失学微，六家分乖，壹彼壹此，庶研其几。述律历志第一。上天下泽，春雷奋作（出自《易经》），先王观象，爰制礼乐。厥后崩坏，郑、卫荒淫（儒家视郑卫两国当时的俗乐为荒淫之乐），风流民化，湎湎纷纷。略存大纲，以统旧文。述礼乐志第二。雷电皆致，天威震耀，五刑之作（先秦五刑：墨、劓、剕、宫、大辟），是则是效，威实辅德，刑亦助教。季世不详，背本争末，吴、孙狙诈（兵家吴起、孙膑），申、商酷烈（法家申不害、商鞅）。汉章九法，太宗改作（西汉太宗孝文帝废除肉刑），轻重之差，世有定籍。述刑法志第三。厥初生民，食货惟先。割制庐井，定尔土田，什一供贡，下富上尊。商以足用，茂迁有无，货自龟贝，至此五铢。扬榷古今，监世盈虚。述食货志第四。昔在上圣，昭事百神，类帝禋宗，望秩山川（祭祀天地），明德惟馨，永世丰年。季末淫祀，营信巫史，大夫胪岱（鲁季氏陈于泰山），侯伯僭畤（秦襄公造西畤祭天为僭越之举），放诞之徒（指方士），缘间而起。瞻前顾后，正其终始。述郊祀志第五。炫炫上天，縣象著明，日月周辉，星辰垂精。百官立法，宫室混成，降应王政，景以烛形。三季之后（三代夏商周），厥事放纷，举其占应，览故考新。述天文志第六。河图命庖（河图数字1~9组成不同图形可解读五行万物之象，庖牺氏指伏羲，传说龙马背负河图出黄河，伏羲得以画先天八卦），洛书赐禹（传说神龟背驮洛书出洛河献大禹，禹得以治水成功），八卦成列（八卦：乾坤震巽坎离艮兑），九畴逌叙（洛书数字1~9组成九宫格，横竖斜数字相加皆等于十五）。世代实宝，光演文武，春秋之占，咎征是举。告往知来，王事之表。述五行志第七。坤作地势，高下九则（易经坤卦，九则为九州之地有上中下九等），自昔黄、唐（黄帝、唐尧），经略万国，爕定东西，疆理南北。三代损益，降及秦、汉，革铲五等，制立郡县。略表山川，彰其剖判。述地理志第八。夏乘四载（夏禹治水有四类交通工具：水行乘舟，陆行乘车，泥行乘橇，山行乘欙），百川是导。唯河为艰，灾及后代。商竭周移（河竭商亡，周兴河道迁移），秦决南涯（秦灭魏决河灌大梁城，致河水南徙入淮、泗），自兹距汉，北亡八支（九河塞而唯一）。文堙枣野（西汉孝文帝于酸枣之野塞河），武作瓠歌（西汉孝武帝亲临瓠子塞决，作《瓠歌》），成有平年（西汉孝成帝治河而改元河平），后遂滂沱。爰及沟渠，利我国家。述沟洫志第九。虙羲画卦，书契后作，虞夏商周，孔纂其业，纂书删诗，缀礼正乐，彖系大易，因史立法。六学既登，遭世罔弘，群言纷乱，诸子相腾（言论自由，百家争鸣）。秦人是灭，汉修其缺，刘向司籍，九流以别（九流：儒、道、名、墨、杂、农、法、阴阳、纵横）。爰著目录，略序洪烈。述艺文志第十。

上嫚下暴，惟盗是伐，胜、广熛起（陈胜吴广迅速崛起），梁、籍扇烈（项梁项籍迅猛发展），赫赫炎炎，遂焚咸阳，宰割诸夏，命立侯王，诛婴放怀（诛杀秦子婴，流放楚怀王），诈虐以亡。述陈胜项籍传第一。

张、陈之交，斿如父子，携手遯秦，拊翼俱起。据国争权，还为豺虎（张耳陈余前为刎颈交，后相征伐为仇敌），耳谋甘公，作汉藩辅。述张耳陈馀传第二。

三枿之起（田儋、田荣、田横三兄弟起事），本根既朽，枯杨生华，曷惟其旧！横虽雄材，伏于海坞，沐浴尸乡（今河南偃师西一带），北面奉首，旅人慕殉（田横自杀，其宾客五百人以义殉葬），义过黄鸟（《诗经·黄鸟》记秦穆公亡以人陪殉，三良从之）。述魏豹田儋韩信传第三。

信惟饿隶，布实黥徒，越亦狗盗，芮尹江湖（韩信、英布、彭越、吴芮）。云起龙襄，化为侯王，割有齐、楚（韩信先后为齐王、楚王），跨制淮、梁（英布为淮南王，彭越为梁王）。绾自同闬，镇我北疆，德薄位尊，非胙惟殃（卢绾得以长存）。吴克忠信，胤嗣乃长。述韩彭英卢吴传第四。

贾廑从旅，为镇淮、楚（刘贾勤劳从军，得镇淮楚）。泽王琅邪，权激诸吕（用田生计，刘泽王于琅邪，王诸吕以激之）。濞之受吴，疆土逾矩，虽戒东南，终用齐斧（吴王刘濞拓展疆土，刘邦当年虽戒刘濞勿反，最终还是以武力平叛）。述荆燕吴传第五。

太上四子：伯兮早夭，仲氏王代，斿宅于楚（太上皇有四子，长子伯早卒，次子仲随侍太上皇，三子季为刘邦，少子交字游封楚王）。戊实淫缺，平陆乃绍（楚王戊为薄太后服奸，被削东海郡，遂与吴王共反被诛，孝景帝更立平陆侯刘礼续其后）。其在于京，奕世宗正，劬劳王室，用侯阳成（阳成侯刘德）。子政博学，三世成名［刘向字子政博学，子刘歆字子骏、孙刘伯玉（刘歆兄子）、曾孙刘龚字孟公三世成名］，述楚元王传第六。

季氏之诎，辱身毁节，信于上将，议臣震栗（匈奴呼韩耶单于求偶吕后，樊哙欲以十万众横行匈奴，季布曰“哙可斩也”，议臣皆恐）。栾公哭梁（梁王彭越），田叔殉赵（赵王张敖），见危授命，谊动明主。布历燕、齐，叔亦相鲁，民思其政，或金或社（田叔去世，鲁人送金，栾布忠直，齐为立生社）。述季布栾布田叔传第七。

高祖八子，二帝六王。三赵不辜（隐王刘如意为吕后所杀，共王刘恢、幽王刘友亦为吕后逼杀），淮厉自亡，燕灵绝嗣，齐悼特昌。掩有东土，自岱徂海，支庶分王，前后九子。六国诛毙，適齐亡祀。城阳、济北，后承我国（齐绝，唯留城阳、菑川，吴楚反后济北王刘志徙王菑川，孝武帝割临淄环悼惠王冢，以菑川奉祀）。赳赳景王，匡汉社稷（景王刘章诛诸吕有功）。述高五王传第八。

猗与元勋（指萧何），包汉举信，镇守关中，足食成军，营都立宫，定制修文。平阳玄默（平阳侯曹参），继而弗革，民用作歌，化我淳德。汉之宗臣，是谓相国。述萧何曹参传第九。

留侯袭秦（留侯张良寻刺客于博浪沙袭击秦始皇），作汉腹心，图折武关，解厄鸿门。推齐销印（韩信欲王齐而奉命封之，郦生封方国后之谋而销已刻之印），敺至越、信；招宾四老（商山四皓），惟宁嗣君。陈公扰攘（陈平），归汉乃安，毙范亡项（毙范增亡项羽），走狄擒韩（解平城之围与伪游云梦擒韩信），六奇既设，我罔艰难。安国廷争（安国侯王陵），致仕杜门。绛侯矫矫（周勃），诛吕尊文（除诸吕，立文帝）。亚夫守节，吴、楚有勋。述张陈王周传第十。

舞阳鼓刀（舞阳侯樊哙屠狗），滕公厩驺（滕公夏侯婴赶马车），颍阴商贩（颍阴侯灌婴贩缯），曲周庸夫（曲周侯郦商庸夫而已），攀龙附凤，并乘天衢。述樊郦滕灌傅靳周传第十一。

北平志古（北平侯张苍），司秦柱下，定汉章程，律度之绪。建平质直（建平侯周昌），犯上干色；广阿之廑（广阿侯任敖），食厥旧德。故安执节（故安侯申屠嘉)，责通请错（召责邓通，请诛晁错），蹇蹇帝臣，匪躬之故。述张周赵任申屠传第十二。

食其监门（郦食其），长揖汉王，画袭陈留，进收敖仓，塞隘杜津，王基以张。贾作行人（陆贾），百越来宾。从容风议，博我以文。敬繇役夫（娄敬），迁京定都，内强关中，外和匈奴。叔孙奉常（叔孙通），与时抑扬，税介免胄，礼义是创。或哲或谋（出自《诗经·小雅·小旻》），观国之光（出自《易·观》）。述郦陆朱娄叔孙传第十三。

淮南僭狂，二子受殃（淮南厉王刘长，二子淮南王刘安、衡山王刘赐）。安辩而邪，赐顽以荒，敢行称乱，窘世薦亡。述淮南衡山济北传第十四。

蒯通壹说，三雄是败（郦食其、韩信、田横），覆郦骄韩，田横颠沛。被之拘系，乃成患害（伍被初不从淮南王刘安谋反，刘安抓其父母而进谋，终遇害）。充、躬罔极（江充、息夫躬），交乱弘大。述蒯伍江息夫传第十五。

万石温温（石奋，温温出自《诗经·小雅·小宛》），幼寤圣君，宜尔子孙，夭夭伸伸，庆社于齐（石庆为齐相，齐为其立社），不言动民。卫、直、周、张（卫绾、直不疑、周仁、张欧），淑慎其身（淑慎出自《诗经·卫诗·燕燕》）。述万石卫直周张传第十六。

孝文三王，代孝二梁（代孝王刘参，梁孝王刘武，梁怀王刘揖），怀折亡嗣，孝乃尊光。内为母弟，外扞吴、楚，怙宠矜功，僭欲失所，思心既霿，牛祸告妖。帝庸亲亲，厥国五分，德不堪宠，四支不传（梁分为五，孝王五子为王，余四人绝而不传）。述文三王传第十七。

贾生矫矫，弱冠登朝。遭文睿圣，屡抗其疏，暴秦之戒，三代是据。建设藩屏，以强守圉，吴楚合从，赖谊之虑。述贾谊传第十八。

子丝慷慨，激辞纳说，揽辔正席，显陈成败。错之琐材，智小谋大，祸如发机，先寇受害。述爰盎朝错传第十九。

释之典刑，国宪以平。冯公矫魏（魏尚），增主之明。长孺刚直，义形于色，下折淮南，上正元服（汲黯正直，下令淮南王刘安忌惮，上令孝武帝不敢不正冠）。庄之推贤，于兹为德。述张冯汲郑传第二十。

荣如辱如，有机有枢（《易·系辞》曰“言行者，君子之枢机也，枢机之发，荣辱之主也”），自下摩上，惟德之隅（《诗经·大雅·抑》曰“抑抑威仪，惟德之隅”）。赖依忠正，君子采诸。述贾邹枚路传第二十一。

魏其翩翩（魏其侯窦婴），好节慕声，灌夫矜勇，武安骄盈（武安侯田蚡），凶德相挻，祸败用成。安国壮趾（韩安国），王恢兵首，彼若天命，此近人咎。述窦田灌韩传第二十二。

景十三王，承文之庆。鲁恭馆室（鲁恭王刘余修馆室），江都訬轻（江都王刘非滑轻薄）；赵敬险诐（赵敬肃王刘彭祖邪不正），中山淫醟（中山靖王刘胜醉酗酒）；长沙寂漠（长沙定王刘发孤寂落寞），广川亡声（广川惠王刘越失去声望）；胶东不亮（胶东康王刘寄不能取信），常山骄盈（常山宪王刘舜骄纵太过）。四国绝祀（临江哀王刘阏、临江闵王刘荣、胶西于王刘端、清河哀王刘乘皆无子除国），河间贤明（河间献王刘德有贤明），礼乐是修，为汉宗英。述景十三王传第二十三。

李广恂恂，实获士心，控弦贯石，威动北邻（李广射石，威震匈奴），躬战七十，遂死于军。敢怨卫青，见讨去病（李广七十卒，子李敢怨责卫青，为霍去病所杀）。陵不引决，忝世灭姓（李陵战败降匈奴）。苏武信节，不诎王命。述李广苏建传第二十四。

长平桓桓（长平侯卫青），上将之元，薄伐猃允，恢我朔边，戎车七征，冲輣闲闲，合围单于，北登阗颜，骠骑冠军，猋勇纷纭，长驱六举，电击雷震，饮马翰海（骠骑将军冠军侯霍去病，闪电战六击匈奴，至贝加尔湖），封狼居山（今蒙古乌兰巴托以东），西规大河，列郡祁连（置郡祁连山）。述卫青霍去病传第二十五。

抑抑仲舒，再相诸侯，身修国治，致仕悬车，下帷覃思，论道属书，谠言访对，为世纯儒。述董仲舒传第二十六。

文艳用寡，子虚乌有，寓言淫丽，托讽终始，多识博物，有可观采，蔚为辞宗，赋颂之首。述司马相如传第二十七。

平津斤斤（平津侯公孙弘），晚跻金门，既登爵位，禄赐颐贤，布衾疏食，用俭饬身。卜式耕牧，以求其志，忠寤明君，乃爵乃试。兒生亹亹，束发修学，偕列名臣，从政辅治。述公孙弘卜式兒宽传第二十八。

张汤遂达，用事任职，媚兹一人，日旰忘食，既成宠禄，亦罗咎慝。安世温良，塞渊其德，子孙遵业，全祚保国。述张汤传第二十九。

杜周治文，唯上浅深，用取世资，幸而免身。延年宽和，列于名臣。钦用材谋，有异厥伦。述杜周传第三十。

博望杖节（博望侯张骞），收功大夏；贰师秉钺（贰师将军李广利），身衅胡社。致死为福（张骞求死反生），每生作祸（李广利贪生反死）。述张骞李广利传第三十一。

乌呼史迁，薰胥以刑（因牵连受刑）！幽而发愤，乃思乃精，错综群言，古今是经，勒成一家，大略孔明。述司马迁传第三十二。

孝武六子，昭、齐亡嗣（孝昭帝、齐怀王刘闳皆无嗣）。燕刺谋逆（燕刺王刘旦），广陵祝诅（广陵厉王刘胥）。昌邑短命（昌邑哀王刘髆），昏贺失据（海昏侯刘贺）。戾园不幸（戾太子刘据），宣承天序。述武五子传第三十三。

六世耽耽，其欲浟浟，文武方作，是庸四克。助、偃、淮南（严助、主父偃、淮南王刘安谏孝武帝不宜兴兵讨越事），数子之德，不忠其身，善谋于国。述《严朱吾丘主父徐严终王贾传》第三十四。

东方赡辞，诙谐倡优，讥苑扞偃（讥讽孝武帝起上林苑和董偃宴宣室），正谏举邮，怀肉污殿，弛张沈浮。述《东方朔传》第三十五。

葛绎内宠（葛绎侯公孙贺妻是卫皇后姊，故说内宠），屈氂王子。千秋时发，宜春旧仕（宜春侯王䜣）。敞、义依霍（杨敞、蔡义，依附霍光），庶几云已。弘惟政事，万年容己。咸睡厥诲，孰为不子（陈万年教子咸，咸睡头触屏风，万年大怒，咸叩头谢曰“具晓所言，大要教咸谄耳”）？述公孙刘田杨王蔡陈郑传第三十六。

王孙裸葬，建乃斩将。云廷讦禹（张禹），福逾刺凤（王凤），是谓狂狷，敞近其衷。述杨胡朱梅云传第三十七。

博陆堂堂（博陆侯霍光），受遗武皇，拥毓孝昭，末命导扬。曹家不造，立帝废王，权定社稷，配忠阿衡。怀禄耽宠，渐化不详，阴妻之逆，至子而亡。秺侯狄孥（秺侯金日磾为匈奴休屠王子，故称狄孥），虔恭忠信，奕世载德，貤于子孙。述霍光金日磾传第三十八。

兵家之策，惟在不战。营平皤皤（营平侯赵充国），立功立论，以不济可，上谕其信。武贤父子（辛武贤、辛庆忌父子），虎臣之俊。述赵充国辛庆忌传第三十九。

义阳楼兰（义阳侯傅介子刺楼兰王），长罗昆弥（长罗侯常惠救乌孙王昆弥），安远日逐（安远侯郑吉迫降匈奴日逐王），义成郅支（义成侯甘延寿斩匈奴郅支单于）。陈汤诞节（陈汤放荡不拘小节），救在三哲（刘向、谷永、耿育都为陈汤求情救之）；会宗勤事（段会宗），疆外之桀。述傅常郑甘陈段传第四十。

不疑肤敏，应变当理，辞霍不婚（霍光欲以女嫁隽不疑而遭拒），逡遁致仕。疏克有终，散金娱老。定国之祚，于其仁考。广德、当、宣，近于知耻（薛广德、平当、彭宣三人不苟于禄位，引以为耻）。述隽疏于薛平彭传第四十一。

四皓遁秦，古之逸民，不营不拔，严平、郑真（汉蜀郡严君平，名遵，终身不仕；汉人郑子真退隐云阳谷，终身不仕）。吉困于贺（昌邑王刘贺），涅而不缁；禹既黄发，以德来仕。舍惟正身，胜死善道；郭钦、蒋诩，近遁之好（乱世和顺以避害）。述王贡两龚鲍传第四十二。

扶阳济济（扶阳侯韦贤），闻诗闻礼。玄成退让，仍世作相。汉之宗庙，叔孙是谟（叔孙通之谋划），革自孝元，诸儒变度。国之诞章，博载其路。述韦贤传第四十三。

高平师师（高平侯魏相），惟辟作威（出自《尚书·洪范》），图黜凶害，天子是毗（出自《诗经·小雅·节南山》）。博阳不伐（博阳侯丙吉），舍弘光大，天诱其衷，庆流苗裔。述魏相丙吉传第四十四。

占往知来（《易·系辞上》曰“神以知来，智以藏往”），幽赞神明（《易·说卦》曰“昔者圣人之作《易》也，幽赞于神明而生蓍”），苟非其人，道不虚行（出自《易·系辞下》）。学微术昧，或见仿佛，疑殆匪阙，违众迕世，浅为尤悔，深作敦害。述眭两夏侯京翼李传第四十五。

广汉尹京（官京兆尹），克聪克明；延寿作翊（官左冯翊），既和且平。矜能讦上，俱陷极刑。翁归承风，帝扬厥声（尹翁归受任右扶风，卒，孝宣帝下诏褒扬）。敞亦平平，文雅自赞；尊实赳赳，邦家之彦；章死非罪，士民所叹。述赵尹韩张两王传第四十六。

宽饶正色，国之司直。丰繄好刚，辅亦慕直。皆陷狂狷，不典不式。崇执言责（郑崇为尚书仆射，职在言责），隆持官守（毋将隆强谏武库兵不宜以给董贤家）。宝曲定陵（孙宝曲桡定陵侯淳于长），并有立志（何并不挠于廷尉钟元而治钟威之罪）。述盖诸葛刘郑毋将孙何传第四十七。

长倩懊懊（萧望之，字长倩），瓠霍不举（霍光要求露体搜索，萧望之不接受，故不被推举），遇宣乃拔，傅元作辅，不图不虑，见踬石、许（萧望之谋虑不详，被石显及许、史所败）。述萧望之传第四十八。

子明光光（冯奉世，字子明），发迹西疆，列于御侮，厥子亦良。述冯奉世传第四十九。

宣之四子，淮阳聪敏（淮阳宪王刘钦），舅氏蘧蒢（张博），几陷大理。楚孝恶疾（楚孝王刘嚣），东平失轨（东平思王刘宇），中山凶短（中山哀王刘竟），母归戎里。元之二王，孙后大宗（哀平二帝），昭而不穆，大命更登。述宣元六王传第五十。

乐安褎褎（乐安侯匡衡），古之文学，民具尔瞻（出自《诗经·小雅·节南山》），困于二司（司隶校尉王尊劾奏匡衡追奏石显，扬著先帝任用倾复之臣，王骏亦劾奏匡衡专地盗土）。安昌货殖（安昌侯张禹），朱云作娸。博山惇慎（博山侯孔光），受莽之疚（孔光曲从王莽）。述匡张孔马传第五十一。

乐昌笃实，不桡不诎，遘闵既多，是用废黜（乐昌侯王商为王莽排挤）。武阳殷勤（武阳侯史丹），辅导副君，既忠且谋，飨兹旧勋，高武守正，因用济身（高武侯傅喜不阿附傅大后而得免祸）。述王商史丹傅喜传第五十二。

高阳文法（高阳侯薛宣），扬乡武略（扬乡侯朱博），政事之材，道德惟薄，位过厥任，鲜终其禄。博之翰音，鼓妖先作。述薛宣朱博传第五十三。

高陵修儒（高陵侯翟方进），任刑养威，用合时宜，器周世资。义得其勇，如虎如貔，进不跬步，宗为鲸鲵。述翟方进传第五十四。

统微政缺，灾眚屡发。永陈厥咎，戒在三七［时有汉厄三七（210年）之说］。邺指丁、傅（外戚丁氏、傅氏），略窥占术。述谷永杜邺传第五十五。

哀、平之恤，丁、傅、莽、贤。武、嘉戚之，乃丧厥身。高乐废黜，咸列贞臣（高乐侯师丹正直有操守）。述何武王嘉师丹传第五十六。

渊哉若人！实好斯文。初拟相如，献赋黄门，辍而覃思，草《法》纂《玄》（指《法言》《太玄》），斟酌六经，放易象论（指《易经》《论语》），潜于篇籍，以章厥身。述扬雄传第五十七。

犷犷亡秦，灭我圣文，汉存其业，六学析分。是综是理，是纲是纪，师徒弥散，著其终始。述儒林传第五十八。

谁毁谁誉，誉其有试（《论语》曰“吾之于人，谁毁谁誉，如有所誉，其有所试”）。泯泯群黎，化成良吏。淑人君子，时同功异。没世遗爱，民有余思。述循吏传第五十九。

上替下陵，奸轨不胜，猛政横作，刑罚用兴。曾是强圉，掊克为雄（《诗经·大雅·荡》曰“曾是强圉，曾是掊克”），报虐以威，殃亦凶终。述酷吏传第六十。

四民食力（指士、农、工、商），罔有兼业，大不淫侈，细不匮乏，盖均无贫（出自《论语》），遵王之法。靡法靡度，民肆其诈，逼上并下，荒殖其货。侯服玉食，败俗伤化。述货殖传第六十一。

开国承家，有法有制，家不臧甲，国不专杀。矧乃齐民，作威作惠，如台不匡，礼法是谓！述游侠传第六十二。

彼何人斯，窃此富贵！营损高明，作戒后世。述佞幸传第六十三。

於惟帝典（指《尚书·虞书·舜典》），戎夷猾夏；周宣攘之，亦列风雅（《诗经·小雅·出车》曰“赫赫南仲，玁狁于攘”）。宗幽既昏（宗周幽王），淫于褒女（褒姒），戎败我骊，遂亡酆鄗。大汉初定，匈奴强盛，围我平城，寇侵边境。至于孝武，爰赫斯怒，王师雷起，霆击朔野。宣承其末，乃施洪德，震我威灵，五世来服。王莽窃命，是倾是覆，备其变理，为世典式。述匈奴传第六十四。

西南外夷，种别域殊。南越尉佗，自王番禺。攸攸外寓，闽越、东瓯。爰洎朝鲜，燕之外区。汉兴柔远，与尔剖符。皆恃其岨，乍臣乍骄，孝武行师，诛灭海隅。述西南夷两越朝鲜传第六十五。

西戎即序，夏后是表。周穆观兵，荒服不旅。汉武劳神，图远甚勤。王师驒驒，致诛大宛（孝武帝求汗血宝马，远征大宛，致人马疲弊）。姼姼公主，乃女乌孙（女是出嫁之意），使命乃通，条支之濒。昭、宣承业，都护是立，总督城郭，三十有六，修奉朝贡，各以其职。述西域传第六十六。

诡矣祸福（祸福相依，变化无常），刑于外戚。高后首命，吕宗颠覆。薄姬碳魏（魏王豹），宗文产德。窦后违意，考盘于代。王氏仄微，世武作嗣。子夫既兴，扇而不终。钩弋忧伤，孝昭以登。上官幼尊，类祃厥宗。史娣、王悼，身遇不祥，及宣飨国，二族后光。恭哀产元，夭而不遂。邛成乘序，履尊三世（宣帝、元帝、成帝三世）。飞燕之妖，祸成厥妹。丁、傅僭恣，自求凶害。中山无辜，乃丧冯、卫（中山孝王母冯昭仪为傅氏所陷，中山孝王皇后卫姬为王莽所灭）。惠张、景薄、武陈、宣霍、成许、哀傅、平王之作，事虽歆羡，非天所度（孝惠帝之张后、孝景帝之薄后、孝武帝之陈后、孝宣帝之霍后、孝成帝之许后、孝哀帝之傅后、孝平帝之王后等，一时为尊，人所羡之，非天意而居之，终归不昌）。怨咎若兹，如何不恪！述外戚传第六十七。

元后娠母，月精见表。遭成之逸，政自诸舅（孝成帝沉于逸乐，委政于舅王氏）。阳平作威（阳平侯王凤），诛加卿宰（王商王章）。成都煌煌，假我明光。曲阳歊歊（曲阳侯王根），亦朱其堂。新都亢极（新都侯王莽），作乱以亡。述元后传第六十八。

咨尔贼臣，篡汉滔天，行骄夏癸（夏桀名癸），虐烈商辛（商纣名辛）。伪稽黄、虞，缪称典文，众怨神怒，恶复诛臻。百王之极，究其奸昏。述王莽传第六十九。

凡《汉书》，叙帝皇，列官司，建侯王。准天地，统阴阳，阐元极，步三光。分州域，物土疆，穷人理，该万方。纬《六经》，缀道纲，总百氏，赞篇章。函雅故，通古今，正文字，惟学林。述叙传第七十。

# （六）班氏历史人物第八世——班固传（中篇）

本篇主要内容：录《后汉书·班彪列传》上、下篇所载班固著《两都赋》与《典引篇》，及班固个人生平事迹。

《后汉书卷四十上·班彪列传第三十上》载：

固字孟坚。年九岁，能属文诵诗赋，及长，遂博贯载籍，九流百家之言（指儒、道、墨、法、名、农、阴阳、纵横、杂九流等诸子百家之说），无不穷究。所学无常师，不为章句，举大义而已。性宽和容众，不以才能高人，诸儒以此慕之。

永平初（永平为东汉明帝年号，公元58—75年，共十八年），东平王苍（东汉光武帝刘秀子，光烈皇后阴丽华生子刘庄即位为明帝，次子刘苍先封东平公，后进封东平王）以至戚为骠骑将军辅政，开东阁，延英雄。时固始弱冠（古代男子二十岁行冠礼谓成年，两汉弱冠不特指二十岁，范围在十八至二十二间），奏记说苍曰：

将军以周、邵之德（周公旦、召公奭），立乎本朝，承休明之策，建威灵之号，昔在周公，今也将军，诗书所载，未有三此者也。传曰："必有非常之人，然后有非常之事；有非常之事，然后有非常之功（出自司马相如《难蜀父老》）。"固幸得生于清明之世，豫在视听之末，私以蝼蚁（蝼蚁指细微之意），窃观国政，诚美将军拥千载之任，蹑先圣之踪，体弘懿之姿，据高明之势，博贯庶事，服膺六艺，白黑简心，求善无猒（日夜关怀，求善不厌），采择狂夫之言，不逆负薪之议（采纳狂夫之谏言，不拒卑贱之议论）。窃见幕府新开，广延群俊，四方之士，颠倒衣裳（《诗经·齐风·东方未明》曰"东方未明，颠倒衣裳，颠之倒之，自公召之"，古人上为衣，下为裳，衣裳颠倒而穿，形容急迫也）。将军宜详唐、殷之举（唐尧、商汤），察伊、皋之荐（商相伊尹、舜臣皋陶，良相贤臣），令远近无偏，幽隐必达，期于总览贤才，收集明智，为国得人，以宁本朝。则将军养志和神，优游庙堂，光名宣于当世，遗烈著于无穷。

窃见故司空掾桓梁，宿儒盛名，冠德州里，七十从心，行不逾矩（《论语》曰“七十而纵心所欲，不逾矩”凡行事皆合于法则），盖清庙之光晖，当世之俊彦也。京兆祭酒晋冯，结发修身，白首无违，好古乐道，玄默自守，古人之美行，时俗所莫及。扶风掾李育，经明行著，教授百人，客居杜陵，茅室土阶。京兆、扶风二郡更请，徒以家贫，数辞病去。温故知新，论议通明，廉清修絜，行能纯备，虽前世名儒，国家所器，韦、平、孔、翟（韦贤、平当、孔光、翟方进），无以加焉。宜令考绩，以参万事。京兆督邮郭基，孝行著于州里，经学称于师门，政务之绩，有绝异之效。如得及明时，秉事下僚，进有羽翮奋翔之用，退有杞梁一介之死。凉州从事王雍，躬卞严之节，文之以术艺，凉州冠盖，未有宜先雍者也。古者周公一举则三方怨，曰“奚为而后已”。宜及府开，以慰远方。弘农功曹史殷肃，达学洽闻，才能绝伦，诵诗三百，奉使专对。此六子者，皆有殊行绝才，德隆当世，如蒙征纳，以辅高明，此山梁之秋，夫子所为叹也。昔卞和献宝，以离断趾，灵均纳忠，终于沈身，而和氏之璧，千载垂光，屈子之篇，万世归善。愿将军隆照微之明，信日昊之听，少屈威神，咨嗟下问，令尘埃之中，永无荆山、汨罗之恨（卞和三献和氏璧断足而哭于荆山之下，屈原尽忠谏言放逐而自投汨罗江中）。

苍纳之。

父彪卒，归乡里。固以彪所续前史未详，乃潜精研思，欲就其业。既而有人上书显宗（显宗即明帝刘庄），告固私改作国史者，有诏下郡，收固系京兆狱，尽取其家书。先是扶风人苏朗伪言图谶事，下狱死。固弟超恐固为郡所核考，不能自明，乃驰诣阙上书，得召见，具言固所著述意，而郡亦上其书。显宗甚奇之，召诣校书部，除兰台令史，与前睢阳令陈宗、长陵令尹敏、司隶从事孟异共成世祖本纪。迁为郎（校书郎，官名，校订皇家图书），典校秘书（秘书指国家珍藏的书籍）。固又撰功臣、平林、新市、公孙述事，作列传、载记二十八篇，奏之。帝乃复使终成前所著书。

固以为汉绍尧运，以建帝业，至于六世，史臣乃追述功德，私作本纪，编于百王之末，厕于秦、项之列，太初以后，阙而不录，故探撰前记，缀集所闻，以为《汉书》。起元高祖，终于孝平王莽之诛，十有二世，二百三十年，综其行事，傍贯《五经》，上下洽通，为《春秋》考纪、表、志、传凡百篇。固自永平中始受诏，潜精积思二十馀年，至建初中乃成（建初为东汉章帝刘炟第一个年号，公元76—84年八月，共九年）。当世甚重其书，学者莫不讽诵焉。

——《两都赋》指《西都赋》与《东都赋》——

自为郎后，遂见亲近。时京师修起宫室，浚缮城隍，而关中耆老犹望朝廷西顾。固感前世相如、寿王、乐方之徒（司马相如，吾丘寿王，乐方可能是东方之误，指东方朔），造构文辞，终以讽劝，乃上两都赋，盛称洛邑制度之美，以折西宾淫侈之论。其辞曰：

### 上阙《西都赋》

有西都宾问于东都主人（西都宾指西都长安客，东都主人指东都洛阳主人）曰："盖闻皇汉之初经营也，尝有意乎都河洛矣（西汉初建曾有意都河洛之滨）。辍而弗康，实用西迁，作我上都（后以不宁而西迁长安定都）。主人闻其故而睹其制乎（主人听说过迁都的故事并看过长安的状貌吗）？"主人曰："未也。愿宾摅怀旧之蓄念，发思古之幽情，博我以皇道，弘我以汉京（主人请客人讲述以扩充见闻）。"宾曰："唯唯（唯表示应答之意，可理解为是的、好的之类）。"

汉之西都，在于雍州，实曰长安。左据函谷、二崤之阻（函谷关和崤山），表以太华、终南之山（西岳华山和终南山）。右界褒斜、陇首之险（褒谷、斜谷、龙首山），带以洪河、泾、渭之川（黄河、泾水、渭水）。华实之毛，则九州之上腴焉。防御之阻，则天地之奥区焉。是故横被六合，三成帝畿（周秦汉三朝），周以龙兴，秦以虎视。及至大汉受命而都之也，仰寤东井之精（五星聚于天之东井），俯协河图之灵（灵图出河滨）。奉春建策（娄敬为刘邦赐姓刘，封奉春君），留侯演成（留侯张良）。天人合应，以发皇明，乃眷西顾，实惟作京。于是睎秦岭（远望秦岭），睋北阜（遥望北山），挟酆灞（沣河、灞河），据龙首。图皇基于亿载，度宏规而大起。肇自高而终平（始自汉高祖，终于汉平帝），世增饰以崇丽。历十二之延祚，故穷奢而极侈。建金城而万雉，呀周池而成渊。披三条之广路，立十二之通门。内则街衢洞达，闾阎且千，九市开场，货别隧分。人不得顾，车不得旋（人不能回顾，车不能回旋，看来堵得很厉害），阒城溢郭，旁流百廛。红尘四合，烟云相连（大都市人满为患，估计房价也不便宜）。于是既庶且富，娱乐无疆。都人士女，殊异乎五方。游士拟于公侯，列肆侈于姬、姜（如此富有，看来GDP不低）。乡曲豪举游侠之雄，节慕原、尝（赵平原君赵胜，齐孟尝君田文），名亚春、陵（楚春申君黄歇、魏信陵君无忌）。连交合众，骋骛乎其中。

若乃观其四郊，浮游近县，则南望杜、霸（西汉文帝刘恒之霸陵、宣帝刘询之杜陵），北眺五陵（五陵原，西汉高祖刘邦之长陵、惠帝刘盈之安陵、景帝刘启之阳陵、武帝刘彻之茂陵、昭帝刘弗陵之平陵）。名都对郭，邑居相承，英俊之域，黼冕所兴。冠盖如云，七相五公（指车千秋、黄霸、王商、王嘉、韦贤、平当、魏相七人，并张汤、萧望之、冯奉世、史丹、张安世五人，时称公侯、御史大夫、将军为公）。与乎州郡之豪桀，五都之货殖，三选七迁（此三等人迁至汉家七陵处），充奉陵邑。盖以强干弱枝，隆上都而观万国也。封畿之内，厥土千里，逴荦诸夏，兼其所有。其阳则崇山隐天（山之南为阳），幽林穹谷，陆海珍藏，蓝田美玉。商、洛缘其隈（商河、洛河），鄠、杜滨其足（鄠县、杜县），源泉灌注，陂池交属，竹林果园，芳草甘木，郊野之富，号曰近蜀（靠近西蜀）。其阴则冠以九嵕（山之北为阴，九嵕山），陪以甘泉（甘泉山），乃有灵宫起乎其中。秦、汉之所极观，渊、云之所颂叹（王褒字子渊、杨雄字子云，并称渊云），于是乎存焉。下有郑、白之沃（郑渠、白渠），衣食之源，堤封五万，疆埸绮分，沟塍刻镂，原隰龙鳞，决渠降雨，荷臿成云，五谷垂颖，桑麻敷棻。东郊则有通沟大漕（东郊指东面），溃渭洞河（渭水、黄河），泛舟山东（崤山以东），控引淮、湖（淮水、湖泊），与海通波（与东海辗转相接）。西郊则有上囿禁苑（西郊指西面，上林苑），林麓薮泽，陂池连乎蜀、汉（西蜀、汉中），缭以周墙，四百余里（围墙有四百余里），离宫别馆，三十六所（有三十六所离宫别馆），神池灵沼，往往而在。其中乃有九真之麟（九真郡之麒麟），大宛之马（大宛国之良驹），黄支之犀（黄支国之犀牛），条支之鸟（条支国之大鸟）。逾昆仑，越巨海，殊方异类，至三万里。

其宫室也，体象乎天地，经纬乎阴阳，据坤灵之正位，放太、紫之圆方。树中天之华阙，丰冠山之朱堂，因瑰材而究奇，抗应龙之虹梁，列棼橑以布翼，荷栋桴而高骧。雕玉瑱以居楹，裁金壁以饰珰，发五色之渥采，光焰朗以景彰。于是左城右平，重轩三阶，闺房周通，门闼洞开，列钟虡于中庭，立金人于端闱，仍增崖而衡阈，临峻路而启扉。徇以离殿别寝，承以崇台闲馆，焕若列宿，紫宫是环。清凉宣温，神仙长年，金华玉堂，白虎麒麟，区宇若兹，不可殚论。增盘崔嵬，登降炤烂，殊形诡制，每各异观。乘茵步辇，惟所息宴。后宫则掖庭椒房，后妃之室。合欢增城，安处常宁，茝若椒风，披香发越，兰林蕙草，鸳鸾飞翔之列，昭阳特盛，隆乎孝成。屋不呈材，墙不露形。裛以藻绣，络以纶连。随侯明月，错落其间。金釭衔璧，是为列钱。翡翠火齐，流耀含英。悬黎垂棘，夜光在焉。于是玄墀扣砌，玉阶彤庭，碝碱彩致，琳珉青荧，珊瑚碧树，周阿而生。红罗飒纚，绮组缤纷。精曜华烛，俯仰如神。后宫之号，十有四位。窈窕繁华，更盛迭贵。处乎斯列者，盖以百数。左右庭中，朝堂百寮之位，萧曹魏邴（萧何、曹参、魏相、邴吉），谋谟乎其上。佐命则垂统，辅翼则成化。流大汉之恺悌，荡亡秦之毒螫。故令斯人扬乐和之声，作画一之歌。功德著乎祖宗，膏泽洽乎黎庶。又有天禄石渠（天禄阁、石渠阁），典籍之府。命夫谆诲故老，名儒师傅，讲论乎《六艺》，稽合乎同异。又有承明金马，著作之庭。大雅宏达，于兹为群。元元本本，殚见洽闻。启发篇章，校理秘文。周以钩陈之位，卫以严更之署，总礼官之甲科，群百郡之廉孝（孝廉举荐制）。虎贲赘衣，阉尹阍寺（四者皆官职名）。陛戟百重，各有典司。

周庐千列，徼道绮错。辇路经营，修除飞阁（天桥回廊）。自未央而连桂宫（未央宫、桂宫），北弥明光而亘长乐（明光宫、长乐宫），凌隥道而超西墉，掍建章而连外属（建章宫）。设璧门之凤阙，上柧稜而栖金雀。内则别风之嶕峣，眇丽巧而耸擢，张千门而立万户，顺阴阳以开阖。尔乃正殿崔嵬，层构厥高，临乎未央。经骀汤而出馺娑（骀汤宫、馺娑宫），洞枍诣以与天梁（枍诣宫、天梁宫）。上反宇以盖戴，激日景而纳光。神明郁其特起，遂偃蹇而上跻。轶云雨于太半，虹霓回带于棼楣。虽轻迅与僄狡，犹愕眙而不能阶。攀井干而未半，目眴转而意迷，舍棂槛而却倚，若颠坠而复稽，魂怳怳以失度，巡回途而下低。既惩惧于登望，降周流以彷徨，步甬道以萦纡，又杳窱而不见阳。排飞闼而上出，若游目于天表，似无依而洋洋。前唐中而后太液，览沧海之汤汤。扬波涛于碣石，激神岳之嶈嶈。滥瀛洲与方壶，蓬莱起乎中央。于是灵草冬荣，神木丛生。岩峻崷崒，金石峥嵘。抗仙掌以承露，擢双立之金茎，轶埃壒之混浊，鲜颢气之清英。骋文成之丕诞，驰五利之所刑。庶松乔之群类（赤松子、王子乔），时游从乎斯庭。实列仙之攸馆，非吾人之所宁。

尔乃盛娱游之壮观，奋大武乎上囿。因兹以威戎夸狄，耀威灵而讲武事。命荆州使起鸟，诏梁野而驱兽，毛群内阗，飞羽上覆，接翼侧足，集禁林而屯聚。水衡虞人，修其营表。种别群分，部曲有署。罘网连纮，笼山络野。列卒周匝，星罗云布。于是乘銮舆，备法驾，帅群臣，披飞廉，入苑门。遂绕酆鄗，历上兰，六师发胄，百兽骇殚，震震爚爚，雷奔电激，草木涂地，山渊反覆。蹂躏其十二三，乃拗怒而少息。尔乃期门佽飞，列刃钻鍭，要趹追踪。鸟惊触丝，兽骇值锋。机不虚掎，弦不再控。矢不单杀，中必叠双。飑飑纷纷，矰缴相缠。风毛雨血，洒野蔽天。平原赤，勇士厉。猿狖失木，豺狼慑窜。尔乃移师趋险，并蹈潜秽。穷虎奔突，狂兕触蹶。许少施巧，秦成力折。掎僄狡，扼猛噬。脱角挫脰，徒搏独杀。挟师豹，拖熊螭。曳犀犛，顿象罴。超洞壑，越峻崖。蹷巉岩，巨石隤。松柏仆，丛林摧。草木无馀，禽兽殄夷。

于是天子乃登属玉之馆，历长杨之榭。览山川之体执，观三军之杀获。原野萧条，目极四裔。禽相镇压，兽相枕藉。然后收禽会众，论功赐胙。陈轻骑以行炰，腾酒车以斟酌。割鲜野食，举烽命釂。飨赐毕，劳逸齐，大辂鸣銮，容与徘徊。集乎豫章之宇，临乎昆明之池。左牵牛而右织女，似云汉之无涯。茂树荫蔚，芳草被堤。兰茝发色，晔晔猗猗。若摛锦布绣，烛耀乎其陂。鸟则玄鹤白鹭，黄鹄䴔鹳，鸧鸹鸨鶂，凫鹥鸿雁。朝发河海，夕宿江汉。沉浮往来，云集雾散。于是后宫乘輚辂，登龙舟，张凤盖，建华旗，袪黼帷，镜清流，靡微风，澹淡浮。棹女讴，鼓吹震，声激越，謍厉天，鸟群翔，鱼窥渊。招白鹇，下双鹄。揄文竿，出比目。抚鸿罿，御矰缴，方舟并骛，俯仰极乐。遂乃风举云摇，浮游溥览。前乘秦岭，后越九嵕，东薄河华（黄河太华），西涉岐雍（岐山雍县）。宫馆所历，百有馀区。行所朝夕，储不改供。礼上下而接山川，究休佑之所用。采游童之欢谣，第从臣之嘉颂。于斯之时，都都相望，邑邑相属。国藉十世之基，家承百年之业，士食旧德之名氏，农服先畴之畎亩，商循族世之所鬻，工用高曾之规矩。粲乎隐隐，各得其所（赋之骈文功底深厚，不敢望其项背）。

若臣者徒观迹于旧墟，闻之乎故老，十分而未得其一端，故不能遍举也。

下阙《东都赋》

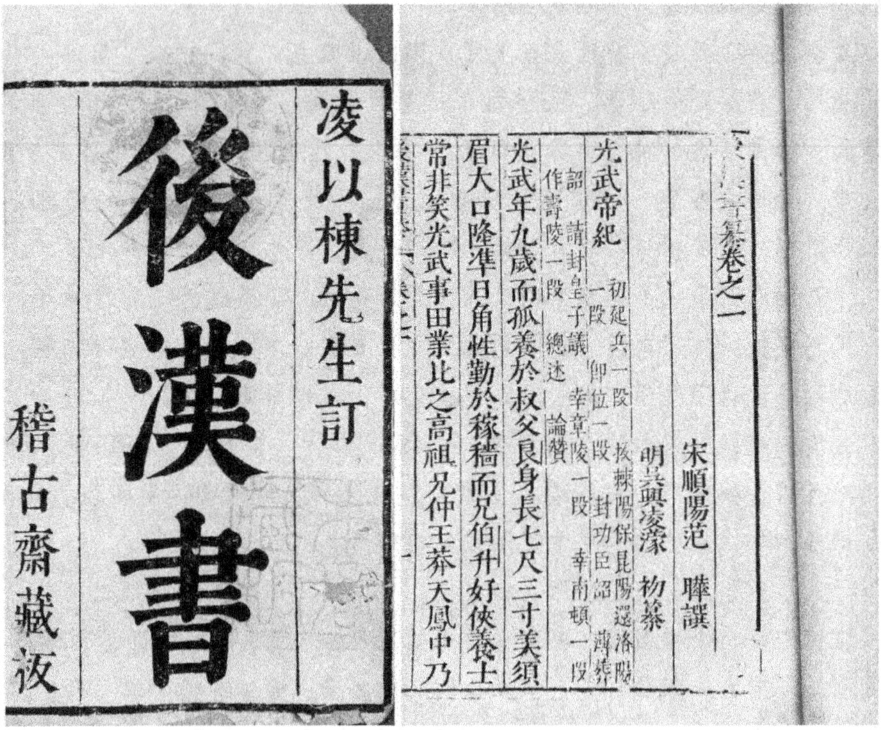


图 14　《后汉书》线装内页

《后汉书卷四十上·班彪列传第三十下》载：

主人喟然而叹曰：痛乎风俗之移人也！子实秦人，矜夸馆室，保界河山，信识昭襄而知始皇矣，乌睹大汉之云为乎（哪里知晓大汉的光辉业绩）？夫大汉之开元也，奋布衣以登皇极，繇数期而创万世，盖六籍所不能谈，前圣靡得而言焉。当此之时，功有横而当天，讨有逆而顺民，故娄敬度埶而献其说，萧公权宜以拓其制。时岂泰而安之哉（岂是贪图享乐安逸之故）？计不得以已也。吾子曾不是睹，顾曜后嗣之末造，不亦暗乎？今将语子以建武之理，永平之事，监乎太清，以变子之或志（以建武、永平政事改变你的奢侈观念）。

往者王莽作逆，汉祚中缺，天人致诛，六合相灭。于时之乱，生民几亡，鬼神泯绝，壑无完柩，郛罔遗室，原野猒人之肉，川谷流人之血，秦、项之灾，犹不克半，书契以来未之或纪也。故下民号而上诉，上帝怀而降鉴，致命乎圣皇

（东汉光武帝）。于是圣皇乃握乾符，阐坤珍，披皇图，稽帝文，赫然发愤，应若兴云，霆击昆阳（昆阳大捷，以少胜多战例），凭怒雷震。遂超大河，跨北岳，立号高邑，建都河、洛。绍百王之荒屯，因造化之荡涤，体元立制，继天而作。系唐统，接汉绪，茂育群生，恢复疆宇，勋兼乎在昔，事勤乎三五（三皇五帝）。岂特方轨并迹，纷纷后辟，理近古之所务，蹈一圣之险易云尔哉？且夫建武之元，天地革命，四海之内，更造夫妇，肇有父子，君臣初建，人伦实始，斯乃虑伏羲氏之所以基皇德也。分州土，立市朝，作盘舆，造器械，斯乃轩辕氏之所以开帝功也。龚行天罚，应天顺人，斯乃汤、武之所以昭王业也（商汤、周武）。迁都改邑，有殷宗中兴之则焉（殷商盘庚中兴）。即土之中，有周成隆平之制焉（西周成王隆盛）。不阶尺土一人之柄，同符乎高祖。克己复礼，以奉终始，允恭乎孝文。宪章稽古，封岱勒成，仪炳乎世宗。案《六经》而校德，眇古昔而论功，仁圣之事既该，而帝王之道备矣。

至于永平之际（东汉明帝永平年间），重熙而累洽，盛三雍之上仪，修衮龙之法服，敷洪藻，信景铄，扬世庙，正雅乐。人神之和允洽，君臣之序既肃。乃动大辂，遵皇衢，省方巡狩，穷览万国之有无，考声教之所被，散皇明以烛幽。然后增周旧，修洛邑，翩翩巍巍，显显翼翼，光汉京于诸夏，总八方而为之极。是以皇城之内，宫室光明，阙庭神丽，奢不可逾，俭不能侈。外则因原野以作苑，填流泉而为沼，发苹藻以潜鱼，丰圃草以毓兽，制同乎梁驺，谊合乎灵囿。若乃顺时节而蒐狩，简车徒以讲武，则必临之以王制，考之以风雅。历驺虞，览四驖，嘉车攻，采吉日，礼官整仪，乘舆乃出。于是发鲸鱼，铿华钟，登玉辂，乘时龙，凤盖飒洒，和鸾玲珑，天官景从，寝威盛容。山灵护野，属御方神，雨师泛洒，风伯清尘，千乘雷起，万骑纷纭，元戎竟野，戈铤彗云，羽旄扫霓，旌旗拂天。焱焱炎炎，扬光飞文，吐焰生风，吹野燎山，日月为之夺明，丘陵为之摇震。遂集乎中囿，陈师案屯，骈部曲，列校队，勒三军，誓将帅。然后举烽伐鼓，以命三驱，轻车霆发，骁骑电骛，游基发射，范氏施御，弦不失禽，辔不诡遇，飞者未及翔，走者未及去。指顾倏忽，获车已实，乐不极盘，杀不尽物，马踠余足，士怒未泄，先驱复路，属车案节。于是荐三牺，效五牲，礼神祇，怀百灵，觐明堂，临辟雍，扬缉熙，宣皇风，登灵台，考休徵。俯仰乎乾坤，参象乎圣躬，目中夏而布德，瞰四裔而抗棱。西荡河源，东澹海漘，北动幽崖，南趯朱垠。殊方别区，界绝而不邻，自孝武之所不征，孝宣之所未臣，莫不陆詟水栗，奔走而来宾。遂绥哀牢，开永昌，春王三朝，会同汉京。

是日也，天子受四海之图籍，膺万国之贡珍，内抚诸夏，外绥百蛮。尔乃盛礼兴乐，供帐置乎云龙之庭，陈百僚而赞群后，究皇仪而展帝容。于是庭实千品，旨酒万钟，列金罍，班玉觞，嘉珍御，太牢飨。尔乃食举雍彻，太师奏乐，陈金石，布丝竹，钟鼓铿鍧，管弦烨煜。抗五声，极六律，歌九功，舞八佾，韶武备，泰古华。四夷间奏，德广所及，偞佅兜离，罔不具集。万乐备，百礼暨，皇欢浃，群臣醉，降烟煴，调元气，然后撞钟告罢，百僚遂退。

于是圣上睹万方之欢娱，又沐浴于膏泽，惧其侈心之将萌，而怠于东作也，乃申旧章，下明诏，命有司，班宪度，昭节俭，示太素。去后宫之丽饰，损乘舆之服御，除工商之淫业，兴农桑之上务。遂令海内弃末而反本，背伪而归真，女修织纴，男务耕耘，器用陶匏，服尚素玄，耻纤靡而不服，贱奇丽而弗珍，捐金于山，沈珠于渊。于是百姓涤瑕荡秽而镜至清，形神寂漠，耳目弗营，嗜欲之源灭，廉正之心生，莫不优游而自得，玉润而金声。是以四海之内，学校如林，庠序盈门，献酬交错，俎豆莘莘，下舞上歌，蹈德咏仁。登降饪宴之礼既毕，因相与嗟叹玄德，谠言弘说，咸含和而吐气，颂曰“盛哉乎斯世”！

今论者但知诵虞夏之书，咏殷周之诗，讲羲文之易，论孔氏之春秋，罕能精古今之清浊，究汉德之所由。唯子颇识旧典，又徒驰骋乎末流。温故知新已难，而知德者鲜矣！且夫辟界西戎，险阻四塞，修其防御，孰与处乎土中，平夷洞达，万方辐凑？秦领九嵕，泾渭之川，曷若四渎五岳，带河溯洛，图书之渊？建章甘泉，馆御列仙，孰与灵台明堂，统和天人？太液昆明，鸟兽之囿，曷若辟雍海流，道德之富？游侠逾侈，犯义侵礼，孰与同履法度，翼翼济济也？子徒习秦阿房之造天，而不知京洛之有制也；识函谷之可关，而不知王者之无外也。

主人之辞未终，西都宾矍然失容，逡巡降阶，惵然意下，捧手欲辞（一番正道言辞激烈，说得西都宾无地自容，心中恐惧，赶紧告辞，我等听之，亦是酣畅淋漓）。主人曰：“复位，今将喻子五篇之诗（请回来，还有五首诗要告知，好让你知晓其理）。”宾既卒业（《荀子·仲尼》曰“文王诛四，武王诛二，周公卒业”，司马相如《难蜀父老》曰“今又接之以西夷，百姓力屈，恐不能卒业”，指结束之意，西都宾读完诗后），乃称曰：“美哉乎斯诗！义正乎扬雄，事实乎相如，匪惟主人之好学，盖乃遭遇乎斯时也。小子狂简，不知所裁，既闻正道，请终身诵之。”其诗曰：

《明堂诗》：於昭明堂，明堂孔阳；圣皇宗祀，穆穆煌煌。上帝宴飨，五位时序；谁其配之，世祖光武。普天率土，各以其职；猗欤缉熙，允怀多福。

《辟雍诗》：乃流辟雍，辟雍汤汤；圣皇莅止，造舟为梁。皤皤国老，乃父乃兄；抑抑威仪，孝友光明。於赫太上，示我汉行；鸿化惟神，永观厥成。

《灵台诗》：乃经灵台，灵台既崇；帝勤时登，爰考休征。三光宣精，五行布序；习习祥风，祁祁甘雨。百谷溱溱，庶卉蕃芜；屡惟丰年，於皇乐胥。

《宝鼎诗》：岳修贡兮川效珍，吐金景兮歊浮云。宝鼎见兮色纷缊，焕其炳兮被龙文。登祖庙兮享圣神，昭灵德兮弥亿年。

《白雉诗》：启灵篇兮披瑞图，获白雉兮效素乌。发皓羽兮奋翘英，容洁朗兮于淳精。彰皇德兮侔周成，永延长兮膺天庆。

## 上终《两都赋》

及肃宗（东汉肃宗章帝刘炟）雅好文章，固愈得幸，数入读书禁中，或连日继夜。每行巡狩，辄献上赋颂，朝廷有大议，使难问公卿，辩论于前，赏赐恩宠甚渥。固自以二世才术，位不过郎，感东方朔、杨雄自论，以不遭苏、张、范、蔡（苏秦、张仪、范雎、蔡泽）之时，作宾戏以自通焉（指上篇中《答宾戏》）。后迁玄武司马。天子会诸儒讲论《五经》，作《白虎通德论》，令固撰集其事。

时北单于遣使贡献，求欲和亲，诏问群僚。议者或以为“匈奴变诈之国，无内向之心，徒以畏汉威灵，逼惮南虏，故希望报命，以安其离叛。今若遣使，恐失南虏亲附之欢，而成北狄猜诈之计，不可”。固议曰：“窃自惟思，汉兴已来，旷世历年，兵缠夷狄，尤事匈奴。绥御之方，其涂不一，或修文以和之，或用武以征之，或卑下以就之，或臣服而致之。虽屈申无常，所因时异，然未有拒绝弃放，不与交接者也。故自建武之世，复修旧典，数出重使，前后相继，至于其末，始乃暂绝。永平八年，复议通之。而廷争连日，异同纷回，多执其难，少言其易。先帝圣德远览，瞻前顾后，遂复出使，事同前世。以此而推，未有一世阙而不修者也。今乌桓就阙，稽首译官，康居、月氏，自远而至，匈奴离析，名王来降，三方归服，不以兵威，此诚国家通于神明自然之征也。臣愚以为宜依故事，复遣使者，上可继五凤、甘露致远人之会（五凤指西汉宣帝刘询第五个年号，公元前57—前54年，共四年，甘露指宣帝第六个年号，公元前53—前50年，共四年，时有单于朝汉），下不失建武、永平羁縻之义。虏使再来，然后一往，既明中国主在忠信，且知圣朝礼义有常，岂可逆诈示猜，孤其善意乎？绝之未知其利，通之不闻其害。设后北虏稍强，能为风尘，方复求为交通，将何所及？不若因今施惠，为策近长。”

## 下始《典引篇》

固又作《典引篇》，述叙汉德。以为相如《封禅》，靡而不典，杨雄《美新》，典而不实，盖自谓得其致焉。其辞曰：

太极之原（太极为万物之始），两仪始分（两仪指阴阳），烟烟煴煴，有沈而奥，有浮而清。沉浮交错，庶类混成。肇命人主，五德初始（五德指金木水火土五行之德性），同于草昧，玄混之中。逾绳越契，寂寥而亡诏者，系不得而缀也。厥有氏号，绍天阐绎者，莫不开元于大昊皇初之首（大昊指上古帝王伏羲氏），上哉敻乎，其书犹可得而修也。亚斯之世，通变神化，函光而未曜。

若夫上稽乾则，降承龙翼，而炳诸典谟（《尚书》有二典《尧典》《舜典》，三谟《大禹谟》《皋陶谟》《益稷》），以冠德卓踪者，莫崇乎陶唐。陶唐舍胤而禅有虞，虞亦命夏后，稷、契熙载，越成汤、武。股肱既周，天乃归功元首，将授汉刘。俾其承三季之荒末，值亢龙之灾孽，悬象暗而恒文乖，彝伦斁而旧章缺。故先命玄圣，使缀学立制，宏亮洪业，表相祖宗，赞扬迪哲，备哉灿烂，真神明之式也。虽前圣皋、夔、衡、旦密勿之辅（皋陶，为舜掌音乐的夔，伊尹掌阿衡之职，周公旦），比兹褊矣。是以高、光二圣（汉高祖、光武帝），辰居其域，时至气动，乃龙见渊跃。拊翼而未举，则威灵纷纭，海内云蒸，雷动电熛，胡缢莽分，不莅其诛。然后钦若上下，恭揖群后，正位度宗，有于德不台渊穆之让，靡号师矢敦奋㧑之容。盖以膺当天之正统，受克让之归运，蓄炎上之烈精，蕴孔佐之弘陈云尔。

洋洋乎若德，帝者之上仪，诰誓所不及已。铺观二代洪纤之度，其赜可探也。并开迹于一匮，同受侯甸之所服，奕世勤民，以伯方统牧。乘其命赐彤弧黄戚之威，用讨韦、顾、黎、崇之不格（夏诸侯豕韦、顾已国，殷商诸侯黎、崇，四国不敬，商汤、周文王诛之）。至乎三五华夏（三皇五帝），京迁镐、亳（镐京，亳都），遂自北面，虎离其师，革灭天邑。是故义士伟而不敦，武称未尽，护有惭德，不其然与？然犹於穆猗那，翕纯皦绎，以崇严祖考，殷荐宗祀配帝，发祥流庆，对越天地者，舄奕乎千载。岂不克自神明哉！诞略有常，审言行于篇籍，光藻朗而不渝耳。

矧夫赫赫圣汉，巍巍唐基，溯测其源，乃先孕虞育夏，甄殷陶周，然后宣二祖之重光，袭四宗之缉熙。神灵日烛，光被六幽，仁风翔乎海表，威灵行于鬼区，慝亡迥而不泯，微胡琐而不颐。故夫显定三才昭登之绩，匪尧不兴，铺闻遗策在下之训，匪汉不弘。厥道至乎经纬乾坤，出入三光，外运混元，内浸豪芒，性类循理，品物咸亨，其已久矣。

盛哉！皇家帝世，德臣到辟，功君百王，荣镜宇宙，尊无与抗。乃始虔巩劳谦，兢兢业业，贬成抑定，不敢论制作。至令迁正黜色宾监之事焕扬宇内，而礼官儒林屯朋笃论之士而不传祖宗之仿佛，虽云优慎，无乃葸欤！

于是三事岳牧之僚，佥尔而进曰：陛下仰监唐典，中述祖则，俯蹈宗轨。躬奉天经，惇睦辩章之化洽，巡靖黎蒸，怀保鳏寡之惠浃。燔瘗县沈，肃祗群神之礼备。是以来仪集羽族于观魏，肉角驯毛宗于外囿，扰缁文皓质于郊，升黄晖采鳞于沼，甘露宵零于丰草，三足轩翥于茂树。若乃嘉谷灵草，奇兽神禽，应图合谍，穷祥极瑞者，朝夕坰牧，日月邦畿，卓荦乎方州，羡溢乎要荒。昔姬有素雉、朱乌、玄秬、黄婺（白雉、赤乌、黑黍、黄婺）之事耳，君臣动色，左右相趋，济济翼翼，峨峨如也。盖用昭明寅畏，承聿怀之福。亦以宠灵文武，贻燕后昆，覆以懿铄，岂其为身而有颛辞也？若然受之，宜亦勤恁旅力，以充厥道，启恭馆之金縢，御东序之秘室，以流其占。

夫图书亮章，天哲也；孔猷先命，圣孚也；体行德本，正性也；逢吉丁辰，景命也。顺命以创制，定性以和神，苔三灵之繁祉，展放唐之明文，兹事体大而允，寤寐次于圣心。瞻前顾后，岂蔑清庙惮敕天乎？伊考自邃古，乃降戾爰兹，作者七十有四人，有不俾而假素，罔光度而遗章，今其如台而独阙也！

是时，圣上固已垂精游神，包举艺文，屡访群儒，谕咨故老，与之乎斟酌道德之渊源，肴覈仁义之林薮，以望元符之臻焉。既成群后之谠辞，又悉经五繇之硕虑矣。将絣万嗣，炀洪晖，奋景炎，扇遗风，播芳烈，久而愈新，用而不竭，汪汪乎丕天之大律，其畴能亘之哉？唐哉皇哉，皇哉唐哉！

## 上终《典引篇》

固后以母丧去官。永元初，大将军窦宪出征匈奴，以固为中护军，与参议。北单于闻汉军出，遣使款居延塞，欲修呼韩邪故事（西汉宣帝时，匈奴呼韩邪单于朝汉并求亲，昭君出塞，使匈奴汉朝数十年无兵戈之祸），朝见天子，请大使。宪上遣固行中郎将事，将数百骑与虏使俱出居延塞迎之。会南匈奴掩破北庭，固至私渠海，闻虏中乱，引还。及窦宪败，固先坐免官。

固不教学诸子，诸子多不遵法度，吏人苦之。初，洛阳令种兢尝行，固奴干其车骑，吏椎呼之，奴醉骂，兢大怒，畏宪不敢发，心衔之。及窦氏宾客皆逮考，兢因此捕系固，遂死狱中。时年六十一。诏以谴责兢，抵主者吏罪。

固所著典引、宾戏、应讥、诗、赋、铭、诔、颂、书、文、记、论、议、六言，在者凡四十一篇。

# （七）班氏历史人物第八世——班固传（下篇）

本篇主要内容：班固传。

班固（公元33—93年，关于班固生卒年考证问题，参见家族文化篇之《班固班超生卒年新考》一文），字孟坚，东汉扶风安陵（今陕西咸阳东北一带）人，史学家、地理学家，其墓在今陕西省扶风县杏林镇浪店村高速公路旁，属省级重点文物保护单位。

其父班彪，东汉史学家，家学渊源，与扬雄等交往甚密，王充亦为其门生。

班固幼年聪慧异常，九岁能写文，且诵读诗赋。后随父在京都洛阳入太学读书，并与同乡扶风李育、傅毅、鲁国孔僖、涿郡崔骃等为友（《后汉书·儒林·李育传》曰"李育字符春，扶风漆人……知名太学，深为同郡班固所重"，《后汉书·儒林传》曰"孔僖字仲和，鲁国鲁人也……曾祖父子建，少游长安，与崔篆友善……僖与崔篆孙骃复相友善，同游太学，习《春秋》"，《后汉书·崔骃传》曰"少游太学，与班固、傅毅同时齐名"）。十三岁时，王充入京城，因敬桓谭、班彪而欲拜为师，至班家遇班固，与其论时政，班固博闻强记，言无不尽，王充遂抚其背而向其父曰："此儿必记汉事。"（三国时谢承著《后汉书》143卷，曾载有"班固年十三，王充见之，抚其背谓班彪曰：'此儿必记汉事。'"今谢书已佚，见李贤注范晔《后汉书·班固传》）。成年后（《后汉书·班彪列传上》曰"及长"应该近冠礼，且行冠礼在两汉时期未必特指二十岁，加以区分），博览群书，三教九流、诸子百家的言论，无不知晓，又杂学旁收，学无常师，不斟字酌句，知其大意即可。班固性情宽和，能容他人，不因为自己才能而轻视别人，所以当时儒者非常尊敬他（可为恃才傲物者鉴）。

建武三十年（公元54年），父班彪卒，班固始弱冠（古代男子二十岁行冠礼，谓成年，两汉弱冠不特指二十岁，范围在十八至二十二岁间，时年当为22岁），自太学扶父丧归乡里。

图 15　班固画像（班氏家族后裔天津支脉国家一级美术师班德海画）

建武三十一年（公元 55 年），班固尚服丧在乡，遂作《幽通赋》以明志（见《上篇》）。

永平初年（东汉明帝初即位年号，公元 58—75 年，共十八年），东平王刘苍（东汉光武帝刘秀子，光烈皇后阴丽华生子刘庄即位为明帝，次子刘苍先封东平公，后进封东平王）因为皇室宗亲身份而担任骠骑将军辅政，开府东阁，招揽天下英雄豪杰。班固遂上书刘苍（此时班固应该服丧期满，再入洛阳，充为刘苍幕府），大赞刘苍为当世周公，欲兴国家，当重人才选拔，建议远近无偏，隐士人才得用，力荐恒梁、晋冯、李育、郭基、王雍、殷肃六人为当世人杰，应当重用。更以卞和献璧而被刖刑，屈原尽忠而自沉汨罗江为戒，继续发扬周公勤政之范。刘苍采纳，桓梁等六人皆得重用。

班固在父丧期间，整理班彪遗留的《史记后传》，认为所述史实不够详备，于是潜心钻研并续写，却被人告发，说他私改国史，结果被捕，下京兆狱，手稿被没收。班固弟班超担心刑讯时兄长难以自明，于是快马赶到京城上书，被明帝召见，班超直言兄长不过继父遗志完成史书编写工作，不曾乱改国家史书。恰好扶风郡亦将所搜书稿送呈，明帝详览书稿而叹奇，乃召班固当面申说，颇赏其才，遂下旨召班固进校书部，后拜为兰台令史。班固将母亲与弟弟班超等全家接入洛阳，班超亦在校书部抄写国家藏书。后班固与睢阳令陈宗、长陵令尹敏、司隶从事孟异共撰《世祖本纪》，升任郎官，负责典校国家藏书。班固又撰功臣、平林、新市、公孙述事，作列传、载记二十八篇，上奏。明帝乃命其继续著述，完成其父续史之大业。

班固认为汉继尧运，以成帝业，史臣司马谈、司马迁父子追述皇家功德私作本纪，而将汉史编在百王之末，列于秦皇、项羽之侧，太初后事不予载录，且又史实不全，如此处置颇为不妥。于是班固潜心钻研史籍，搜集材料，自永平年中奉诏修史，到章帝建初七年（公元 82 年），凡二十多年，基本完成《汉书》。《汉书》首开中国断代史之先河，上起西汉高祖、下讫西汉平帝，至王莽被诛，共十二世二百三十年间历史。班固贯通五经，兼采《春秋》式，分成纪十二、表八、志十、传七十，成书共一百篇。史学界公认《汉书》“文笔优美，工整凝炼，重视藻饰，崇尚典雅，叙事不激诡，不抑抗，赡而不秽，详而有体，使读之者亹亹而不厌”。《汉书》另开创了正史地理志先例，以政区地理志为体例，记录大量自然人文地理，兼以边疆地理风貌，保存珍贵研究资料。据说《汉书》写成后，举国震惊，学者儒士莫不争相诵读。

永平七年（公元64年），班固自为郎官，得以亲近皇帝。当时洛阳开始建宫室、疏城壕，而关中父老盼迁都长安。班固遂效法司马相如、吾丘寿王、东方朔等人，写诗赋以讽劝，著《西都赋》与《东都赋》（即两都赋，见《中篇》）。

永平十四年（公元71年），梁竦（字叔敬，安定乌氏人，今甘肃平凉市，东汉文学家、易学家，九江太守梁统之子，汉和帝外祖父）在明帝时还乡后，闭门不出，以读书著述为乐，作《七序》数篇，班固见之，称赞道："子著《春秋》而乱臣贼子惧，梁竦作《七序》而窃位素餐者惭。"

永平十五年（公元72年），班固奉诏与马严、杜抚等同定《建武注记》（见《后汉书·马严传》）。

永平十七年（公元74年），班固与贾逵、傅毅、杜矩、展隆、郗萌等奉命到云龙门，答对《秦始皇本纪》所引《过秦论》之是非。班固以积数代之学识，而位不过郎，乃有感东方朔、杨雄之议，作《答宾戏》献上。

永平十八年（公元75年），国舅车骑将军顺文侯马仲都，从明帝车驾过洛水浮桥，马受惊而落水溺亡。明帝令班固作哀辞，班固乘马行三十步，遂作《马仲都哀辞序》篇，获众颂扬。

建初元年（公元76年），章帝即位，桓谭著《新论》献上，而《琴道》一篇未就，章帝遂命班固续写完成（见《后汉书·桓谭传》）。

建初二年（公元77年），班固为第五伦撰写《荐谢夷吾表》，后谢夷吾为朝廷所重用（见《后汉书·谢夷吾传》）。

建初三年（公元78年），班固升为玄武司马（东汉官名，属卫尉，掌玄武门屯兵，吏员二人，卫士三十八人，见《后汉书·百官志二·卫尉·宫掖门》）。章帝常召班固入宫侍读，每出巡召班固随行，令作赋颂，遇大事亦命班固建言，且与公卿等辩论，先后对西域与匈奴论策。

建初四年（公元79年），章帝效法西汉宣帝石渠阁故事（公元前51年，西汉宣帝在皇家藏书馆石渠阁召开的一次重要学术会议，萧望之等五经诸儒二十三人参加，称为石渠阁论），诏诸儒于白虎观讲论五经异同，并亲自裁决，主要加强用儒家思想来治国，并令班固撰其事，纂成《白虎通德论》，又称《白虎通义》。

建初八年（公元 83 年），北匈奴遣使进贡欲求和亲。章帝问策，群臣意见不一，班固曰“绝之未知其利，通之不闻其害”，乃建议通使往来，章帝采纳之。

元和元年（公元 84 年，章帝改元元和），章帝南巡，班固上《南巡赋》。

元和二年（公元 85 年），章帝东巡，班固上《东巡赋》，后历次出巡，班固均有诗赋献上。

元和三年（公元 86 年），班固上叔孙通《汉仪》十二篇，并建言章帝召诸儒说礼，共议得失，再改而行。后曹褒据班固整理的《汉仪》制定《汉礼》一百五十篇。

章和二年（公元 88 年，章帝于元和四年改元章和），章帝崩。班固因母丧辞官，作《典引篇》叙述汉德。

永元元年（公元 89 年，和帝即位改元），汉派车骑将军窦宪出征北匈奴，班固为中护军，参与谋议。窦宪于稽落山大败匈奴北单于，匈奴远遁，窦宪率军追至燕然山（今蒙古国境内杭爱山），令班固刻石铭功，班固作《封燕然山铭》与《窦将军北征赋》而还。

永元二年（公元 90 年），班固随窦宪出屯凉州，北匈奴遣使来朝，欲修旧好。班固奉命行中郎将事，率数百骑出居延塞迎之，至私渠海（在稽落山西北），得知北匈奴被南匈奴击破王廷消息，乃引军还。

永元四年（公元 92 年），窦宪擅权，且又遭陷被夺兵权，后被迫自杀，班固因受牵连而免官。班固平时教子不严，诸子多不遵守法度，招惹是非。起初，洛阳令种竟出行，为班固家仆当街侮辱，因惧窦宪而含怒未发。至窦宪败，遂借机将班固罗织入狱。

永远五年（公元 93 年），班固死于狱中，时年六十一岁。

班固死后，葬于何处，史书未见记载。今陕西省扶风县东十八里处白庙乡浪店坡，在西安至宝鸡高速公路 75 公里处，有班固墓。据清乾隆《凤翔府志》与嘉庆《扶风县志》载，曾有石碑三通、石羊、石桌等于墓前，今存陕西省人民政府确立的省级重点文物保护单位石碑一块，荒冢略显萧瑟。后曾有三班祠等纪念，亦不得所闻。

图 16　陕西省扶风县东十八里白庙乡浪店坡公路旁的班固墓

公元 2014 年 5 月 2 日，全国班氏后裔第四届祭祖大典于班固墓前举行，并立石碑，刻像铭文，隆重祭祀先祖班固。

图 17　2014 年 5 月 2 日中华班氏"班固墓"祭祖大典现场

图 18　2014 年 5 月 2 日班固墓祭祖大典立班固像

班固死时《汉书》尚有八表与《天文志》未完成，汉和帝乃令班固妹班昭补作，马续协助班昭作《天文志》，班昭亦是“二十四史”中绝无仅有的女作者。

班固所著《典引》《宾戏》《应讥》、诗、赋、铭、诔、颂、书、文、记、论、议、六言，在者凡四十一篇，《隋书·经籍志》有《班固集》17 卷，多已散佚，明代张溥辑有《班兰台集》。

北宋苏洵文集中载：“询问臣僚上言，以为祖宗所行不能无过差，不经之事

图 19　班固墓前有五单位所立记碑（背面）

图 20　启动整修班固墓记碑（正面）

欲尽其去，无使存录……编集故事，非日制为礼典而使后世遵而行之也。然则洵等所编者是史书之类也，遇事而记之，不择善恶，详其曲折而使后世得知，是史之体也。若夫存其善而去其不善，则是制作之事，而非职之所及也。班固作汉志，凡汉之事悉载而无所择也。欲如之，则先世之小有过差者不足以害其大明，而可以使后事无疑之。”（可为作史者鉴之）

班固的《汉书·地理志》尤为突出。早期《山经》《禹贡》，已经过时，且多靠传闻，至东汉已有相当准确的测绘与统计，班固在正史中专列《地理志》，保留了丰富的地理资料，为研究中国古代地理学史提供了重要条件。

《汉书·地理志》主要写西汉政区，以郡为纲，以县为目，详述西汉地理概况。以汉平帝元始二年（公元2年）全国疆域、行政区划为基础，叙述103郡及所辖1578县（县1356，相当县的道29，侯国193）的建置沿革、户口统计、山川泽薮、水利设施、古迹名胜、要邑关隘、物产、工矿、垦地等内容，以人文地理为中心。

后来唐《元和郡县图志》以下的历代全国地理总志均仿效其体例而作。

《汉书·地理志》中记载川渠480个，泽薮59个，描述了全国300多条水道源头、流向、归宿和长度，是《水经注》出现以前内容最丰富的水文地理著作。记载重要山岳153座和139处工矿物产位置分布情况，包括屯田记录、水利渠道建设。记载各郡国及首都长安、少数重要郡国治所及县的户数和人口数统计资料113份，是我国最早的人口分布记录，也是当时世界上最完善的人口统计资料。其中有关陵邑、宗庙、神祠、古国、古城及其他古迹的记录，重要的关、塞、亭、障的分布以及通塞外道路等内容，涵盖了自然、经济、人口、文化、军事、交通等方面。

《西域列传》中记载了大量的边疆地理资料，汉武帝时张骞数次出使西域与汉军数次出征，开通丝绸之路。书中对东南沿海、南海及印度洋的地理也有记载，如最早记载的一条从今广东徐闻县西出发到印度南部和斯里兰卡的航海线等。

今人读之岂不得不深思之！

# （八）班氏历史人物第八世——班固传（外篇）

本篇主要内容：班固《封燕然山铭》与《窦将军北征赋》。

西汉末年，窦融屈从王莽，降从更始，后霸河西，断绝隈嚣，投诚光武，致使一门荣耀，所谓一公、两侯、三公主、四二千石，三代府邸，相望京邑，数千奴婢，天下豪门贵戚，莫过于此。窦融卒年七十八，虽以戴侯加谥，然子孙纵诞，多不法之徒，岂能长久？

因班彪避地河西，窦融与之交好，窦、班遂为世交。

窦固，乃窦融弟友之子，先是坐窦融子穆罪，废家中十余年，后拜奉车都尉，出屯凉州。班固与副将耿忠率酒泉、敦煌、张掖甲卒及卢水羌胡万二千骑出酒泉塞，追至天山，败北匈奴呼衍王，斩首千余级，赶至蒲类海，屯伊吾卢城。后复出玉门关击西域，破白山，降车师，屯边数年而羌胡服其恩信。一征为大鸿胪，增邑一千三百户，再代马防为光禄勋，又复为卫尉，久历大位，以为不祥，乃谦恭节俭，为士人所称颂，卒谥曰文侯，却因子窦彪早卒而除侯国。

窦宪，乃窦融曾孙，窦穆孙而窦勋之子也，字伯度，因父勋被诛而幼孤。后其妹立为章帝皇后，遂拜为郎，迁侍中、虎贲中郎将，其弟窦笃为黄门侍郎，随侍宫省，又复宠盛。强夺沁水公主园田而公主不敢与之计较，后为章帝切责而震惧，皇后亦为毁服深谢方得和解，田还公主，章帝不罪亦不用之。至和帝即位，太后临朝，窦宪内干机密，出宣诰命，然性急报怨之人，岂容片刻之闲？因韩纡曾劾其父勋入狱，窦宪乃令人杀纡子祭父坟前，又派刺客杀齐殇王子都乡侯畅于屯卫之所，为太后所知，怒而囚之于后宫。宪恐而自求出击匈奴以赎罪，恰南单于请兵北伐，遂拜为车骑将军，副以耿秉，发北军五校、黎阳、雍营、缘边十二郡骑士，及羌胡兵出塞。后出朔方鸡鹿塞，会涿邪山，遣副校尉阎盘、司马耿夔、耿谭将左谷蠡王师子、右呼衍王须訾等，精骑万余，与北单于战于稽落山而大破之，至私渠比鞮海。斩名王以下万三千级，获牲口马、牛、羊、橐驼百余万头，于是温犊须、日逐、温吾、夫渠王柳鞮等八十一部率众降者，前后二十余万人。宪、秉遂登燕然山，去塞三千余里，刻石勒功，纪汉威德，令班固作铭曰：

惟永元元年秋七月，有汉元舅曰车骑将军窦宪，寅亮圣明，登翼王室，纳于大麓，惟清缉熙。乃与执金吾耿秉，述职巡御，理兵于朔方。鹰扬之校，螭虎之士，爰该六师，暨南单于、东乌桓、西戎氐羌，侯王君长之群，骁骑三万。元戎轻武，长毂四分，云辎蔽路，万有三千余乘。勒以八阵，莅以威神，玄甲耀目，朱旗绛天。遂陵高阙，下鸡鹿，经碛卤，绝大漠，斩温禺以衅鼓，血尸逐以染锷。然后四校横徂，星流彗埽，萧条万里，野无遗寇。于是域灭区殚，反旆而旋，考传验图，穷览其山川。遂逾涿邪，跨安侯，乘燕然，蹑冒顿之区落，焚老上之龙庭。上以摅高、文之宿愤，光祖宗之玄灵；下以安固后嗣，恢拓境宇，振大汉之天声。兹所谓一劳而久逸，暂费而永宁者也。乃遂封山刊石，昭铭盛德。其辞曰：

铄王师兮征荒裔，剿凶虐兮截海外，夐其邈兮亘地界，封神丘兮建隆嵑，熙帝载兮振万世。

此为班固所作《封燕然山铭》，而《后汉书·窦融列传》载之，永元元年为公元 89 年，窦宪率军大破北匈奴，登上燕然山，于其南麓勒石铭刻记功。

那么第一个问题来了：这《封燕然山铭》出自正史《后汉书》，自然不虚，但既然明确刻石，究竟在哪里呢？当年北匈奴大败远遁，这《燕然山铭》却一直没有被人发现。

据传晚清左宗棠有一部将张曜，曾征战至塞北无意中发现石刻，命人拓下拓片保存，回去后却遗忘了具体位置，也许是地图无法标识或迷路偶得。

燕然山，今已属蒙古国的杭爱山了，虽然中蒙甚至俄罗斯的专家学者也曾多次访寻，从阿尔泰山一路向北，终究未有所获。

天下事求之不得，得来亦颇为一般。

公元 2017 年 7 月 27 日至 8 月 1 日，中国内蒙古大学蒙古学研究中心与蒙古国成吉思汗大学合作实地踏察，解读东汉永元元年窦宪率大军大破北匈奴后所立摩崖石刻。经过认真辨识，初步确认杭爱山的一处崖壁石刻即班固所书《燕然山铭》。蒙古国成吉思汗大学于 2017 年 8 月 15 日正式宣布，在中戈壁省发现的一处摩崖石刻，被中蒙两国联合考察队确认为班固所作《封燕然山铭》。

图21　蒙古国杭爱山摩崖石刻

（来源于内蒙古大学官方网站，文章标题：班固为大破匈奴所书摩崖《燕然山铭》找到了，在今蒙古国杭爱山）

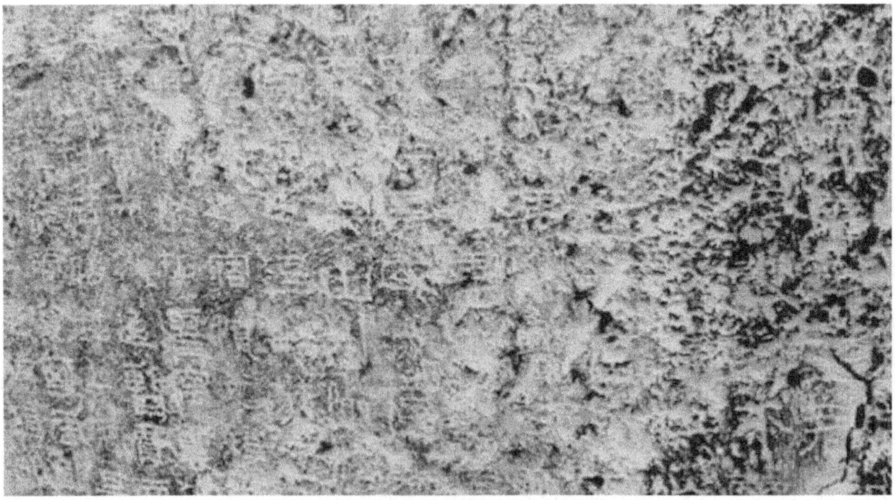

图22　蒙古国杭爱山摩崖石刻拓本

（来源于内蒙古大学官方网站，文章标题：班固为大破匈奴所书摩崖《燕然山铭》找到了，在今蒙古国杭爱山）

第二个问题：这个窦宪不过纨绔子弟，蒙祖宗遗荫，因被太后囚禁，情急之下以求自赎，文不能治国，武不能安邦，何以一出塞便能大败北匈奴？而班固又参与其中呢？

事实上，我们看看当时的地理疆域便可了然。

其一，西汉初期，匈奴异常强大，冒顿杀父自立，统一北方草原，高祖刘邦一不留神身陷白登之围，若非陈平献计得以逃脱，只怕汉家王朝改姓亦未可知。后数代一直以和亲维系，却也无法宁靖边境骚扰。至汉武帝方用兵，卫青纵横漠北，霍去病横扫匈奴，直捣龙庭，封狼居胥。再后匈奴一分为五，呼韩邪单于一部亲汉，汉亦和亲，昭君出塞，保和平数十年。另一部郅支单于不服，西域都护府副校尉陈汤矫诏出战，斩杀郅支单于，“明犯强汉者，虽远必诛”，致使匈奴今非昔比。

其二，东汉初期，南匈奴内附汉朝，北匈奴龟缩漠北，而鲜卑、丁零等突起，形势逼人。明帝时，北匈奴虽回光返照，有所强盛，威逼五原、云中等郡，却被窦固四路大军击溃。至明帝崩，趁国丧之期，开始勾结龟兹诸国攻西域都护府。班超率三十六骑出使西域，再破匈奴。耿恭孤军死守边城，而匈奴不能夺，可见强弩之末矣。章帝后，南匈奴、鲜卑、丁零合力绞杀北匈奴，又遭天灾，更加困窘。此时南匈奴再请兵共灭北匈奴，于是永元元年，即公元 89 年，窦宪乘机要求出战以赎罪，可是明知有胜无败？如秋风扫落叶，大破北匈奴。窦宪不战则已，一战上瘾，第二年再破北匈奴。还是不知满足，好大喜功，第三年更是发动金徽山之战，彻底消灭北匈奴，致使茫茫草原，空无匈奴一人。窦宪威名大盛，愈加嚣张，能得善终乎？终被和帝逼杀，当是意料之中，不足为奇。

当时窦宪幕府有名士崔骃、傅毅与班固诸人，为什么不是其他人写《燕然山铭》呢？

班固写《汉书》多年，一直为郎官，未得升迁，故而作《幽通赋》等，自以为不得志，恰窦宪相邀，况为世交，遂以中护军同行，也是想一展抱负。窦宪一意孤行，班固亦不知身退，观《燕然山铭》，贵主帅、盛军威、战之速、光耀汉等语，与《幽通赋》如出一辙，非班固谁能作出？二人相交日深，故窦宪获罪，班固岂能不受牵连？况史书亦说他不能驭下，致使家奴行为不法，自矜而不能约束家人，身陷囹圄，最终死于狱中，虽涉外事，亦怪自家。吾不能身为其后世子孙而为尊者讳，因此而警醒后人，倘若班固能思乃祖班稚、乃父班彪之行事，而避王莽、隗嚣之祸，岂有窦宪之后话？

其三，东汉后期，匈奴已逝，而五胡渐长，汉数将尽，二百年后，五胡乱华，生灵又遭涂炭，正是此消彼长，兴亡而百姓皆苦。

第三个问题：此铭乃班固所作，是否班固亲自刻于摩崖之上？

根据摩崖石刻所拓字体，乃当时通行之汉隶，可能是班固亲自书写，也可能是其他匠人所写，究竟如何，不得而知。但是我们可以做一些推理，不大可能是班固所刻，理由有三。

其一，汉及汉以前，这种刻石文字等工作属于底层阶级的工种。当时社会崇尚的是士农工商等阶层划分，除此之外的社会百工皆属下等阶层，一般是匠人所掌握的生存技能，像班固这样的大儒或名士，不可能做这样的事情。当年秦始皇泰山封禅，命李斯作铭，泰山石刻，自然非李斯亲自所刻，亦属当然。

其二，唐人张怀瓘著《书断》载“（班固）工篆，李斯、曹喜之法，悉能究之……以大、小篆入能”，就是说班固擅长的是大小篆体，并非汉隶，张怀瓘断书法为神品、妙品、能品三等，班固篆体书法只能入能品第三等，已属非常了，但并不能说班固就不会通行的汉隶。

《汉书·艺文志》载：“《史籀篇》者，周时史官教学童书也，与孔氏壁中古文异体。《苍颉》七章者，秦丞相李斯所作也；《爰历》六章者，车府令赵高所作也；《博学》七章者，太史令胡毋敬所作也；文字多取《史籀篇》，而篆体复颇异，所谓秦篆者也。是时始造隶书矣，起于官狱多事，苟趋省易，施之于徒隶也。汉兴，闾里书师合《苍颉》《爰历》《博学》三篇，断六十字以为一章，凡五十五章，并为《苍颉篇》。武帝时司马相如作《凡将篇》，无复字。元帝时黄门令史游作《急就篇》，成帝时将作大匠李长作《元尚篇》，皆《苍颉》中正字也。《凡将》则颇有出矣。至元始中，征天下通小学者以百数，各令记字于庭中。扬雄取其有用者以作《训纂篇》，顺续《苍颉》，又易《苍颉》中重复之字，凡八十九章。臣复续扬雄作十三章，凡一百二章，无复字，六艺群书所载略备矣。”班固最后将自己写入，掌握汉隶不在话下。

然公元89年，班固已57岁，纵然能书，也不大可能像年轻人一样垂吊或攀支架等在摩崖石壁上刻字，那可不是拿小刀在竹简上刻字一样，怕是心有余而力不逮。

其三，窦宪明知或算准了此战有胜无败，况又是赎罪，自然要搞得天下皆知，名重当时，更是提前做好准备，怕是早已搜罗匠人充入军中，料想战胜至某地刻石居功自傲，也就顺理成章了。

尽管如此，“燕然勒功”已成为后世塞外立功之向往了，也是不可磨灭之事。

唐李峤作《饯薛大夫护边》，诗云：

荒隅时未通，副相下临戎。
授律星芒动，分兵月晕空。
犀皮拥青橐，象齿饰雕弓。
决胜三河勇，长驱六郡雄。
登山窥代北，屈指计辽东。
伫见燕然上，抽毫颂武功。

唐李白作《发白马》，诗云：

将军发白马，旌节度黄河。
箫鼓聒川岳，沧溟涌涛波。
武安有振瓦，易水无寒歌。
铁骑若雪山，饮流涸滹沱。
扬兵猎月窟，转战略朝那。
倚剑登燕然，边烽列嵯峨。
萧条万里外，耕作五原多。
一扫清大漠，包虎戢金戈。

唐王维作《使至塞上》，诗云：

单车欲问边，属国过居延。
征蓬出汉塞，归雁入胡天。
大漠孤烟直，长河落日圆。
萧关逢候骑，都护在燕然。

北宋范仲淹作《渔家傲·秋思》，词云：

塞下秋来风景异，衡阳雁去无留意。
四面边声连角起，千嶂里，长烟落日孤城闭。
浊酒一杯家万里，燕然未勒归无计。
羌管悠悠霜满地，人不寐，将军白发征夫泪。

此外，班固尚作有散文《窦将军北征颂》，亦不过替窦宪歌功颂德之文字而已，只不过后人知其者少，此处略为记录。

清朝严可均辑有《全上古三代秦汉三国六朝文》总集，又分十五集：《全上古三代文》《全秦文》《全汉文》《全后汉文》《全三国文》《全晋文》《全宋文》《全齐文》《全梁文》《全陈文》《全后魏文》《全北齐文》《全后周文》《全隋文》和《先唐文》，共收录唐以前作者三千四百九十七人或三千五百二人，此文收录在《全后汉文》，商务印书馆 1999 年 1 月 1 日出版，后续是否有再版不知，有兴趣可以自己查阅。

# （九）班氏历史人物第八世——班超传（上篇）

本篇主要内容：录《后汉书·班梁列传》所载班超生平事迹。

《后汉书卷四十七·班梁列传第三十七》载：

班超字仲升，扶风平陵人（西汉昭帝刘弗陵死后葬平陵，因置平陵县，今陕西咸阳城西秦都区平陵乡，墓在大王村一隅），徐令彪之少子也。为人有大志，不修细节。然内孝谨（孝顺恭谨），居家常执勤苦，不耻劳辱（不以劳苦受辱为耻）。有口辩，而涉猎书传（口才不错，书传应该是历史人物传，比较喜欢看这方面）。永平五年（公元62年），兄固被召诣校书郎，超与母随至洛阳。家贫，常为官佣书以供养（为官府雇用替人抄书所得而供养母亲）。久劳苦，尝辍业投笔叹曰："大丈夫无它志略，犹当效傅介子（西汉开国功臣傅宽曾孙，昭帝时出使大宛，杀匈奴使者，后计斩楼兰王，封义阳侯，食邑七百户）、张骞（字子文，汉中城固人，奉武帝命，出长安，先后两次使西域，开创丝绸之路，封博望侯）立功异域，以取封侯，安能久事笔研间乎？"左右皆笑之。超曰："小子安知壮士志哉！"其后行诣相者（古人喜欢看相算命），曰："祭酒（古人以酒祭祀，后置官，有博士祭酒，亦指长者或尊者，此处表示尊称），布衣诸生耳，而当封侯万里之外。"超问其状。相者指曰："生燕颔虎颈，飞而食肉，此万里侯相也。"久之，显宗（东汉明帝）问固："卿弟安在？"固对："为官写书，受直以养老母。"帝乃除超为兰台令史。后坐事免官。

十六年（永平十六年，公元73年），奉车都尉窦固出击匈奴，以超为假司马（古时假字有代理的意思，但此处不是代司马，两汉有假之类，通常指副职，军司马为正职，军假司马即副司马，如果是行司马，通常是代理司马之意），将兵别击伊吾，战于蒲类海，多斩首虏而还。固以为能，遣与从事郭恂俱使西域。

超到鄯善，鄯善王广奉超礼敬甚备，后忽更疏懈。超谓其官属曰："宁觉广礼意薄乎？此必有北虏使来，狐疑未知所从故也。明者睹未萌，况已著邪。"乃

图 23　班超像（选自安徽《巢邑班氏宗谱》像赞引）

召侍胡诈之曰："匈奴使来数日，今安在乎？"侍胡惶恐，具服其状。超乃闭侍胡，悉会其吏士三十六人，与共饮，酒酣，因激怒之曰："卿曹与我俱在绝域，欲立大功，以求富贵。今虏使到裁数日，而王广礼敬即废；如令鄯善收吾属送匈奴，骸骨长为豺狼食矣。为之奈何?”官属皆曰：“今在危亡之地，死生从司马。”超曰：“不入虎穴，不得虎子。当今之计，独有因夜以火攻虏，使彼不知我多少，必大震怖，可殄尽也。灭此虏，则鄯善破胆，功成事立矣。”众曰：“当与从事议之。”超怒曰：“吉凶决于今日。从事文俗吏，闻此必恐而谋泄，死无所名，非壮士也!”众曰：“善。”初夜，遂将吏士往奔虏营。会天大风，超令十人持鼓藏虏舍后，约曰：“见火然，皆当鸣鼓大呼。”馀人悉持兵弩夹门而伏。超乃顺风纵火，前后鼓噪。虏众惊乱，超手格杀三人，吏兵斩其使及从士三十馀级，馀众百许人悉烧死。明日乃还告郭恂，恂大惊，既而色动。超知其意，举手曰：“掾虽不行，班超何心独擅之乎?”恂乃悦。超于是召鄯善王广，以虏使首示之，一国震怖。超晓告抚慰，遂纳子为质。还奏于窦固，固大喜，具上超功效，并求更选使使西域，帝壮超节，诏固曰：“吏如班超，何故不遣而更选乎?今以超为军司马（副职转正了），令遂前功。”超复受使，固欲益其兵，超曰：“愿将本所从三十馀人足矣。如有不虞，多益为累。”

是时，于窴王广德新攻破莎车，遂雄张南道，而匈奴遣使监护其国。超既西，先至于窴。广德礼意甚疏。且其俗信巫。巫言：“神怒何故欲向汉?汉使有騧马（騧马指嘴黑色黄的马，骝马指尾黑色红的马，騧骝都是骏马一类），急求取以祠我。”广德乃遣使就超请马。超密知其状，报许之，而令巫自来取马。有顷，巫至，超即斩其首以送广德，因辞让之。广德素闻超在鄯善诛灭虏使，大惶恐，即攻杀匈奴使者而降超。超重赐其王以下，因镇抚焉。

时龟兹王建为匈奴所立，倚恃虏威，据有北道，攻破疏勒，杀其王，而立龟兹人兜题为疏勒王。明年春（永平十七年，公元74年），超从间道至疏勒。去兜题所居盘橐城（今新疆喀什市东南郊的吐曼河岸边，旧城早已失去，新城在原有遗址上建立）九十里，逆遣吏田虑先往降之。敕虑曰：“兜题本非疏勒种，国人必不用命。若不即降，便可执之。”虑既到，兜题见虑轻弱，殊无降意。虑因其无备，遂前劫缚兜题。左右出其不意，皆惊惧奔走。虑驰报超，超即赴之，悉召疏勒将吏，说以龟兹无道之状，因立其故王兄子忠为王，国人大悦。忠及官属皆请杀兜题，超不听，欲示以威信，释而遣之。疏勒由是与龟兹结怨。

十八年（永平十八年，公元75年），帝崩（明帝崩，章帝于八月即位，仍用永平年号，至次年改元建初）。焉耆以中国大丧，遂攻没都护陈睦。超孤立无援，而龟兹、姑墨数发兵攻疏勒。超守盘橐城，与忠为首尾，士吏单少，拒守岁馀。肃宗初即位，以陈睦新没，恐超单危不能自立，下诏征超。超发还，疏勒举国忧恐。其都尉黎弇曰："汉使弃我，我必复为龟兹所灭耳。诚不忍见汉使去。"因以刀自刎。超还至于窴，王侯以下皆号泣曰："依汉使如父母，诚不可去。"互抱超马脚，不得行。超恐于窴终不听其东，又欲遂本志，乃更还疏勒。疏勒两城自超去后，复降龟兹，而与尉头连兵。超捕斩反者，击破尉头，杀六百馀人，疏勒复安。

建初三年（公元78年），超率疏勒、康居、于窴、拘弥兵一万人攻姑墨石城，破之，斩首七百级。超欲因此叵平诸国，乃上疏请兵。曰：

臣窃见先帝欲开西域，故北击匈奴，西使外国，鄯善、于窴即时向化。今拘弥、莎车、疏勒、月氏、乌孙、康居复愿归附，欲共并力破灭龟兹，平通汉道。若得龟兹，则西域未服者百分之一耳。臣伏自惟念，卒伍小吏，实愿从谷吉（西汉元帝时，派谷吉送匈奴侍子回国，御史大夫贡禹等劝说送至边塞即可，谷吉认为应送回单于庭，以示汉朝信义，而匈奴郅支单于当时正怨汉助呼韩邪单于，遂杀了谷吉）效命绝域，庶几张骞弃身旷野。昔魏绛（春秋晋卿魏绛执法甚严，首提和戎之策，其孙魏舒首创步兵方阵作战，淘汰春秋车战，后世子孙开创魏国，成为战国七雄之一）列国大夫，尚能和辑诸戎，况臣奉大汉之威，而无鈆刀一割（铅刀一割成语出处，铅刀虽不利，尚能一割）之用乎？前世议者皆曰取三十六国，号为断匈奴右臂。今西域诸国，自日之所入，莫不向化，大小欣欣，贡奉不绝，惟焉耆、龟兹独未服从。臣前与官属三十六人奉使绝域，备遭艰厄。自孤守疏勒，于今五载，胡夷情数，臣颇识之。问其城郭大小，皆言"倚汉与依天等"。以是效之，则葱领（葱领即帕米尔高原，丝绸之路所经之地，中国新疆西南部，连接塔吉克斯坦东南部与阿富汗东北部）可通，葱领通则龟兹可伐。今宜拜龟兹侍子白霸为其国王，以步骑数百送之，与诸国连兵，岁月之间，龟兹可禽。以夷狄攻夷狄，计之善者也。臣见莎车、疏勒田地肥广，草牧饶衍，不比敦煌、鄯善间也，兵可不费中国而粮食自足。且姑墨、温宿二王，特为龟兹所置，既非其种，更相厌苦，其埶必有降反。若二国来降，则龟兹自破。愿下臣章，参考行事。诚有万分，死复何恨。臣超区区，特蒙神灵，窃冀未便僵仆，目见西域平定，陛下举万年之觞，荐勋祖庙，布大喜于天下。

书奏，帝知其功可成，议欲给兵。平陵人徐幹素与超同志，上疏愿奋身佐超，五年（建初五年，公元80年），遂以幹为假司马，将驰刑及义从千人就超。先是莎车以为汉兵不出，遂降于龟兹，而疏勒都尉番辰亦复反叛，会徐幹适至，超遂与幹击番辰，大破之，斩首千馀级，多获生口。超既破番辰，欲进攻龟兹。以乌孙兵强，宜历其力，乃上言："乌孙大国，控弦十万，故武帝妻以公主（西汉景帝子江都易王刘非，武帝之兄，刘非死后，其子刘建嗣江都王，荒淫无道，元狩二年，即公元前121年，刘建谋反未遂而自杀，其女细君公主沦为罪臣之女。元封六年，即公元前105年，武帝欲用兵匈奴，派张骞出使乌孙，乌孙昆莫猎骄靡之太子蚤已逝，欲立其孙军须靡为太子，而太子弟大禄不满且手握兵权，军须靡遂外放以避祸。猎骄靡接见张骞，愿与汉通婚，武帝乃将刘细君联姻，立为右夫人，而匈奴亦以公主联姻且立为左夫人，位在右夫人之上。猎骄靡年老去世后，其孙军须靡代立为王，按乌孙风俗，刘细君再嫁与军须靡，生一女取名少夫。太初四年，即公元前101年，刘细君病故，其墓在今新疆伊犁昭苏县乌孙山夏特大峡谷谷口，且塑有刘细君立像，同时武帝再以楚王刘戊孙女解忧公主嫁军须靡，这便是细君公主与解忧公主同嫁乌孙故事），至孝宣皇帝，卒得其用。今可遣使招慰，与共合力。"帝纳之。八年（建初八年，公元83年），拜超为将兵长史，假鼓吹幢麾。以徐幹为军司马，别遣卫侯李邑护送乌孙使者，赐大小昆弥以下锦帛。

李邑始到于窴，而值龟兹攻疏勒，恐惧不敢前，因上书陈西域之功不可成，又盛毁超拥爱妻，抱爱子，安乐外国，无内顾心。超闻之，叹曰："身非曾参，而有三至之谗（《战国策·秦策二》载有与曾参同名之人杀人，先后有两人往告其母，其母知子贤而不信，至第三人往告曾参杀人，其母惧，弃织而逃），恐见疑于当时矣。"遂去其妻。帝知超忠，乃切责邑曰："纵超拥爱妻，抱爱子，思归之士千馀人，何能尽与超同心乎？"令邑诣超受节度。诏超："若邑任在外者，便留与从事。"超即遣邑将乌孙侍子还京师。徐幹谓超曰："邑前亲毁君，欲败西域，今何不缘诏书留之，更遣他吏送侍子乎？"超曰："是何言之陋也！以邑毁超，故今遣之。内省不疚，何恤人言！快意留之，非忠臣也。"

明年（建初九年，公元84年），复遣假司马和恭等四人将兵八百诣超，超因发疏勒、于窴兵击莎车。莎车阴通使疏勒王忠，啖以重利，忠遂反从之，西保乌即城。超乃更立其府丞成大为疏勒王，悉发其不反者以攻忠。积半岁，而康居遣精兵救之，超不能下。是时，月氏新与康居婚，相亲，超乃使使多赍锦帛遗月氏王，令晓示康居王，康居王乃罢兵，执忠以归其国，乌即城遂降于超。

后三年（元和四年，公元 87 年），忠说康居王借兵，还据损中，密与龟兹谋，遣使诈降于超。超内知其奸而外伪许之。忠大喜，即从轻骑诣超。超密勒兵待之，为供张设乐，酒行，乃叱吏缚忠斩之。因击破其众，杀七百馀人，南道于是遂通。

明年（章和二年，公元 88 年，是年二月章帝崩，和帝即位仍用章和年号，至次年改元永元），超发于窴诸国兵二万五千人，复击莎车。而龟兹王遣左将军发温宿、姑墨、尉头合五万人救之。超召将校及于窴王议曰："今兵少不敌，其计莫若各散去。于窴从是而东，长史亦于此西归，可须夜鼓声而发。"阴缓所得生口（纵其俘虏将计就计）。龟兹王闻之，大喜，自以万骑于西界遮超，温宿王将八千骑于东界徼于窴。超知二虏已出，密召诸部勒兵，鸡鸣驰赴莎车营，胡大惊乱奔走，追斩五千馀级，大获其马畜财物。莎车遂降，龟兹等因各退散，自是威震西域。

初，月氏尝助汉击车师有功，是岁贡奉珍宝、符拔、师子，因求汉公主。超拒还其使，由是怨恨。永元二年（公元 90 年），月氏遣其副王谢将兵七万攻超。超众少，皆大恐。超譬军士曰："月氏兵虽多，然数千里逾葱领来，非有运输，何足忧邪？但当收谷坚守，彼饥穷自降，不过数十日决矣。"谢遂前攻超，不下，又抄掠无所得。超度其粮将尽，必从龟兹求救，乃遣兵数百于东界要之。谢果遣骑赍金银珠玉以赂龟兹。超伏兵庶击，尽杀之，持其使首以示谢。谢大惊，即遣使请罪，愿得生归。超纵遣之。月氏由是大震，岁奉贡献。

明年（永元三年，公元 91 年），龟兹、姑墨、温宿皆降，乃以超为都护，徐幹为长史。拜白霸为龟兹王，遣司马姚光送之。超与光共胁龟兹废其王尤利多而立白霸，使光将尤利多还诣京师。超居龟兹它乾城，徐幹屯疏勒。西域唯焉耆、危须、尉犁以前没都护，怀二心，其馀悉定。

六年秋（永元六年，公元 94 年），超遂发龟兹、鄯善等八国兵合七万人，及吏士贾客千四百人讨焉耆。兵到尉犁界，而遣晓说焉耆、尉犁、危须曰："都护来者，欲镇抚三国。即欲改过向善，宜遣大人来迎，当赏赐王侯已下，事毕即还。今赐王彩五百匹。”焉耆王广遣其左将北鞬支奉牛酒迎超。超诘鞬支曰：“汝虽匈奴侍子，而今秉国之权。都护自来，王不以时迎，皆汝罪也。”或谓超可便杀之。超曰：“非汝所及。此人权重于王，今未入其国而杀之，遂令自疑，设备守险，岂得到其城下哉！”于是赐而遣之。广乃与大人迎超于尉犁，奉献珍物。

焉耆国有苇桥之险，广乃绝桥，不欲令汉军入国。超更从它道厉度。七月晦（农历每月初一为朔，十五为望，十六为既望，三十为晦），到焉耆，去城二十里，营大泽中。广出不意，大恐，乃欲悉驱其人共入山保。焉耆左侯元孟先尝质京师，密遣使以事告超，超即斩之，示不信用。乃期大会诸国王，因扬声当重加赏赐，于是焉耆王广、尉犁王汎及北鞬支等三十人相率诣超。其国相腹久等十七人惧诛，皆亡入海，而危须王亦不至。坐定，超怒诘广曰：“危须王何故不到？腹久等所缘逃亡？”遂叱吏士收广、汎等于陈睦故城斩之，传首京师。因纵兵抄掠，斩首五千馀级，获生口万五千人，马畜牛羊三十馀万头，更立元孟为焉耆王。超留焉耆半岁，尉抚之。于是西域五十馀国悉皆纳质内属焉。

明年（永元七年，公元95年），下诏曰：“往者匈奴独擅西域，寇盗河西，永平之末，城门昼闭。先帝深愍边萌婴罗寇害，乃命将帅击右地，破白山，临蒲类，取车师，城郭诸国震慑响应，遂开西域，置都护。而焉耆王舜、舜子忠独谋悖逆，恃其险隘，覆没都护，并及吏士。先帝重元元之命，惮兵役之兴，故使军司马班超安集于窴以西。超遂逾葱领，迄县度（县度山，今克什米尔北部兴都库什山或喀喇昆仑山及帕米尔南部山地，入西域所经之重地），出入二十二年（班超于永平十六年即公元73年与郭恂一道出使西域，至永元七年，即公元95年，已二十二年），莫不宾从。改立其王，而绥其人。不动中国，不烦戎士，得远夷之和，同异俗之心，而致天诛，蠲宿耻，以报将士之仇。司马法曰：‘赏不逾月，欲人速睹为善之利也。’其封超为定远侯，邑千户。”

超自以久在绝域，年老思土。十二年（永元十二年，公元100年），上疏曰：“臣闻太公封齐，五世葬周，狐死首丘，代马依风。夫周齐同在中土千里之间，况于远处绝域，小臣能无依风首丘之思哉？蛮夷之俗，畏壮侮老。臣超犬马齿歼，常恐年衰，奄忽僵仆，孤魂弃捐。昔苏武留匈奴中尚十九年，今臣幸得奉节带金银护西域，如自以寿终屯部，诚无所恨，然恐后世或名臣为没西域。臣不敢望到酒泉郡，但愿生入玉门关。臣老病衰困，冒死瞽言，谨遣子勇随献物入塞。及臣生在，令勇目见中土。”而超妹同郡曹寿妻昭亦上书请超曰：

妾同产兄西域都护定远侯超，幸得以微功特蒙重赏，爵列通侯，位二千石。天恩殊绝，诚非小臣所当被蒙。超之始出，志捐躯命，冀立微功，以自陈效。会陈睦之变，道路隔绝，超以一身转侧绝域，晓譬诸国，因其兵众，每有攻战，辄为先登，身被金夷，不避死亡。赖蒙陛下神灵，且得延命沙漠，至今积三十年（班超于永平十六年，即公元73年与郭恂一道出使西域，至永元十五年，即公元103年，方三十年，也就是说班超上疏是在永元十二年，而和帝未准，现在班昭再上书已是三年后了）。骨肉生离，不复相识。所与相随时人士众，皆已物故。超年最长，今且七十（永元十五年，公元103年，班超年七十，这是班昭所言，自然不虚，那么班超当生于何时？自然可推至生于建武十年，即公元34年，详情见拙作《班固班超生卒年新考》一文）。衰老被病，头发无黑，两手不仁，耳目不聪明，扶杖乃能行。虽欲竭尽其力，以报塞天恩，迫于岁暮，犬马齿索。蛮夷之性，悖逆侮老，而超旦暮入地，久不见代，恐开奸宄之源，生逆乱之心。而卿大夫咸怀一切，莫肯远虑。如有卒暴，超之气力不能从心，便为上损国家累世之功，下弃忠臣竭力之用，诚可痛也。故超万里归诚，自陈苦急，延颈逾望，三年于今，未蒙省录（可知我前言不谬，班超上疏三年而未获和帝批准，所以班昭再次上书请求）。

妾窃闻古者十五受兵，六十还之，亦有休息不任职也。缘陛下以至孝理天下，得万国之欢心，不遗小国之臣，况超得备侯伯之位，故敢触死为超求哀，匄超余年。一得生还，复见阙庭，使国永无劳远之虑，西域无仓卒之忧，超得长蒙文王葬骨之恩（出自西汉贾谊《新书》，周文王梦有一人自称城东枯骨，并请以国君礼葬之，文王醒而遣人挖之，果得骸骨，臣下劝文王以五大夫礼葬之可也，文王终不失信而以国君礼葬之），子方哀老之惠（出自西汉刘安《淮南子·人间训》，战国时魏文侯的老师田子方，见老马于道而喟然有志，遂问赶车人是何马？答说旧公家马老而不用，故牵出卖之，田子方说贪其少力而弃其老身，非仁也，便以帛赎之，老臣罢武闻之便知所归心矣。另又一说是放在魏文侯身上，故事如出一辙，但我更倾向于刘安《淮南子》所载更符合）。诗云：“民亦劳止，汔可小康，惠此中国，以绥四方。”超有书与妾生诀，恐不复相见。妾诚伤超以壮年竭忠孝于沙漠，疲老则便捐死于旷野，诚可哀怜。如不蒙救护，超后有一旦之变，冀幸超家得蒙赵母（出自《史记·廉颇蔺相如列传》，秦赵长平之战前，赵王欲用马服君赵奢子赵括代廉颇为将，赵母上书不可用括，赵王不听，赵母说括如有不称而不坐罪，赵王许诺，后赵括兵败身死，赵母有言在先而保全族免诛）、卫姬（西汉末年，汉哀帝亡而无子，太皇太后王政君与新都侯王莽立已故中山孝王刘兴子刘衎为汉平帝，其母卫姬及族人被隔离在外不准入京，卫姬先后两次上书谢恩并泣思欲见平帝而不准，后王莽杀尽卫氏一族，唯有卫姬幸免于难）先请之贷。妾愚戆不知大义，触犯忌讳。

书奏，帝感其言，乃征超还。

超在西域三十一岁（班超从永平十六年即公元 73 年与郭恂一道出使西域，在西域 31 年，则是永元十六年，即公元 104 年）。十四年（此处的永元十四年即公元 102 年当是范晔《后汉书》笔误，应当为永元十六年，后人以此为准推算班超生于建武八年，即公元 32 年，可见谬矣）八月至洛阳，拜为射声校尉（西汉武帝置五校尉，后增至八校尉，射声校尉为其一，秩比二千石，下设丞及司马，掌兵七百人）。超素有胸胁疾，既至，病遂加。帝遣中黄门（汉宦官名，见《汉书·百官公卿表》）问疾，赐医药。其年九月卒，年七十一（超当生于建武十年，即公元 34 年，卒于永元十六年，即公元 104 年，年七十一，古人按虚岁算加一）。朝廷愍惜焉，使者吊祭，赠赗甚厚。子雄嗣。

初，超被征，以戊己校尉任尚为都护。与超交代。尚谓超曰："君侯在外国三十馀年，而小人猥承君后，任重虑浅，宜有以诲之。"超曰："年老失智，任君数当大位，岂班超所能及哉！必不得已，愿进愚言。塞外吏士，本非孝子顺孙，皆以罪过徙补边屯。而蛮夷怀鸟兽之心，难养易败。今君性严急，水清无大鱼，察政不得下和。宜荡佚简易，宽小过，总大纲而已。"超去后，尚私谓所亲曰："我以班君当有奇策，今所言平平耳。"尚至数年，而西域反乱，以罪被征，如超所戒。

# （十）班氏历史人物第八世——班超传（中篇）

本篇主要内容：班超传。

班超（公元34—104年），字仲升，扶风平陵人（汉扶风郡，比今天陕西省扶风县范围要广，辖区大概覆盖咸阳、兴平、扶风、乾县等片区。平陵，今陕西咸阳城西秦都区平陵乡），关于班超生卒年考证问题，参见《班固班超生卒年新考》一文，且上篇亦有推理，不再赘述。

其父班彪，担任过徐令（徐县，西汉时置临淮郡，今江苏省泗洪县南大徐台子，至东汉、三国划属下邳，西晋重归临淮郡，东晋后废除），长兄班固，妹班昭。班超有大志，不拘小节，且品德高尚，虽居家劳苦，却坦然自若。家学渊源，自小兄弟俩受父亲教育，博闻强记，班超更喜历史人物传记，且口才出众（所谓机敏，有辩才，擅演讲，底子打得好，日后方能厚积薄发）。

永平五年（公元62年，此处《后汉书》并未实写，但可以推断班固下狱到出狱，只在明帝查清事实后，召班固诣校书部，除兰台令史，迁为郎，本是相近），班固被人诬告私改国史而入狱，书稿全被抄。班超恐官府屈打成招，而班固性宽和难以自明，遂不顾性命快马急驰洛阳，上书明帝，竟得召见（这里有些奇怪，《后汉书》又不曾言明，只一句话概括，想班超不过一介布衣，就算上书给皇帝，只怕所投无门，怎么直接就上书到皇帝手中又立马被召见？思来想去，只有一个可能性，那就是班超直接找的窦固，窦班有世交之谊，窦氏虽人多，但多行为不检，唯有窦固好读书喜兵法且谦让有节行操守，可能与班超气味相投。虽然这一年窦穆犯罪被杀，窦固亦受牵连被禁锢在家，但毕竟是驸马，其妻乃光武帝刘秀之女涅阳公主，这层裙带关系并未失去，况且明帝刘庄不杀不罪只禁锢在家，就可知，明帝仍然心中器重窦固，那么窦固要帮班超上书到皇帝手中获得召见，还是有这个能力的）。班超直面明帝不慌不忙，慷慨陈词，申说班固写史

图 24　班超画像（班氏家族后裔天津支脉国家一级美术师班德海画）

传只为耀汉之德，绝无乱改前史之意。明帝听其口才，有所动容，恰州郡送班固书稿亦到，便查阅一番后，始信班超所言，乃下令释放班固，并召班固进国家校书部整理国家藏书，拜为兰台令史，再迁为郎官。班固于京都任郎官一职，便送信回家，这才有班超携母亲一起到洛阳同住。

班固虽为校书郎，但俸禄微薄（按历史上校书郎一职来算，汉朝有兰台，兰台有御史中丞，下属很多儒生学者充任，班固这里的校书郎应该属于议郎，秩六百石，但不直事侍御史，见《北堂书钞·设官部》；兰台令史有六人，秩亦六百石，见《后汉书·百官志三》；隋唐校书郎官职在正九品或从九品，俸禄在三十至四十石；至宋后按秘书省校书郎在十八千，即十八贯，不到二十两白银，可见薪水少得可怜。但校书郎却不是人人能做的，都是当时有名的学者才可能担当，白居易、韩愈等都担任过校书郎），以此收入要在京都洛阳养活一大家子，只怕非常艰难，可能在京都也无房产，要租房住，就算市郊买的便宜房子住着，只怕也是捉襟见肘。班超亦无他技谋生，常替官家抄书，挣些钱贴补家用，在家照顾母亲（这里要交代一下，班彪去世时班固尚在弱冠之年，其后居家守孝，少则三年。公元 62 年，班固三十岁，班超二十九岁，按古人习俗，行冠礼后便可成婚，因此推断班固、班超纵然延误婚期，守孝期满后必定已成家。且班昭已经十四岁，《后汉书·列女传》载班昭十四岁嫁与同郡曹寿，那么此时班昭当在夫家。班固入都为郎官后，可能在郊区找了便宜的房子买下，然后将家人接到一起，因此扶风家中只有班超带着母亲、妻子和嫂子一大家人到洛阳跟班固住到一起。再引申一下，可能班固长子班珩，班超长子班雄都已出生，这一点没有实际证据佐证，当然也可能在迁入洛阳之后出生，但基本应该在这个时间范围，因为几年后班超投笔从戎，紧接着出使西域，再返回已是垂暮之年了）。话说班超虽然以抄书为业，却也不辞辛劳，每天朝九晚五地工作（毕竟有一大家子要养活，现在城市打工的人可能都有体会）。不过班超终是有志向的人，怎会长久甘于沉寂在此等杂务中。

接下来，就是投笔从戎的故事了，这个成语由班超而来，但是大多数人可能心里想的就是班超把笔一扔，口出壮言之后，便直接投军去了，如图 25 中一般。

这个姿势是很帅很酷，但并不是事实。

《后汉书·班梁列传》载“久劳苦，尝辍业投笔叹曰”，很明显，这里说的

图 25　班超投笔从戎图

是，班超每天工作很长时间，曾经在中间停下来休息的时候，放下笔，感叹道："大丈夫无它志略，犹当效傅介子、张骞立功异域，以取封侯，安能久事笔研间乎？"（可以想象一下，上班上了很久，中间停下来，离开电脑，去茶水间倒杯水喝，望向窗外，叹道："世界那么大，我想去看看。"是不是能潇洒地转身辞职呢？）

见班超口出狂言，左右同行都嘲笑他，班超说你们习惯于这种状态的人哪里知道我的志向！

下班后班超去找相者算命，古人有事不决，通常喜欢看相问卜，那相者见班超相貌出众气度不凡，直言班超眼下虽穷苦，将来却是要在万里之外获得封侯功业。班超又问自己面相若何，相者指其面说生就燕颔虎颈，燕而能飞，虎且食肉，必是万里侯相。至于班超是否相信，是另一回事了，但这次相命之后，必定是抱定决心，要出去建功立业。班超想此时天下太平，唯有西北匈奴，尚有侵扰，干涉西域要道，早晚必有战事，遂起了从军之心。

又过了段时日，明帝忽想起班超，御前申说如在目前，便向班固问班超何在？班固回说替官府抄书供养老母，真正屈才日久。明帝遂将班超也拜为兰台令史，典校祕书，虽俸禄有所涨，非其志也。

这里《后汉书·班梁列传》载“后坐事免官”，又是一件奇怪的事，仅此一句话，有点想不通，班超在兰台令史位子上犯了什么错被罢官？班超不以劳辱为耻，况又涨薪资了，怎么就轻易犯错了呢？若说仗义执言，忤逆圣上？不大可能，班超有口才善辩，能直言进谏打动圣听，不会这么轻易触怒。若是涉及刑事案件，也不大可能，有志之人能忍。这里坐事，还是应该在这个职位上疏职怠工一类，罚得也不重，只是免官。想来笔墨间事，终非班超所愿，久有从军之心，想必工作时故意未经用心而犯错被罚，倒是最为可能之举。且当时窦固被禁锢在家，班超与其常相拜访，杯酒谈心，志在匈奴，怕是早已下定决心，这才是真正的投笔从戎。罢官之后，班超必投军，这些都是在永平五年（公元 62 年）入洛阳，至永平十六年（公元 73 年）随窦固出征匈奴这 11 年间发生的事，班超在洛阳生活了 11 年。

等了好久，机会终于来到了。

永平十六年（公元 73 年），窦固（字孟孙）被重新启用，拜为奉车都尉，出屯凉州，准备征战匈奴，班超已在军中，班固遂任命班超为假司马（窦固久知班超，但也有考虑，班超尚未建军功，不能直接提拔，先任副职，才好让其有机会立功）。班固与副将耿忠率酒泉、敦煌、张掖甲卒及卢水羌胡万二千骑出酒泉塞，追至天山，败北匈奴呼衍王，斩首千余级，赶至蒲类海（今新疆巴里坤哈萨克自治县之巴里坤湖），班超率部先行，大有当年霍去病长途奔袭作战之风范，多斩首虏，最先攻占伊吾（今新疆哈密市伊吾县），班固遂进屯伊吾卢城。班固击退匈奴后，欲再通西域，因班超一战成名，遂派班超与从事郭恂出使西域。

班超至鄯善国（原楼兰国，西汉昭帝元凤四年，公元前 77 年，改为鄯善，今新疆婼羌县），鄯善王广知汉朝威仪，兵强马壮，且国力日盛，不敢小视，又见班超雄姿英发，颇为敬重，待班超甚厚，备礼相迎。班超本意申说联结以共抗匈奴，但鄯善国久受匈奴之压，未敢仓促答应，不想过了几日，便渐渐有所怠慢。班超乃聚齐下属秘密开会，说：“宁觉广礼意薄乎？此必有北虏使来，狐疑未知所从故也。明者睹未萌，况已著邪。”班超果真见微知著，明察秋毫，众下属尚未反应过来。班超便将侍胡（招待汉使的鄯善国外交小吏）叫进来诈之曰：“匈奴使来数日，今安在乎？”侍胡大惊，心下揣测汉使如何得知，不觉面露惊惧，知隐瞒不过，便将实情说出。原来北匈奴亦派使者，来此已数日了，人数大概有一百多人，现在某处扎营。班超为防走漏消息，先将侍胡看管起来，再会下属共三十六人，置酒宴共饮，喝得正欢，班超趁着酒兴慷慨激昂地大声道："卿曹与我俱在绝域，欲立大功，以求富贵。今虏使到裁数日，而王广礼敬即废；如令鄯善收吾属送匈奴，骸骨长为豺狼食矣。为之奈何?"众人齐道："今在危亡之地，死生从司马。"班超镇定道："不入虎穴，不得虎子。当今之计，独有因夜以火攻虏，使彼不知我多少，必大震怖，可殄尽也。灭此虏，则鄯善破胆，功成事立矣。"众人面面相觑，是否太冒险了?便说："当与从事议之。"班超怒喝道："吉凶决于今日。从事文俗吏，闻此必恐而谋泄，死无所名，非壮士也!"众人方应声遵从。

天刚黑，班超率众赶至北匈奴使者驻地外，不知匈奴人是否自大，竟没有夜哨。恰好夜黑时分，刮起大风，班超派十人带军鼓隐于驻地营帐后，相约道："见火然，皆当鸣鼓大呼。"其余人带兵器弓弩埋伏于营门两侧。吩咐已定，班超亲自带人顺风纵火，前后同时擂鼓呐喊。北匈奴人睡梦中大惊，慌忙冲突出来，不想箭雨齐飞，被射倒一片，又是大火，拼命往营门外跑。班超身先士卒，冲上去立杀三人，众将士紧随其后，共斩杀三十余人，剩下一百多人全被烧死。

第二日班超回去告知郭恂，恂大惊之余，却又面露忧色（如此犯险，居然成功了，却没有自己的功劳），班超会其意（看透人心人性，有知人之智），举手（跟现在的举手不一样，如跟老师打报告一般，这里举有抬或托的意思，表示双手并拢抬起向对方，秦汉时臣对上或相互敬重，说话前举手，可能大家在有些秦汉历史剧中可以看到，双手并拢前举说"诺"，非江湖武侠中抱拳说"承让"，这里郭恂出使西域是主，班超相当于副将同行，面子上还是以表尊重）道："掾虽不行，班超何心独擅之乎?"郭恂方才转喜（知道班超斩杀匈奴使者之功会添上自己一笔报告朝廷，当然喜不自胜，表情全在脸上）。班超于是请来鄯善王广，将北匈奴使者首级献出，鄯善人得知汉使所为后，举国震恐。班超以汉欲与西域诸国共击匈奴，恢复前朝相互通联之大义，再告鄯善王广，广情愿纳子为人质，以示修好。班超携鄯善质子并众人回至伊吾禀报窦固，窦固大喜，遂上书朝廷奏报西域鄯善臣服，并报班超首出之功，更请另派使者再次出使西域。明帝早知班超人才出众，有胆有识，有勇有谋，此次深入虎穴，斩杀匈奴百人，威服鄯善，下诏与窦固曰："吏如班超，何故不遣而更选乎？今以超为军司马（前文为副，如今转正，汉大将军下属各部将，有军司马和假司马，率部近三千人不等），令遂前功。"

班超再接使命，窦固欲增派兵马，班超说："愿将本所从三十余人足矣。如有不虞，多益为累。"

此时西域于阗国（今新疆和田县，在鄯善西南）王广德刚击败莎车国（今新疆莎车县），声势壮大，占据南道（《汉书·西域传》载：西域南北有大山，中央有河。出玉门关向西，由鄯善傍南山沿河西行至莎车为南道，由车师前王庭，今新疆吐鲁番县西，随北山傍河西行至疏勒则为北道），北匈奴派使者监护。班超西行先至于阗，广德非常礼薄轻视。于阗有风俗迷信巫师，那巫师道："神怒何故欲向汉？汉使有騧马，急求取以祠我。"广德信巫师竟派人让班超献马。班超先已暗中派人侦查，得知于阗信巫之风，不想广德如此昏聩，真替巫师索汉使良马，心中已有计较，嘴上却答应献马，但提出要巫师亲自来取。那巫师不知死之将近，当真来汉使驻地，班超不由分说，命人立斩其首，且带去送给广德，并以国家外交大义之礼节向其问罪。广德先前听说班超在鄯善一举诛灭北匈奴使者，非常惶恐，随即派兵攻杀北匈奴使者而投降班超，班超重赏广德及官兵，于阗乃归服汉朝。

西域龟兹国（今新疆库车、沙雅两县一带）王建为匈奴所立，依仗北匈奴威势，霸占北道，击败疏勒国（今新疆疏勒县，近莎车）而杀其王，竟立龟兹人兜题为疏勒王。第二年春（永平十七年，公元 74 年），班超出其不意抄小路绕至疏勒，距离兜题居住的盘橐城（今新疆喀什市东南郊吐曼河岸边，旧城早已失去，新城在原有遗址上建立）不过九十里。班超先派田虑去劝降，告诫说："兜题本非疏勒种，国人必不用命。若不即降，便可执之。"田虑随身数人到盘橐城，兜题见之，颇为轻视，哪里还肯归降。虑非常镇定，趁其不备，纵身上前劫持住兜题（田虑亦是一身虎胆），左右人大惊一哄而散（果如班超所料）。田虑派人飞马至班超营地报告，班超迅速出发赶到城中，召集疏勒文武大臣，数落龟兹王兜题无道之罪，更立疏勒已故国王兄长之子忠为王，疏勒国人大悦。忠与其臣属皆请杀兜题，班超不听，欲示以威信，将其放归（欲擒故纵，龟兹不远矣），疏勒于是与龟兹结下大怨。

永平十八年（公元75年），汉明帝崩，同年八月章帝即位，仍用永平年号，至次年改元建初。焉耆国（今新疆焉耆回族自治县，位于龟兹东）趁汉朝国丧之际，攻破西域都护府（西汉宣帝时设置都护府，保护南北道，时陈睦为都护，郭恂为副校尉），都护陈睦与府兵皆战死，尸骨无存。当时班超深感孤立无援，且龟兹、姑墨（今新疆拜城县）两国联兵数次攻打疏勒。超坚守盘橐城（去年至此，尚未离去，为镇抚疏勒故），与疏勒王忠互为首尾，虽然兵少将寡，却也坚持一年多。章帝刚刚即位，因陈睦新败，担心班超势单力薄，不能长久，遂下诏班师回朝。班超接诏只得出发回国，疏勒举国皆心存忧虑惶恐不安，疏勒都尉黎弇道："汉使弃我，我必复为龟兹所灭耳。诚不忍见汉使去。"竟拔刀自刎，希望班超留下。班超无奈，回经于阗，王侯以下皆痛哭流涕道："依汉使如父母，诚不可去。"左右有人抱住班超所乘马的脚，马不得动。班超料于阗心决而不能东归，且壮志未酬，如此回去，岂不半途而废，打定主意，重返疏勒。疏勒有两城自班超去后，竟然恐惧之下复降龟兹，且与尉头国（今新疆乌什县西）联兵反汉。班超抓住反叛者杀之，再率兵击败尉头，斩杀六百余人，疏勒复定。

建初三年（公元78年），班超率疏勒、康居（今中亚哈萨克斯坦巴尔喀什湖和咸海之间）、于阗、居弥（今新疆于阗县克勒底雅以东地区）兵一万人，攻姑墨石城，大破之，斩首七百人。班超想趁此机会逐个平定西域诸国，便上疏汉廷请求派兵，大体说自己愿奋力在西域平通汉道，欲取三十六国而断匈奴右臂，以遂汉志，况且自孤守疏勒，已满五年，西域风土人情，皆已备悉，观莎车、疏勒等国土地肥沃，水草丰饶，可足军食，不必远道补给，姑墨、温宿（今新疆阿克苏市）与龟兹自相矛盾，早晚必叛，班超壮志在胸，虽死无恨，定要重伸大汉天威于西域。

奏达天听，章帝亦认同班超所言，知其有望功成，遂商议派兵增援之事。平陵人徐幹（字伯张，擅书法，与班超同乡，且年轻时便与班超交好，志同道合，肝胆相照）与班超有相同志向，闻知此事，便上疏自荐去西域协助班超。

建初五年（公元80年），章帝封幹为假司马（又是一个副职），率领已减刑的罪犯并自愿出塞的士兵一千人前往西域（驰刑就是减刑的罪人，义从为自愿挺身而出的士兵）。先前莎车以为汉无援兵，遂降龟兹，疏勒都尉番辰也再次反叛（前次投降龟兹的疏勒两城之一）。恰好此时徐幹率军赶到，与班超合兵，共击番辰，大破之，斩首千余人，俘虏众多。班超欲乘胜进攻龟兹，因乌孙兵强，凭借其力，再上书汉廷，言及乌孙大国，控弦十万，当年武帝亦以细君公主、解忧公主联姻，宣帝乃得乌孙相助，今当遣使慰问，与我同心，共击龟兹，为章帝采纳。

建初八年（公元 83 年），班超升为将兵长史（汉驻边防统兵之长官），可准用鼓吹幢麾（《古今乐录》载：横吹，胡乐也。张骞入西域，传其法于长安，唯得《摩诃兜勒》一曲，李延年因之更造新声二十八解，乘舆以为武乐，后汉以给边将，万人将军得之。所谓鼓吹乃统率一万人以上的将军才可以使用的军乐，给班超是破例了。而幢麾者，乃行军大纛旗上配饰鸟羽，亦是大将能享有的仪式），升幹为军司马（也转正了），另派卫侯李邑护送乌孙使者回洛阳，并赐乌孙大小昆弥（乌孙称其王为昆弥，西汉宣帝时老昆弥卒，而子孙争立，分大小昆弥）锦帛厚礼。

李邑刚到于阗，恰遇龟兹攻打疏勒，畏惧不前，竟上书陈说西域之功不可成，又一再诋毁班超只知拥爱妻，抱爱子，在国外享乐，早忘了根本，不会尽忠朝廷。班超听说这件事后，感叹道：“身非曾参而有三至之谗，恐见疑于当时矣。”遂派人送妻离开（现在人都觉得古代一夫多妻制，其实不然，中国历史上从来就没有过一夫多妻，而是一夫一妻多妾制，妻子只有一个，妾可有多个，民国后才逐渐取消妾，然后才是一夫一妻制。班超原配妻子想必早已过世，入西域后续弦的第二任妻子，即班勇的母亲，勇出生在西域，后文再叙）。章帝知班超忠勇之人（在家为孝子，入朝为忠臣），有诏斥责李邑：“纵超拥爱妻，抱爱子，思归之士千余人，何能尽与超同心乎？”严令李邑至班超处听其调度。又下诏给班超：“若邑任在外者，便留与从事（言下之意，能用则用，不行即遣回，任班超自处）。”班超遂派李邑带乌孙侍子回洛阳，徐幹劝班超说：“邑前亲毁君，欲败西域，今何不缘诏书留之，更遣它吏送侍子乎？”班超回道：“是何言之陋也！以邑毁超，故今遣之。内省不疚，何恤人言！快意留之，非忠臣也（问心无愧，不泄私愤，真忠臣也）。”

建初九年（公元 84 年），汉廷才再次派遣假司马（东汉朝廷为什么每次派出来的都是假司马呢？想必是一来兵少，二来军司马可能不愿涉足异域，只有派假司马了）和恭等四人率兵八百前来助班超，班超于是领疏勒、于阗兵攻打莎车。那莎车却私下派人联络疏勒王忠，许以重利，这疏勒王忠也是个忘恩负义之人，竟然见财眼开决定反叛，跟从莎车王窜逃至乌即城（今新疆疏附县）固守。班超重新立疏勒府丞成大为疏勒王，集结不愿跟随忠反叛的疏勒人一起攻打忠。相持半年，想必是忠与莎车求救于康居，康居王派遣精兵支援，班超久攻不下，这康居也是反复无常。班超得知月氏（一支游牧民族，秦汉时在敦煌、祁连间，西汉文帝时为匈奴所逐，大部西迁至今伊犁河流域及其以西一带，号为大月氏；而其余少数未曾西迁，转入南山，今祁连山，与羌人杂居，号为小月氏，这里应该是大月氏，又称大夏国）刚与康居通婚，关系相对亲密，于是派人携带锦帛赠送月氏王，帮助劝止康居王，果然奏效，康居不但撤兵，且将忠抓住并押回疏勒，乌即城乃降。

元和四年（公元87年，建初九年八月章帝改元元和），忠未被国人处理，居然死不悔改，又去游说康居王（上次被其押回，竟然还去找他，可见那康居王不过看重利益罢了，想必是贿赂少不了），然后借兵回国占据了损中（或作“顿中”“桢中”，《后汉书·西域传》载：灵帝建宁三年，凉州刺史孟佗曾发兵三万人，攻桢中城。今新疆疏勒县）。忠果然诡计多端，又暗中派人与龟兹串通，行诈降计，假意派人说愿投降班超。班超深知忠之为人，此时投降，必有计，于是将计就计，许之受降。忠还以为超中计，遂带轻骑兵径自来到班超营外。班超早已埋伏军队以逸待劳，外面却大摆宴乐招待忠，才饮过酒，便喝令动手，属下亲兵冲出将忠捆绑，当场斩首示众，遂趁势灭掉忠的轻骑兵，毙敌七百余人，西域南道始通。

章和二年（公元88年，二月章帝崩，和帝即位，仍用章和年号，于次年改元永元），班超再领于阗诸国联兵共二万五千人攻打莎车，龟兹王亦派左将军联合温宿（今新疆乌什县）、姑墨、尉头联兵共五万人救莎车。班超召集将校与于阗王商议道：“今兵少不敌，其计莫若各散去。于寘从是而东，长史（指班超自己，当时任将兵长史）亦于此西归，可须夜鼓声（《司马法》载：军中夜间击鼓凡三次。昏黑之鼓四通，夜半三通，旦明五通也。）而发。”看班超用兵，总是外表平平，内含奇谋，往往出奇制胜。此次敌军两倍于己，要被反包围，内外夹击，危险重重。班超先前有俘虏的龟兹士兵，于是再用计，对将校与于阗王说敌兵势大不能敌，今夜三鼓后，于阗军从东突围，自己率军从西突围，然后将消息泄露给俘虏，故意放松看管，使其得以逃脱，好替自己送情报回去。果然用计成功，俘虏逃回报信，龟兹王得知大喜，准备活捉班长史，亲自带领一万骑赶到西边要截住班超，并派温宿王带领八千骑赶到东边截于阗王。班超调虎离山将敌兵分兵成功后，立刻秘密召集各部兵，于鸡鸣时刻（古人一天十二时辰，一个时辰约为 2 小时，前面夜半击鼓三次的夜半即子夜，23 至凌晨 1 点，子时；鸡鸣为凌晨 1 至 3 点，丑时；平旦为凌晨 3 至 5 点，寅时；日出为 5 至 7 点，卯时；食时为 7 至 9 点，辰时；隅中为 9 至 11 点，巳时；日中为 11 至 13 点，午时；日昳为 13 至 15 点，未时；晡时为 15 至 17 点，申时；日入为 17 至 19 点，酉时；黄昏为 19 至 21 点，戌时；人定为 21 至 23 点，亥时），直扑莎车军营，莎车兵大乱，四散奔逃，班超追斩五千余人，缴获马畜财物无数。莎车投降，龟兹王无奈只得退回，班超自此一役而威震西域。

当初大月氏国曾帮助汉攻打车师国有功，此时听闻班超平定莎车，于是派使者赠送珍宝、符拔（《汉书・西域传上・乌弋山离国》载：有桃拔。而颜师古注引三国魏之孟康曰："桃拔一名符拔，似鹿，长尾。一角者或为天鹿，两角者或为辟邪。"《后汉书・西域传・安息》载：符拔形似麟而无角）、师子（狮子，《汉书・西域传上・乌弋山离国》载：乌戈地暑热莽平……而有桃拔、师子、犀牛）等当地产物献给汉朝，想与汉朝通婚并求娶公主。岂料班超刚勇果决，将在外当机立断，直接拒绝。大月氏碰了一鼻子灰，非常没面子，因此怀恨在心。

永元二年（公元 90 年）夏，大月氏派遣副王（这个国家还有正王和副王，当时怕也是独树一帜了）谢带兵七万攻打班超。此时班超兵力一样单薄，众人皆恐，班超再次说服将士："月氏兵虽多，然数千里逾葱领来，非有运输，何足忧邪？但当收谷坚守，彼饥穷自降，不过数十日决矣（劳师远征，翻山越岭，大军长途跋涉，后勤补给难通，只需坚壁清野，敌兵可不战自败，班超胆略过人，熟知兵法）。"谢副王前来攻班超，不能胜，又四处抢不到粮食，正骑虎难下。班超料其粮草将尽，必就近向龟兹求援，乃派兵数百埋伏于东方必经之路。谢副王果然派骑兵携带金银珠玉贿赂龟兹以求援，结果半道遇伏，全部被杀。班超令人将使者首级送去大月氏营外出示，谢副王大惊失色，内困粮草，外无援兵，无奈之下，只得派人向班超请罪，望求一生。班超既已得胜，亦不穷逼，遂放其回国。大月氏国因此大为震恐，再与汉通好，承诺每年贡献方物。

永元三年（公元91年），龟兹、姑墨、温宿都表示归降汉朝。汉廷拜班超为西域都护，徐幹为长史，另拜白霸为龟兹王，并派司马姚光送其至西域。班超陪同姚光至龟兹国废其王尤里多，更立白霸为王，姚光将尤里多带回洛阳。为稳定龟兹，班超便居住在龟兹它乾城，徐幹屯居疏勒。自此西域只有焉耆、危须（今新疆焉耆东北一带）、尉犁（今新疆库尔勒东北一带）因为从前攻破都护府杀陈睦，而怀有二心，不肯降服，其余他国全部平定。

永元六年（公元94年）秋，班超集结龟兹、鄯善等八国联兵共七万人，再加上都护府属吏和商人共一千四百人征讨焉耆。行到尉犁国界，班超派人通告焉耆、危须、尉犁三国道："都护来者，欲镇抚三国。即欲改过向善，宜遣大人来迎，当赏赐王侯已下，事毕即还。今赐王彩五百匹。"焉耆王广派左将匈奴人北鞬支携带牛肉与美酒恭迎班超，班超指责北鞬支道："汝虽匈奴侍子，而今秉国之权。都护自来，王不以时迎，皆汝罪也。"班超属下劝其杀之，班超说："非汝所及。此人权重于王，今未入其国而杀之，遂令自疑，设备守险，岂得到其城下哉！（攻城为下，攻心为上）"因此还是赏赐了北鞬支，并放其回国。焉耆王广见北鞬支平安归来，知班超礼让在先，若再不知进退，怕是焉耆国难保？于是带领焉耆重臣至尉犁国恭迎班超，并奉献本国珍物。

焉耆国有苇桥之险（芦苇怎么成桥？入境山口处有芦苇秸秆经过多次防腐处理后的材质搭成的栈桥，不易度过，仅此一桥，故险耳），焉耆王广也是个反复之人，见班超大军之威，又念起昔日覆陈睦而恐遭不测，一旦反悔，回来后立刻派人拆断苇桥，不想让汉军入境。班超只得另寻道路，于七月三十日到达焉耆，离王城不过二十里，就在湖边扎营。焉耆王广没想到班超突然来到，大惊之下，竟然想赶着国人全部逃入山中以求自保。焉耆国有个左侯名元孟，曾在洛阳做过人质，偷偷派人向班超告密，班超正好借其人头用计，斩杀使者，责其离间两国友好之罪。于是班超约期宴会三国王，故意声称大加赏赐，绝无他意。焉耆王广、尉犁王汎及北鞬支等三十多人相互商量好一起来见班超，此时又来？前何必悔？然尚有聪明人，如焉耆国相腹久等十七人害怕被诛杀，先逃跑到沙漠去了，而危须王也没有敢来。宴会上待大家坐定，班超忽然发怒，指责焉耆王广道："危须王何故不到？腹久等所缘逃亡？"不容分说，竟令人将焉耆王广、尉犁王汎等一一捆绑，然后押至当年陈睦所驻守的旧城，全部斩首以祭陈睦，并将其首级传送洛阳。班超指挥军队杀入焉耆王城，斩首五千余级，俘虏一万五千人，马牛羊牲畜三十余万头。班超立元孟为焉耆王，为安抚焉耆，就地驻扎停留了半年之久。

于是西域五十余国，全部内附汉朝，并送质子入洛阳。

永元七年（公元95年），和帝下诏，封班超为定远侯，食邑千户，定远之名，名副其实也。

永元十二年（公元100年），班超自永平十六年（公元73年）入西域已27年了，年67岁，人老思故土，于是派幼子班勇与乌孙国献贡的使者一道去京都洛阳朝见，并上书和帝言辞恳切，年老望乞回到中原，且西域蛮俗，欺老怕壮，自己虽死无恨，但恐西域覆没，不敢望到酒泉郡，但愿生入玉门关。

班超上书三年，和帝未有批复，可见汉廷中落，已无可派之人。

永元十五年（公元103年），班超妹班昭，身为皇家曹大姑，名重一时，得知班超年老多病，久在绝域，生不得一见，于是代班超再上书，更以赵母、卫姬有言在先而免受诛灭故事警告。和帝动容，方才下诏征班超还都。

永元十六年（公元104年）八月，班超在西域共三十一年，终于回到洛阳，和帝拜班超为射声校尉。班超平时胸胁就有病，一路风尘回朝后，病症开始加重。和帝派宫廷太监中黄门带御医前往，诊治赐药。九月，班超因病去世，年71岁，朝廷深感痛惜，派人吊祭，赠送丧仪甚厚，令其子班雄承嗣定远侯爵。

当初班超因诏回都时，朝廷派戊已校尉任尚为西域都护。任尚与班超交接时，问班超在西域三十余年，肯定有独到经验，可以指教一二。班超一生可谓知人，观尚严有余而宽不足，故警戒之，说西域蛮荒，分布甚广，反复有变，难以养成，故亦宽小抓大，不必深究，宜行简政可也。任尚终不以为意，将班超所言抛之脑后。不数年，西域诸国相继反乱，尚不能平，因罪被召回，诚如班超所戒。

网上传有班超出使西域行军图，不过路线与时间略有出入，将在下篇中对西域诸国与路线详加叙述。

# （十一）班氏历史人物第八世——班超传（下篇）

本篇主要内容：班超出使路线、西域诸国与丝绸之路。

写完班超生平事迹，其主要活动皆在西域，对于班超出使路线，与西域诸国，甚至丝绸之路的关系而言，三者是相互联系，不可分割的。

汉朝与西域有三绝三通。

西汉武帝派张骞通使西域，属于探路，首开丝绸之路。大家所熟知的葡萄也是张骞从西域带回，开始种植。但是西汉末年，王莽篡位，建立新朝，中原大乱，与西域联系中断，此为一绝。

东汉建立后，公元 73 年，班超出使西域，东汉再设西域都护，此为一通。

公元 75 年，焉耆攻破西域都护，此时班超独守在疏勒，无能为力，此为二绝。

后班超再出战，汉亦增兵，败龟兹、焉耆等国，恢复汉威，班超任都护，此为二通。

班超年老归国，任尚继任都护，西域复乱，不能治，此为三绝。

后班勇复出，招抚西域，大败北匈奴，重归汉治，此为三通。

## 一、班超出使路线

永平十六年（公元 73 年），班超从窦固北击匈奴至伊吾，后与郭恂出使西域。首至鄯善国，班超率三十六人斩杀北匈奴使者，威服鄯善，带质子回禀。窦固奏其功，明帝乃派之，班超再带三十六人正式以军司马身份出使西域。班超沿鄯善西行至于阗，杀巫以降之，于阗服汉，南道鄯善、于阗通。

永平十七年（公元 74 年），龟兹据北道，班超败疏勒更立其王。

永平十八年（公元 75 年），焉耆破都护府，杀陈睦。当时班超孤守疏勒盘橐城，抵御龟兹、姑墨联兵。汉章帝初即位，诏班超回师，班超无奈欲归而不得行，再返而重定疏勒。

这里尚有另一个热血故事，不得不说。

汉与匈奴牵扯不断，自西汉建立，高祖刘邦征匈奴陷白登之围，陈平献奇计方得脱，此后汉以和亲政策维系，然匈奴侵扰未曾停止。汉武帝刘彻开始用兵，卫青、霍去病横扫匈奴，匈奴一分为二，南匈奴归附汉朝，北匈奴一直寇边。东汉初，北匈奴联合西域诸国，常袭扰河西酒泉、张掖、敦煌、武威一带，玉门关一度封锁。明帝欲通西域，以断匈奴右臂，派窦固攻打匈奴，期间班超出使西域，得以立功。明帝乃重设西域都护，任陈睦为都护，驻扎西域都护府，耿恭为戊校尉，驻守车师国金蒲城（今新疆吉木萨尔县北，位于天山北侧），关宠为己校尉，驻守车师国柳中城（今新疆鄯善县西南鲁克沁城，位于天山南侧）。

窦固回师后，三月北匈奴单于遣左鹿蠡王二万骑反攻车师国，耿恭派司马将兵三百救援，路遇北匈奴骑兵而全部覆没，后车师王安得战死，北匈奴随即围困金蒲城。焉耆亦联结龟兹攻击都护府，陈睦寡不敌众，以身殉国。北匈奴亦趁势围攻柳中城，关宠派人突围告急汉廷，不管汉廷是否能救援，当这封战报送到洛阳时，已经是八个月后的事了。

班超坚守疏勒不过随身三十六人，与疏勒国人死守，无力救援。耿恭与关宠兵力不过数百，而焉耆与匈奴足有两万骑兵，战况何等惨烈。

汉廷尚有争论，司空第五伦认为凶多吉少，不宜再派兵救援，对西域持保守态度，司徒鲍昱认为西域虽远，不可放纵，汉兵虽少，不可遗弃，必须火速救援。章帝刚即位，正血气方刚，岂能不救？于是派秦彭、王蒙与皇甫援将兵七千出敦煌、酒泉驰往西域。这让人又想起陈汤说过的话“犯我强汉者，虽远必诛”。

汉援兵未至，前车师叛，与匈奴共攻金蒲城。耿恭死守，命士兵于箭镞抹上毒药，传语匈奴曰：“汉家箭神，其中疮者必有异！”果然匈奴人中箭伤口溃烂，军心动摇，攻势缓和。时天降暴雨，耿恭率众突围，退至疏勒城（今新疆吉木萨尔县，区别班超孤守的疏勒国）坚守。七月，匈奴人尾随而至，强攻不下，乃断上游水源。耿恭于城中掘井，挖十五丈不能得水，兵民以马粪取汁止渴，耿恭仰天叹曰：“闻昔贰师将军拔佩刀刺山，飞泉涌出；今汉德神明，岂有穷哉。”整衣下拜，泉水奔出，皆呼万岁。然终究势单力薄，牺牲者众，坚守数月，粮草将尽。有后车师王后，本是汉人，派人偷送粮草与情报，耿恭得以再坚持数月，然被匈奴发现后切断补给，难以维系。汉兵煮食皮革，玩命相搏，一直守至残冬，余者数十人。匈奴单于亲至，敬佩不已，欲招降，封耿恭为白屋王，并以公主妻之。耿恭乃出示降旗，单于派使者上城，却被恭杀死，并于城头以火烤之，切肉而食（南宋岳飞写《满江红》“壮志饥餐胡虏肉，笑谈渴饮匈奴血”当来自耿恭）。匈奴单于气急败坏，下令猛攻，竟不能破。

公元76年2月，当秦彭大军长途奔驰两个多月后，终于抵达关宠驻守的柳中城，彼处早已全军覆没。汉军一怒之下，破交河城，斩首三千八百人，俘虏三千余人，获驼驴马牛羊三万七千头，匈奴北撤，前车师复降。王蒙等料想耿恭可能早已覆灭，欲班师回朝，帐下一人名范羌者，曾是耿恭部属，派往敦煌筹集冬衣，后随蒙出塞，始终坚信耿恭未亡，誓必前往救援。王蒙只好分兵两千，范羌带两千人向北出发，奔至金蒲城，见城头尚有火把，大声道：“我范羌也，汉遣军迎校尉耳!”当时耿恭及部下只剩二十六人，随即开门迎范羌进城。耿恭与范羌商议突围，趁敌军安睡，向南撤退，匈奴惊醒追击，一路拼杀，且战且走。至三月到达玉门关外，耿恭部下尚余十三人（见《后汉书卷十九·耿弇列传第九》）。

这便是铁血耿恭的故事，说此无他，可见绝域作战，何等艰险，当知超殊为不易。

建初三年（公元78年），班超率疏勒、康居、于阗、居弥兵一万攻破姑墨，守疏勒已五年。

建初五年（公元80年），汉派徐幹率兵一千助班超，破疏勒都尉番辰，欲联乌孙。

建初八年（公元83年），班超拜为将兵长史，幹为军司马。

建初九年（公元84年），汉再派司马和恭率兵八百助班超，汉兵近两千人，班超率疏勒、于阗攻莎车，联结大月氏并康居，捕前疏勒王忠。

元和四年（公元87年），班超诱杀忠，通西域南道。

章和二年（公元88年），班超率于阗诸国联兵二万五千人破莎车，莎车降。

永元二年（公元90年），班超败大月氏，大月氏降。

永元三年（公元 91 年），龟兹、姑墨、温宿降汉，班超拜为西域都护，斡为长史。

永元六年（公元 94 年），班超率龟兹、鄯善等八国联兵共七万人征讨焉耆，杀其王为陈睦复仇，遂驻扎焉耆半年。

永元七年（公元 95 年），班超封为定远侯。

永元十二年（公元 100 年），班超上书乞骸骨，班勇首次回洛阳，此时班超想必已离开焉耆，居西域都护府。

永元十五年（公元 103 年），班昭替兄上书，请征班超还。

永元十六年（公元 104 年），班超回洛阳。

根据以上时间线索，我们大体可得出班超出使西域路线，先走南道，再循北道，南北道通后，方居都护府。而有记载的西域国名当是：鄯善、于阗、龟兹、疏勒、焉耆、姑墨、尉头、康居、居弥、莎车、月氏、乌孙、温宿、车师与危须，其余小国不过附带跟随，未曾点名，西汉时曾为三十六国，后分至五十余国。

班超先在鄯善、于阗一年，至疏勒一年，孤守疏勒盘橐城五年，后主要在疏勒，并与姑墨、龟兹、月氏等相互攻击，再败焉耆，期间位置不固定，至任西域都护，仍在焉耆镇守半年，再转入都护府十年，共三十一年。

班超文武兼备，颇有谋略，以少胜多，以夷制夷，战略战术，兼而有法，能战能守，故西域五十余国安而能定，班超之功不可没也。

班超二通西域，替汉扬威，畅通丝绸之路南北道，打通河西走廊，褒奖不为过。

《后汉书卷八十八·西域传第七十八》载：和帝永元九年，都护班超遣甘英使大秦，抵条支。临大海欲度，而安息西界船人谓英曰："海水广大，往来者逢善风三月乃得度，若遇迟风，亦有二岁者，故入海人皆赍三岁粮。海中善使人思土恋慕，数有死亡者。"英闻之乃止。十三年，安息王满屈复献师子及条支大鸟，时谓之安息雀。

永元九年（公元 97 年），班超已拜为西域都护，遂派遣甘英出使大秦（罗马帝国，当时罗马共和国处于安敦尼王朝时期，罗马达到极胜顶峰，经济繁荣，至公元 395 年分为东罗马与西罗马，公元 476 年西罗马灭亡，公元 1453 年东罗马灭亡)，抵达安息（帕提亚帝国，波斯第二帝国）西境，为波斯湾所阻，终未能至大秦而返回。

历史上对班超的评价非常多，赞誉颇隆。20 世纪法国著名历史学家勒内·格鲁塞著有《草原帝国》一书，在其第 13 章节《班超对塔里木盆地的征服》一文中，称赞班超为“中国出现过的最杰出的首领之一”“‘都护’称号，实际上是中亚的总督”。

## 二、西域诸国

西汉武帝刘彻派张骞通使西域，从而开辟丝绸之路，畅通河西走廊，建立东西方文化交流的正式通道，当然兴起的不止丝绸，还有瓷器之路、茶叶之路等，而以丝绸之路连接亚、欧、非最为著名。

西汉宣帝神爵二年，公元前 60 年，设立西域都护府，郑吉为第一任都护，秩比二千石，与郡级等同，统管西域大宛以东、乌孙以南三十六国。至西汉末年，历任都护者 18 人，名可考者 10 人，为郑吉、韩宣、甘延寿、段会宗、廉褒、韩立、段会宗（续任)、郭舜、孙建、但钦、李崇。东汉四任为陈睦、班超、任尚、段禧。

那么都护府在何处？中篇提到耿恭驻守金蒲城，关宠驻守柳中城，位于天山南北两侧，相互拱卫，以便都护府有应急之需。《汉书·西域传》载：护治乌垒城，去阳关二千七百三十八里，与渠犁田官相近，土地肥饶，于西域为中，故都护治焉。乌垒城，即今新疆巴州轮台县，但遗址已不大清晰具体在何处。

1928 年史地专家黄文弼在轮台乡政府东面两处疑似遗址处发现一些贮粮的陶罐，认为是西域都护府设立时期的士卒屯守用物。20 世纪 90 年代，新疆考古所开始十余年的调查和探索，始终未能确定。直到 2015 年，中科院遥感与数字地球研究所、国家博物馆、新疆考古所联合研究团队，采用最新的遥感、电磁和探地雷达等高端技术进行探测，最终锁定了轮台县境内的奎玉克协海尔、阔纳协海尔及卓尔库特三处遗址，通过比对奎玉克协海尔的数字正射影像图（DOM）和数字高程图（DEM)，如图 26 所示：

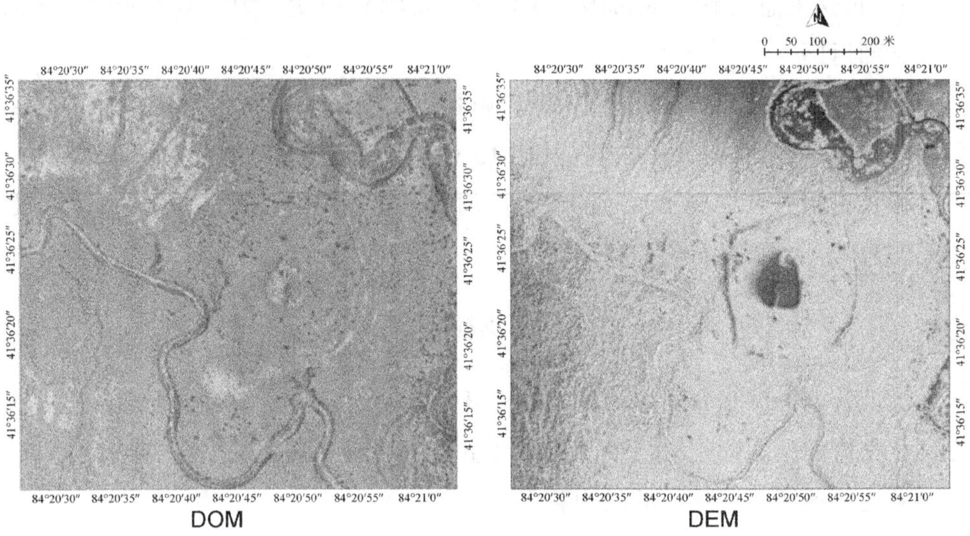


**图 26 奎玉克协海尔古城的数字正射影像图和数字高程图**

科研人员进一步确定图中圈为壕沟，物探测结果显示其水分含量高于周边，确认这条壕沟是绕着土台而建，因此，这条沟壕可能是第二道防御系统，并在传统考古钻探方法下验证了这个观点。

西域诸国土城多为圆形，中原以方城居多，而奎玉克协海尔古城内圆外方，自然是综合了两种建筑风格。其城墙长约 230 米，汉一丈为十尺，约为今天的 2. 31 米，边塞古城有百丈之说，也比较符合。

还有个比较戏剧性的发现，科研人员在其城内和壕沟内地表土层下的多为火烧土和灰烬层，取样检测大约距今 2200 年，推算为大约公元前 180 年，排除 C14 误差影响，大体与历史记载相符。西汉太初三年，公元前 102 年，贰师将军李广利曾火烧乌垒城，公元前 60 年宣帝设西域都护，当时便于旧城遗址上修建了都护府。

这些证据都确凿无疑地证明了，奎玉克协海尔古城就是西域都护府所在地。

研究人员依据现场调查、勘探及对古城地形的数字化模拟，确认古城高台最高处距地面六米左右，推断夯土台遗址为“多级高台建筑”，并初步模拟复原了奎玉克协海尔古城原貌，如图 27 所示。

图 27　奎玉克协海尔古城复原图貌

（上文两图数据来自中国科学院遥感与数字地球研究所，以及《中国文物报》2020 年 2 月 21 日第 7 版刊登的文章《现代测量技术在奎玉克协海尔古城考古中的应用研究》）

《汉书·西域传》载：西域以孝武时始通，本三十六国，其后稍分至五十余，皆在匈奴之西，乌孙之南。据清代学者徐松所撰《汉书·西域传补注》考订，西域三十六国为：

婼羌（今新疆若羌东南，罗布泊西北，离古阳关最近）、楼兰（今新疆巴音郭楞蒙古自治州罗布泊旁沙漠中，后改国名为鄯善）、且末（今新疆且末县西南，玄奘取经时，在此停留过）、小宛（今新疆且末臣河南）、精绝（今新疆民丰县北）、戎卢（今新疆于田县南）、扜弥（今新疆于田县东北）、渠勒（今新疆策勒县南）、于阗（今新疆和田一带）、皮山（今新疆皮山县东南，藏桂附近，尚有汉皮山国城墟，当地人叫破城子）、乌秅（今新疆塔什库尔干塔吉克自治县东南）、西夜（今新疆皮山西南）、子合（今新疆莎车东南部）、蒲犁（今新疆叶城西一带）、依耐（今新疆塔什库尔干，玄奘从天竺取经返回，在此停留过）、无雷（今新疆塔什库尔干附近）、难兜（今克什米尔东北部地区）、大宛（今乌兹别克斯坦费尔干纳盆地）、桃槐（今帕米尔北部阿赖谷一带）、休循（今新疆阿克陶西部地区，帕米尔北部阿赖谷地一带）、捐毒（今新疆乌恰县境内）、莎车（今新疆莎车县，后被于阗吞并）、疏勒（今新疆喀什市和疏勒县一带）、尉头（今新疆乌什、巴楚地）、姑墨（今新疆阿克苏一带）、温宿（今新疆阿克苏和温宿一带)、龟兹（今新疆库车、拜城一带)、尉犁（今新疆库尔勒、尉犁，后被焉耆吞并)、危须（今新疆和硕县以东一带)、焉耆（今新疆焉耆回族自治县一带)、姑师（即车师，都交河城，今新疆吐鲁番市西北二十里雅尔湖西)、墨山（今新疆尉犁县东孔雀河北岸营盘古城)、劫（今新疆呼图壁县东北)、狐胡（今新疆吐鲁番以北)、渠犁、乌垒（今新疆轮台以东的小野云沟附近)。

此外尚有若干小国，多从所分，如前车师与后车师等，合五十余国。而国外尚有安息（今伊朗、伊拉克一带，又名“帕提亚”)、大月氏（今乌兹别克斯坦的阿姆河流域)、康居（今中亚巴尔喀什湖至咸海之间)、乌孙（今新疆伊宁市附近及吉尔吉斯斯坦、哈萨克斯坦的部分地区)、奄蔡国（今哈萨克斯坦咸海一带)、罽宾国（今克什米尔一带)、大秦（古代中国对罗马帝国及近东地区的称呼)、身毒（今印度一带）等国，不在新疆地带。

## 三、丝绸之路

《汉书·西域传》载：自玉门、阳关出西域有两道：从鄯善傍南山北，波河西行至莎车，为南道，南道西逾葱岭则出大月氏、安息。自车师前王廷随北山，波河西行至疏勒，为北道，北道西逾葱岭则出大宛、康居、奄蔡焉。

葱领（今帕米尔高原和昆仑山脉西段、喀喇昆仑山脉东南段，天山、昆仑山源头，今新疆西南部，连接塔吉克斯坦东南部与阿富汗东北部，据《西河旧事》载：“葱领山，其上多葱，因以为名。”领，同“岭”。《西河旧事》一书已佚，曾为很多重要文献所引用，如《史记索隐》《太平御览》等)，不管南北道，是最终通往亚欧向西的必经之路。《汉书》载丝路南北两道，实际上还有一条中道，非常难走，中间都要穿过沙漠。

19世纪，德国地质学家李希霍芬不远万里来到中国，多次重走丝路，记录了大量的所见所闻，最后正式给这条中欧贸易之路命名“丝绸之路”，从此闻名世界。

西出敦煌则有阳关、玉门关两座关卡，一南一北，两处咽喉，丝绸之路往来商旅必经之所，也是汉朝在河西的重要屯兵处。过关西行，便是一望无际的大沙漠，既是“春风不度玉门关”，又是“西出阳关无故人”，这便是真实写照。大漠有号称“盐泽”的罗布泊，水中含盐浓度极高，无法饮用，过楼兰向西，便是号称“死亡之海”的塔克拉玛干大沙漠。

所以东西都有一个中转站，东段从长安到玉门关、阳关，西段从葱领到中西亚和欧洲，中段便是西域诸国。两点之间，西域三道。

南道者：出阳关，顺塔克拉玛干沙漠南线边缘，经鄯善、于阗、莎车至葱领。

中道者：出玉门关，顺塔克拉玛干沙漠北线边缘，经楼兰、车师、高昌、焉耆、龟兹、姑墨、疏勒至大宛。

北道者：出瓜州，经伊吾、庭州、伊犁，至碎叶城。

后大唐玄奘法师西往印度学法取经，去时辗转中道与北道，回时转走南道，撰写《大唐西域记》，对西域诸国有更详细的补充。

当然这里讲述的是陆上丝绸之路，现在知道的还有海上丝绸之路，外延大大延伸，直到中国提倡的“一带一路”建设，既是一脉相承，更是创新发展。

单从陆上丝绸之路的发展来说，班超有二通之功，承前启后；真正做到断匈奴右臂，使西域五十余国尽数诚服汉朝，所谓定远，当如是也。西汉丝路之创，未出西域，班超再越葱领，打通连接中西亚，直至欧洲，使丝路延伸更广。

总而言之，回溯本篇，班超出使路线、西域诸国与丝绸之路，当是三位一体，密不可分。

# （十二）班氏历史人物第八世——班超传（外篇）

本篇主要内容：班超墓与盘橐城。

## 一、关于班超墓

永元十六年（公元104年），班超结束西域31年的守边生涯，八月回到洛阳，虽拜为射声校尉，但并未就职。因为班超平常患有胸胁疾（以症状来看，很有可能是冠心病），且以71岁的高龄长途颠簸一路风尘，加剧了病情的恶化，遂于家中养病。汉和帝专门派中黄门问疾，带御医诊治，并赐医药，毫不见效。到了九月，班超与世长辞，汉廷深感痛惜，派人吊祭，赠送很多丧葬仪费，并让其长子班雄承嗣定远侯爵。

那么班超去世后，葬在哪里呢？

我们先来梳理几个线索。

一是班固墓在哪里？在《班固传》中，已经得知其墓在今陕西省扶风县东十八里处白庙乡浪店坡，那么可以说是从洛阳迁回故籍所在地安葬的。班固因为受窦宪牵连，而被洛阳令种兢罗织入狱，最后死于狱中，有点不明不白，身后凄惨。鉴于当时的政治风波，班固去世后，有很大的可能不会直接安葬在洛阳附近，迁回原籍安葬是非常可能之举，因为这之后班固的后人从洛阳销声匿迹，想是其子扶柩回到故籍扶风，因为罪人之子，未再返回洛阳，低调立世，这对班家后裔未尝不是一件幸事，使得班固这一支脉得以延续下去。

二是班昭何在？班昭十四岁嫁同郡曹寿为妻，所以早先应该在扶风曹家，未曾与班超、母亲同赴洛阳。然而曹世叔早亡，班昭年轻守寡，家教却不曾忘。想必曹家也不是人丁兴旺之族，所以生活很艰难，于是携子女一起去洛阳投靠两位哥哥，因为这之后班昭的生活轨迹一直在洛阳，才有后来继兄遗志续完《汉书》，再入宫教习，世称曹大家。至于是否在班超出使西域之前到的洛阳，还是出使后呢？我想应该是在出使之后，就是说班昭到洛阳时，班超已出使西域而去，未得一见，因为从后文班昭替兄上书乞骸时，说两人只有书信来往，未得复见，所以应该是从出嫁后一直未见，直到班超年老回到洛阳才在有生之年最后相见。班昭在洛阳居住，直到其子曹成封关内侯时，才相从离开洛阳去往关内，最后去世，曹成将其迁回曹氏原籍安葬，今大姑村是也。

那么可以得知班超回到洛阳时，班固早已去世十年，其后人返回原籍未得一见，班昭此时尚在洛阳，班超长子班雄亦在洛阳，幼子班勇应该是随父一起返回，这也是班勇第二次来洛阳，此后便与兄长班雄共同居住在洛阳。

班超去世，班雄承嗣定远侯爵，邑千户，与班固不同，功臣之后，爵位勋隆，朝廷也褒奖有嘉，所以就近安葬在洛阳附近，是极其可能的。

那么究竟葬在何处？几番辗转之后，终于有些眉目。

清乾隆十年（公元 1745 年）刊行的由龚崧林纂修、汪坚总修二十四卷《洛阳县志》记载“（班超）墓在北邙山”。这一点也比较可信，洛阳北邙，无数荒丘，东汉帝陵，名家墓葬，不可胜数。

河南人民出版社 1991 年出版《孟津县志》载“朝阳乡张阳村西有一大冢，俗称‘班墓’，可能是汉定远侯班超墓”。

图 28　洛阳孟津县朝阳镇张阳村西北班超墓土丘

方志出版社 2006 年出版的《孟津县志》载：“文革时期，在班超墓的东北方出土一北魏墓志，志载：西南方距射声校尉班超墓一百六十四步，这证明了此处确为定远侯班超墓。”

结合上文推测，和一些文献证据，基本锁定班超墓就在洛阳孟津县朝阳镇张阳村西北约 750 米处，冢高约 6 米，周长约 120 米，为夯土平丘状墓冢，孟津县人民政府于 2007 年秋正式立碑。

图 29　洛阳孟津县人民政府立班超墓碑

据悉孟津县文广旅局已经新建了班超纪念馆，对外开放，与班超墓连通，打造旅游线路，有兴趣的朋友可以前往参观和凭吊。

## 二、关于盘橐城

班超出使西域，盘点整个西域诸国，与班超关联最紧密的就是疏勒国。公元 75 年入疏勒，孤守盘橐城 5 年，后陆续攻打龟兹、焉耆等国，主要居住在疏勒，10 年左右，至公元 91 年拜为西域都护，为镇抚焉耆而驻扎在其国，半年后回到西域都护府安定。所以说班超几乎有 16 年在疏勒，而主要驻扎在盘橐城，班超入西域 31 年，可以说一半时间在疏勒。

那么盘橐城究竟是什么地方？又在哪里呢？

盘橐城就是疏勒国的宫廷所在城，先为龟兹人兜题占据，后班超攻破兜题，立忠为疏勒王，便居住到盘橐城，从此也成为班超选定的大本营。

班超为什么选定这里作为经营西域的大本营呢？看看当时的西域地图，就可以知道，疏勒位居要冲之地，西域中心，南接莎车、于阗的南道，北通龟兹、焉耆的北道，西越葱领，可入中西亚与欧洲，与北匈奴攻守的回旋之地，不论是地理位置，还是军事战略，都是必争之地，理想之所，也足见班超战略眼光的独到之处。因为班超一直在此经营，进可攻，退可守，调他国之兵，制衡诸国，以夷制夷，后有人直接称其为“班超城”。

《后汉书·西域传》载“（疏勒）去洛阳万三百里（今可知约 7000～8000 里）”，班超率三十六人，深入西域，离汉廷最远，真是名副其实的“不入虎穴，焉得虎子”。

法国探险家伯希和于 20 世纪初专程去新疆喀什勘测过盘橐城，时有数百米的城墙遗址，后因建设而被拆除大部分城墙。

直到 1987 年，仅剩余的古城墙遗址才被保护起来，划定为区级重点文物保护单位。

**图 30　新疆喀什古城墙**

图 31 新疆喀什古城遗址

盘橐城位于今新疆喀什东南的吐曼河边，1994 年开始当地政府为纪念班超，于旧址处兴建了一所班超纪念公园，内有 3.6 米高的班超像和 1.9 米高的 36 勇士雕像，班超像身后墙壁绘有与之相关的故事。

图 32 新疆喀什盘橐城公园班超石像

图 33　新疆喀什盘橐城公园三十六人石像

图 34　新疆喀什盘橐城公园石壁绘像

## 三　后记

班超传已完结，但在中篇的时候留下一个小问题，尚未交代，那就是班超幼子班勇的母亲是谁？关于班勇，后面会有传记继续来说，这里我们还是要寻一寻其母。

建初八年（公元 83 年），班超在盘橐城已近 9 年，升为将兵长史。那卫侯李邑奉旨来到于阗，恰逢龟兹又在攻打疏勒，因此畏惧不前，竟上书给汉章帝说西域之功不可成，这还不够，又添油加醋诋毁班超只知道拥爱妻，抱爱子，在国外享乐，早已忘了根本，不会尽忠朝廷。你看这李邑第一次来西域，还没有见到班超，风闻了一些消息，便能捕风捉影，人言可畏是也。

班超听说后，虽不惧李邑，亦不能置之，昔日贤如曾参，其母尚疑三至之馋，身为众吏之长，边防要臣，不得不深思熟虑，便派人送妻子离开。汉章帝斥责李邑，始终坚信班超之忠诚，责邑任班超驱使，班超不听徐幹之劝，还是遣其带乌孙侍子回洛阳。

了解这个来龙去脉，再来推理一番，看看能得到什么？

第一，班超是个孝子、忠臣、良将，不可能停妻再娶。前文说到古人是一夫一妻多妾制，这里明显说的是去其妻，可见其原配已亡，才可能会续弦。所以长子班雄与幼子班勇乃同父异母，雄母可能在班超出使西域之前便已亡故，因为班超后出使再未回都，只怕远隔千山万水，音信未必如此畅通。若原配尚在，班超断然不会续娶一妻。还有另一种可能，班超先娶一妾，当得知原配亡后，再扶正，也不是不可能，但观班超之为人，不会如此急于觅妻，其志当在西域与匈奴。因此断定班超出使西域之前，其原配已亡故，而长子班雄便与祖母、伯父班固一家居住在洛阳。祖母当时健在，因为章和二年（公元88年），汉章帝崩，班固母丧辞官守孝，卒与章帝同年，亡在5年后，彼时班超尚在攻打莎车国。

第二，班超公元73年出使西域，先后服鄯善、于阗，公元74年至疏勒，受诏回国未就，再返回疏勒，公元75年孤守疏勒盘橐城，坚持5年后反攻破姑墨，公元80年徐幹来助班超，公元83年拜为将兵长史，已有爱妻和爱子。从时间上来说，娶妻必定在疏勒，班超妻必定为疏勒国人，班勇必定是个混血儿。有人说班超妻是疏勒国公主，可以很负责任地说完全不可能，当时疏勒也是一国，多有公主联姻之说，一者通行于王族，二者政治联姻，必得知会双方国君，要签订盟书，班超不可能不知，若当真是一国公主，班超之忠行必定请旨洛阳，可见绝非公主，但若说是疏勒贵族重臣之女倒是有可能。

第三，还可以确定一点，最大可能是在公元75—80年成婚，班超之所以死守盘橐城，绝不离弃，上面已说到盘橐城的重要战略位置考虑，下篇中也提到耿恭守城的艰辛，可谓方法用尽，而班超守疏勒也绝非轻松，况身边只有三十六人，为镇抚疏勒，誓死同心，娶疏勒国女子，欲与疏勒共存亡，可谓明智矣。再由此推出，至公元83年，幼子班勇应该已经4至6岁，这才有李邑说班超拥爱妻抱爱子。

第四，其妻姓甚名谁？完全不可考，至少从目前可追溯的典籍难以追寻，或许新疆的地方志有记载也难说。虽然后来班勇写了《西域记》，但只字未提其母名，也就不得而知了。要知道当时西域乃至中西亚的文明史少有文字记载可查，多为口口相传，后来大唐玄奘法师西行求法 19 年回到长安，由他口述，弟子辩机记录完成的《大唐西域记》一书保留了很多西域和印度中西亚等档案信息，后人才对当地的历史得以重建，可谓来之不易。

如此推理之后，大概得出一条线索，可能是这样：班超奉母至洛阳后，生活了 11 年，其间原配妻子亡故，中子班英过早夭折，班超将长子班雄托付兄长照顾，便投军去了，后随窦固转战匈奴至伊吾，不想这一去，就开启了西域历险记 31 年。班超入西域疏勒国坚守盘橐城，娶疏勒女子为妻以镇抚疏勒，后生一子班勇。

# （十三）班氏历史人物第八世——班昭传

本传主要内容：关于班昭的生平事迹及其著作。

《后汉书卷八十四·列女传第七十四》载：

扶风曹世叔妻者，同郡班彪之女也，名昭，字惠班，一名姬。博学高才。世叔早卒，有节行法度。兄固著汉书，其八表及天文志未及竟而卒，和帝诏昭就东观臧书阁踵而成之。帝数召入宫，令皇后诸贵人师事焉，号曰大家。每有贡献异物，辄诏大家作赋颂。及邓太后临朝，与闻政事。以出入之勤，特封子成关内侯，官至齐相。时汉书始出，多未能通者，同郡马融伏于阁下，从昭受读，后又诏融兄续继昭成之。

永初中，太后兄大将军邓骘以母忧，上书乞身，太后不欲许，以问昭。昭因上疏曰：

伏惟皇太后陛下，躬盛德之美，隆唐虞之政，辟四门而开四聪，采狂夫之瞽言，纳刍荛之谋虑。妾昭得以愚朽，身当盛明，敢不披露肝胆，以效万一！妾闻谦让之风，德莫大焉，故典坟述美，神祇降福。昔夷齐去国，天下服其廉高；太伯违邠，孔子称为三让。所以光昭令德，扬名于后者也。论语曰："能以礼让为国，于从政乎何有！"由是言之，推让之诚，其致远矣。今四舅深执忠孝，引身自退，而以方垂未静，拒而不许；如后有毫毛加于今日，诚恐推让之名不可再得。缘见逮及，故敢昧死竭其愚情。自知言不足采，以示虫蚁之赤心。

太后从而许之。于是骘等各还里第焉。

作女诫七篇，有助内训。其辞曰：

鄙人愚暗，受性不敏，蒙先君之馀宠，赖母师之典训。年十有四，执箕帚于曹氏，于今四十馀载矣。战战兢兢，常惧绌辱，以增父母之羞，以益中外之累。夙夜劬心，勤不告劳，而今而后，乃知免耳。吾性疏顽，教道无素，恒恐子穀负辱清朝。圣恩横加，猥赐金紫，实非鄙人庶几所望也。男能自谋矣，吾不复以为忧也。但伤诸女方当适人，而不渐训诲，不闻妇礼，惧失容它门，取耻宗族。吾今疾在沈滞，性命无常，念汝曹如此，每用惆怅。间作女诫七章，愿诸女各写一通，庶有补益，裨助汝身。去矣，其勖勉之！

卑弱第一。古者生女三日，卧之床下，弄之瓦砖，而斋告焉。卧之床下，明其卑弱，主下人也。弄之瓦砖，明其习劳，主执勤也。斋告先君，明当主继祭祀也。三者盖女人之常道，礼法之典教矣。谦让恭敬，先人后己，有善莫名，有恶莫辞，忍辱含垢，常若畏惧，是谓卑弱下人也。晚寝早作，勿惮夙夜，执务私事，不辞剧易，所作必成，手迹整理，是谓执勤也。正色端操，以事夫主，清静自守，无好戏笑，絜齐酒食，以供祖宗，是谓继祭祀也。三者苟备，而患名称之不闻，黜辱之在身，未之见也。三者苟失之，何名称之可闻，黜辱之可远哉！

夫妇第二。夫妇之道，参配阴阳，通达神明，信天地之弘义，人伦之大节也。是以礼贵男女之际，诗著关雎之义。由斯言之，不可不重也。夫不贤，则无以御妇；妇不贤，则无以事夫。夫不御妇，则威仪废缺；妇不事夫，则义理堕阙。方斯二事，其用一也。察今之君子，徒知妻妇之不可不御，威仪之不可不整，故训其男，检以书传，殊不知夫主之不可不事，礼义之不可不存也。但教男而不教女，不亦蔽于彼此之数乎！礼，八岁始教之书，十五而至于学矣。独不可依此以为则哉！

敬慎第三：阴阳殊性，男女异行。阳以刚为德，阴以柔为用，男以强为贵，女以弱为美。故鄙谚有云："生男如狼，犹恐其尪；生女如鼠，犹恐其虎。"然则修身莫若敬，避强莫若顺。故曰敬顺之道，妇人之大礼也。夫敬非它，持久之谓也。夫顺非它，宽裕之谓也。持久者，知止足也。宽裕者，尚恭下也。夫妇之好，终身不离。房室周旋，遂生媟黩。媟黩既生，语言过矣。语言既过，纵恣必作。纵恣既作，则侮夫之心生矣。此由于不知止足者也。夫事有曲直，言有是非。直者不能不争，曲者不能不讼。讼争既施，则有忿怒之事矣。此由于不尚恭下者也。侮夫不节，谴呵从之；忿怒不止，楚挞从之。夫为夫妇者，义以和亲，恩以好合，楚挞既行，何义之存？谴呵既宣，何恩之有？恩义俱废，夫妇离矣。

妇行第四。女有四行，一曰妇德，二曰妇言，三曰妇容，四曰妇功。夫云妇德，不必才明绝异也；妇言，不必辩口利辞也；妇容，不必颜色美丽也；妇功，不必工巧过人也。清闲贞静，守节整齐，行己有耻，动静有法，是谓妇德。择辞而说，不道恶语，时然后言，不厌于人，是谓妇言。盥浣尘秽，服饰鲜洁，沐浴以时，身不垢辱，是谓妇容。专心纺绩，不好戏笑，絜齐酒食，以奉宾客，是谓妇功。此四者，女人之大德，而不可乏之者也。然为之甚易，唯在存心耳。古人有言：“仁远乎哉？我欲仁，而仁斯至矣。”此之谓也。

专心第五。礼，夫有再娶之义，妇无二适之文，故曰夫者天也。天固不可逃，夫固不可离也。行违神祇，天则罚之；礼义有愆，夫则薄之。故女宪曰：“得意一人，是谓永毕；失意一人，是谓永讫。”由斯言之，夫不可不求其心。然所求者，亦非谓佞媚苟亲也，固莫若专心正色。礼义居絜，耳无涂听，目无邪视，出无冶容，入无废饰，无聚会群辈，无看视门户，此则谓专心正色矣。若夫动静轻脱，视听陕输，入则乱发坏形，出则窈窕作态，说所不当道，观所不当视，此谓不能专心正色矣。

曲从第六。夫“得意一人，是谓永毕；失意一人，是谓永讫”，欲人定志专心之言也。舅姑之心，岂当可失哉？物有以恩自离者，亦有以义自破者也。夫虽云爱，舅姑云非，此所谓以义自破者也。然则舅姑之心奈何？固莫尚于曲从矣。姑云不尔而是，固宜从令；姑云尔而非，犹宜顺命。勿得违戾是非，争分曲直。此则所谓曲从矣。故女宪曰：“妇如影响，焉不可赏！”

和叔妹第七。妇人之得意于夫主，由舅姑之爱己也；舅姑之爱己，由叔妹之誉己也。由此言之，我臧否誉毁，一由叔妹，叔妹之心，复不可失也。皆莫知叔妹之不可失，而不能和之以求亲，其蔽也哉！自非圣人，鲜能无过。故颜子贵于能改，仲尼嘉其不贰，而况妇人者也！虽以贤女之行，聪哲之性，其能备乎！是故室人和则谤掩，外内离则恶扬。此必然之势也。易曰：“二人同心，其利断金。同心之言，其臭如兰。”此之谓也。夫嫂妹者，体敌而尊，恩疏而义亲。若淑媛谦顺之人，则能依义以笃好，崇恩以结援，使徽美显章，而瑕过隐塞，舅姑矜善，而夫主嘉美，声誉曜于邑邻，休光延于父母。若夫蠢愚之人，于嫂则托名以自高，于妹则因宠以骄盈。骄盈既施，何和之有！恩义既乖，何誉之臻！是以美隐而过宣，姑忿而夫愠，毁訾布于中外，耻辱集于厥身，进增父母之羞，退益君子之累。斯乃荣辱之本，而显否之基也。可不慎哉！然则求叔妹之心，固莫尚于谦顺矣。谦则德之柄，顺则妇之行。凡斯二者，足以和矣。诗云：“在彼无恶，在此无射。”其斯之谓也。

马融善之，令妻女习焉。

昭女妹曹丰生，亦有才惠，为书以难之，辞有可观。

昭年七十馀卒，皇太后素服举哀，使者监护丧事。所著赋、颂、铭、诔、问、注、哀辞、书、论、上疏、遗令，凡十六篇。子妇丁氏为撰集之，又作大家赞焉。

班昭（约公元49—约120年），字惠班，又名姬，扶风安陵（今陕西咸阳）人，班彪之女，班固、班超之妹，东汉史学家、女辞赋家。家学渊源，尤擅文采。

关于班昭生卒年史书无明确记载，史学界也是争论不一，不妨略做梳理，仅供参考。昭年七十余卒，皇太后素服举哀，可见班昭卒于邓太后之前，而邓太后崩于公元121年3月，故班昭卒年不能晚于121年。班昭卒年七十余，至少71岁，那么生年必在公元50年之前。《女诫》作于公元110年（马融永初四年，公元110年，入东观拜班昭为师读此文令妻女习之），自称“年十有四，执箕帚于曹氏，于今四十余载矣”，最多49年，加14，最多63岁，那必定生于公元48年后，故大体推论生于公元49年（即建武二十五年，班彪卒于建武三十年，班昭刚好满5岁而幼孤），卒于公元120年。

班昭14岁嫁同郡曹寿（字世叔）为妻，早寡。

其兄班固著《汉书》未成而亡，书中八表及《天文志》散乱，昭承其志，于东观藏书阁，整理出七表：《异姓诸侯王表》《诸侯王表》《高惠高后文功臣表》《景武昭宣元成功臣表》《外戚恩泽侯表》与《古今人表》，独自完成《百官公卿表》与《天文志》，书成而和帝召入宫，令皇后贵人师事之，号曹大家（gū）。

《汉书》一出，阅者虽争相传诵而多不通晓，大儒马融，尝跪听而受益，昭声名日隆。

汉和帝永元十二年（公元100年），其兄班超遣子勇随安息国贡使入洛阳，上疏乞骸，愿老归中土，朝廷竟三年不准。

于是昭替兄上书曰：

妾同产兄西域都护定远侯超，幸得以微功特蒙重赏，爵列通侯，位二千石。天恩殊绝，诚非小臣所当被蒙。超之始出，志捐躯命，冀立微功，以自陈效。会陈睦之变，道路隔绝，超以一身转侧绝域，晓譬诸国，因其兵众，每有攻战，辄为先登，身被金夷，不避死亡。赖蒙陛下神灵，且得延命沙漠，至今积三十年。骨肉生离，不复相识。所与相随时人士众，皆已物故。超年最长，今且七十。衰

图 35 班昭画像（班氏家族后裔天津支脉国家一级美术师班德海画）

老被病，头发无黑，两手不仁，耳目不聪明，扶杖乃能行。虽欲竭尽其力，以报塞天恩，迫于岁暮，犬马齿索。蛮夷之性，悖逆侮老，而超旦暮入地，久不见代，恐开奸宄之源，生逆乱之心。而卿大夫咸怀一切，莫肯远虑。如有卒暴，超之气力不能从心，便为上损国家累世之功，下弃忠臣竭力之用，诚可痛也。故超万里归诚，自陈苦急，延颈逾望，三年于今，未蒙省录。

妾窃闻古者十五受兵，六十还之，亦有休息不任职也。缘陛下以至孝理天下，得万国之欢心，不遣小国之臣，况超得备侯伯之位，故敢触死为超求衰，丐超余年。一得生还，复见阙庭，使国永无劳远之虑，西域无仓卒之忧，超得长蒙文王葬骨之恩，子方哀老之惠。诗云："民亦劳止，汔可小康，惠此中国，以绥四方。"超有书与妾生诀，恐不复相见。妾诚伤超以壮年竭忠孝于沙漠，疲老则便捐死于旷野，诚可哀怜。如不蒙救护，超后有一旦之变，冀幸超家得蒙赵母、卫姬先请之贷。妾愚戆不知大义，触犯忌讳。

和帝感其言，乃征超还。

昭子曹成，字子谷，封关内侯，官至齐相；昭作《女诫》七篇，以内训数女，其夫妹曹丰生亦有才名，不以为意，遂作书驳之，文辞亦佳。

昭年逾古稀而卒，皇太后素服举哀，一生荣耀。

昭善赋颂，除《汉书》外，尚有赋、颂、铭、诔、哀辞、书、论等，共十六篇，其儿媳丁氏搜集整理成《曹大家集》三卷，今大都失传。

有《东征赋》一篇，为梁昭明太子萧统编入《文选》而保存下来，有李善注："子谷，为陈留长，大家随至官，作《东征赋》。"

《东征赋》原文：

惟永初之有七兮，余随子乎东征。时孟春之吉日兮，撰良辰而将行。乃举趾而升舆兮，夕予宿乎偃师。遂去故而就新兮，志怆悢而怀悲！

明发曙而不寐兮，心迟迟而有违。酌罇酒以弛念兮，喟抑情而自非。谅不登樔而椓蠡兮，得不陈力而相追。且从众而就列兮，听天命之所归。遵通衢之大道兮，求捷径欲从谁？乃遂往而徂逝兮，聊游目而遨魂！

历七邑而观览兮，遭巩县之多艰。望河洛之交流兮，看成皋之旋门。既免脱于峻崄兮，历荥阳而过卷。食原武之息足，宿阳武之桑间。涉封丘而践路兮，慕京师而窃叹！小人性之怀土兮，自书传而有焉。

遂进道而少前兮，得平丘之北边。入匡郭而追远兮，念夫子之厄勤。彼衰乱之无道兮，乃困畏乎圣人。怅容与而久驻兮，忘日夕而将昏。到长垣之境界，察农野之居民。睹蒲城之丘墟兮，生荆棘之榛榛。惕觉寤而顾问兮，想子路之威神。卫人嘉其勇义兮，讫于今而称云。蘧氏在城之东南兮，民亦尚其丘坟。唯令德为不朽兮，身既没而名存。

惟经典之所美兮，贵道德与仁贤。吴札称多君子兮，其言信而有征。后衰微而遭患兮，遂陵迟而不兴。知性命之在天，由力行而近仁。勉仰高而蹈景兮，尽忠恕而与人。好正直而不回兮，精诚通于明神。庶灵祇之鉴照兮，佑贞良而辅信。

乱曰：君子之思，必成文兮。盍各言志，慕古人兮。先君行止，则有作兮。虽其不敏，敢不法兮。贵贱贫富，不可求兮。正身履道，以俟时兮。修短之运，愚智同兮。靖恭委命，唯吉凶兮。敬慎无怠，思嗛约兮。清静少欲，师公绰兮。

2014年5月2日第四届全国班氏祭祖大典，班氏后裔齐聚陕西扶风，于5月3日前往兴平市祭祀班昭墓。班昭墓属县级重点文物保护单位，其西之村曰大姑村。班昭又称“曹大姑”，村因此而得名，沿用至今。

图36 大姑村名石碑

图 37　大姑村旁班昭墓

图 38　班昭墓石碑（正面）

图 39　班昭墓石碑（背面）

在大姑村一断墙颓园内有一口破败铁钟，名曰“药王神钟”，字迹模糊不清，虽个别文字无法辨认，但叙述班昭事迹不差，引此为一注也。

图 40　大姑村药王神钟

图 41　大姑村药王神钟铭文 1

图 42　大姑村药王神钟铭文 2

图 43　大姑村药王神钟铭文 3

图 44　大姑村药王神钟铭文 4

图 45　大姑村药王神钟铭文 5

图 46　大姑村药王神钟考察 1

图 47 大姑村药王神钟考察 2

药王神钟顶部周围刻有“皇帝万岁，太子千秋，风调雨顺，国泰民安”，其文曰：

起造药王神钟叙：余庄去县十里许，名曰大姑邨，盖汉时曹大姑之故里焉！名大姑者，班彪之女，班固之娣，曹世叔之妻也，博学高才，吟诗作赋，见於传记者，(?) 详且尽。讳曰昭，字曰惠姬，家居是里，故地以人名焉。自汉至今，数千百年，而大姑之名永传不朽，可不谓盛焉？东则一 (?)，秋雨连绵，时有大水，环绕其间。西则高 (?)，层崖断岭，古 (?) 幽折，且陶穴陶复，恍若邠土之风焉，庄之比不数 (?) 有药王尊神，设丸施散，老成固被调济，赤子亦蒙生全，余庄感恩戴德，於七月孟秋 (?) 长里集，共议修造之役，咸 (?) 施金之念，建立大店三间。起造钟 (?) 二台，今乃圣事告成，幸莫大焉，不揣固陋，并数言於钟首。

时 大清乾隆十一年孟冬吉日 本庄弟子沐浴敬叙。

功德立

文中“(?)”代表未识别字，乃轩、刘、杨、张、王、吴、郭、任、元等姓氏共立，仅供参考。

# （十四）班氏历史人物第九世——兄弟传 2

本传主要涉及人物：班珩、班珪、班雄、班勇、班始。

《后汉书卷四十七·班梁列传第三十七》载：

（班超）有三子。长子雄，累迁屯骑校尉。会叛羌寇三辅（西汉武帝设京兆尹、左冯翊、右扶风同治长安，辖京畿之地），诏雄将五营兵屯长安，就拜京兆尹。雄卒，子始嗣，尚清河孝王女阴城公主。主顺帝之姑，贵骄淫乱，与嬖人居帷中，而召始入，使伏床下。始积怒，永建五年（公元 130 年，永建为汉顺帝第一个年号，公元 126—132 年），遂拔刃杀主。帝大怒，腰斩始，同产皆弃市。超少子勇。

勇字宜僚，少有父风。永初元年（公元 107 年，永初为汉安帝第一个年号，公元 107—113 年），西域反叛，以勇为军司马。与兄雄俱出敦煌，迎都护及西域甲卒而还。因罢都护。后西域绝无汉吏十馀年。

元初六年（公元 119 年，元初为汉安帝第二个年号，公元 114—120 年），敦煌太守曹宗遣长史索班将千余人屯伊吾，车师前王及鄯善王皆来降班。后数月，北单于与车师后部遂共攻没班，进击走前王，略有北道。鄯善王急，求救于曹宗，宗因此请出兵五千人击匈奴，报索班之耻，因复取西域。邓太后召勇诣朝堂会议。先是，公卿多以为宜闭玉门关，遂弃西域。勇上议曰：

昔孝武皇帝患匈奴强盛，兼总百蛮，以逼障塞。于是开通西域，离其党与，论者以为夺匈奴府藏，断其右臂。遭王莽篡盗，征求无猒，胡夷忿毒，遂以背叛。光武中兴，未遑外事，故匈奴负强，驱率诸国。及至永平，再攻敦煌，河西诸郡，城门昼闭。孝明皇帝深惟庙策，乃命虎臣，出征西域，故匈奴远遁，边境得安。及至永元，莫不内属。会间者羌乱，西域复绝，北虏遂遣责诸国，备其逋租，高其价值，严以期会。鄯善、车师皆怀愤怨，思乐事汉，其路无从。前所以时有叛者，皆由牧养失宜，还为其害故也。今曹宗徒耻于前负，欲报雪匈奴，而不寻出兵故事，未度当时之宜也。夫要功荒外，万无一成，若兵连祸结，悔无及已。况今府藏未充，师无后继，是示弱于远夷，暴短于海内，臣愚以为不可许也。旧敦煌郡有营兵三百人，今宜复之，复置护西域副校尉，居于敦煌，如永元故事。又宜遣西域长史将五百人屯楼兰，西当焉耆、龟兹径路，南强鄯善、于窴心胆，北扞匈奴，东近敦煌。如此诚便。

尚书问勇曰："今立副校尉，何以为便？又置长史屯楼兰，利害云何？"勇对曰："昔永平之末，始通西域，初遣中郎将居郭煌，后置副校尉于车师，既为胡虏节度，又禁汉人不得有所侵扰。故外夷归心，匈奴畏威。今鄯善王尤还，汉人外孙，若匈奴得志，则尤还必死。此等虽同鸟兽，亦知避害。若出屯楼兰，足以招附其心，愚以为便。"

长乐卫尉镡显、廷尉綦毋参、司隶校尉崔据难曰："朝廷前所以弃西域者，以其无益于中国而费难供也。今车师已属匈奴，鄯善不可保信，一旦反复，班将能保北虏不为边害乎？"勇对曰："今中国置州牧者，以禁郡县奸猾盗贼也。若州牧能保盗贼不起者，臣亦愿以要斩保匈奴之不为边害也。今通西域则虏埶必弱，虏埶弱则为患微矣。孰与归其府藏，续其断臂哉！今置校尉以扞抚西域，设长史以招怀诸国，若弃而不立，则西域望绝。望绝之后，屈就北虏，缘边之郡将受困害，恐河西城门必复有昼闭之儆矣。今不廓开朝廷之德，而拘屯戍之费，若北虏遂炽，岂安边久长之策哉！"

太尉属毛轸难曰："今若置校尉，则西域骆驿遣使，求索无猒，与之则费难供，不与则失其心。一旦为匈奴所迫，当复求救，则为役大矣。"勇对曰："今设以西域归匈奴，而使其恩德大汉，不为抄盗则可矣。如其不然，则因西域租入之饶，兵马之众，以扰动缘边，是为富仇雠之财，增暴夷之埶也。置校尉者，宣威布德，以系诸国内向之心，以疑匈奴觊觎之情，而无财费耗国之虑也。且西域之人无它求索，其来入者，不过禀食而已。今若拒绝，势归北属，夷虏并力以寇并、凉，则中国之费不止千亿。置之诚便。"

于是从勇议，复郭煌郡营兵三百人，置西域副校尉居敦煌。虽复羁縻西域，然亦未能出屯。其后匈奴果数与车师共入寇抄，河西大被其害。

延光二年（公元 123 年，延光为汉安帝第五个年号，公元 122—125 年）夏，复以勇为西域长史，将兵五百人出屯柳中。明年（公元 124 年）正月，勇至楼兰，以鄯善归附，特加三绶。而龟兹王白英犹自疑未下，勇开以恩信，白英乃率姑墨、温宿自缚诣勇降。勇因发其兵步骑万馀人到车师前王庭，击走匈奴伊蠡王于伊和谷，收得前部五千馀人，于是前部始复开通。还，屯田柳中。

四年（公元 125 年）秋，勇发敦煌、张掖、酒泉六千骑及鄯善、疏勒、车师前部兵击后部王军就，大破之。首虏八千馀人，马畜五万馀头。捕得军就及匈奴持节使者，将至索班没处斩之，以报其耻，传首京师。永建元年（公元 126 年，延光为汉顺帝第一个年号，公元 126—132 年），更立后部故王子加特奴为王。勇又使别校诛斩东且弥王，亦更立其种人为王，于是车师六国悉平。

其冬，勇发诸国兵击匈奴呼衍王，呼衍王亡走，其众二万馀人皆降。捕得单于从兄，勇使加特奴手斩之，以结车师匈奴之隙。北单于自将万馀骑入后部，至金且谷，勇使假司马曹俊驰救之。单于引去，俊追斩其贵人骨都侯，于是呼衍王遂徙居枯梧河上。是后车师无复虏迹，城郭皆安。惟焉耆王元孟未降。

二年（公元 127 年），勇上请攻元孟，于是遣敦煌太守张朗将河西四郡兵三千人配勇。因发诸国兵四万馀人，分骑为两道击之。勇从南道，朗从北道，约期俱至焉耆。而朗先有罪，欲徼功自赎，遂先期至爵离关，遣司马将兵前战，首虏二千馀人。元孟惧诛，逆遣使乞降，张朗径入焉耆受降而还。元孟竟不肯面缚，惟遣子诣阙贡献。朗遂得免诛。勇以后期，徵下狱，免。后卒于家。

## 班固子：长子班珩，次子班珪

《后汉书卷四十下·班彪列传第三十下》载：

固不教学诸子，诸子多不遵法度，吏人苦之。初，洛阳令种兢尝行，固奴干其车骑，吏椎呼之，奴醉骂，兢大怒，畏宪不敢发，心衔之。及窦氏宾客皆逮考，兢因此捕系固，遂死狱中。时年六十一。诏以谴责兢，抵主者吏罪。

这里说的诸子，应该不单单指班固子辈，甚至包括孙子辈，班固不勤加管教子孙辈，包括做学问和学做人方面，使得子孙养成骄纵之气，常常不遵守法度。人不惧法，必会触法，只因班固在皇家受待见，又有窦宪的庇护，故而京都官吏只能痛恨在心。就连班府奴仆都仗势欺人，与洛阳令种兢相争，兢畏惧窦宪才隐忍不发，直待窦宪身败，立刻抓捕班固网罗罪名以下狱，致固死于狱中。

按《巢邑班氏宗谱》载：

班珩生于汉光武建武末年（约公元57年，时班固25岁），不能习文章，故无官级。班珩子班伟生于东汉孝章帝建初以后，年无稽，文献不足徵故也。班珪生于东汉孝明帝永平初（约公元58年，时班固26岁），班珪子班富、班宠。

可知班超奉母迁入洛阳之前，在扶风原籍，班固长子班珩、次子班珪已经出生。按二子名从玉字旁出（王字旁按玉字旁理解），洁白无瑕，珩珪当注重品行，一来班固不教其学，二来子不愿习学文章，既无官职加身，又无傍身之技，只怕是游手好闲不务正业了。珩子名伟，珪子名富、名宠，可见一斑，后不遵从法度，也在情理之中了。

为什么班固不教学诸子呢？按班固自己学贯经史，精通百家，却半生蹉跎，最高不过校书郎，直到窦宪出征匈奴，才得以中护军随行，最终也不过是作歌功颂德之文，可能自觉不堪，一生学问倾注史籍，又自矜身份，对诸子已无暇管教了。

班珩、班珪见窦宪倒台，班固惨死狱中，才醒悟过来，也幸亏洛阳令种兢很快被下诏治罪，否则兄弟二人也不见得好下场。一旦清醒，知在京都无望，往日种种作为，皆是隐患祸根，哪里还有容身之地。一则是畏惧严惩，二则是谋生不得，最大可能是借扶班固灵柩返回原籍生活，这才有班固墓葬在原籍扶风而非洛阳的原因了。

从此班固后人在京都洛阳销声匿迹，回到原籍低调立世，开枝散叶，繁衍不断。

## 班超子：长子班雄，次子班英，幼子班勇

班超有三子，长子雄，次子英（正史无记录其名，按《巢邑班氏宗谱》载其名英，早卒），幼子勇。

班超去世，班雄袭封定远侯爵（古代世家大族有爵位者，通常都是长子嫡孙承嗣），累迁屯骑校尉（很有才干，累迁是逐步升迁，并非一步到位，虽是侯爵，但官位却是凭本事一步步升上去）。赶上羌族叛乱侵略京兆尹、左冯翊、右扶风三辅要地，汉安帝下诏雄率领五营兵屯长安，并拜为京兆尹。

图 48　班雄像（选自安徽《巢邑班氏宗谱》像赞引）

按《巢邑班氏宗谱》载：

班雄生于东汉明帝永平初年（约公元 58 年，与班固次子班珪同龄，时班超 25 岁），袭封定远侯爵，骁勇有志略，初为朗将，安帝永初二年（公元 108 年，班超卒时公元 104 年 9 月，也就是大概 3 年多时间累迁）拜屯骑校尉，会叛羌寇三辅，诏其将五营兵屯长安，就拜京兆尹，后卒于官所，朝廷惜之，生三子：始、商、调。

雄卒（应该在汉安帝永初二年后，因此可知班雄去世时至少51岁），长子班始承嗣定远侯爵，娶的是清河孝王女阴城公主，公主是汉顺帝之姑，为人贵骄淫乱，常与嬖人居帷帐之中行苟且之事，并召唤始进入，让始伏于床下观看（这里的床并非现在的床，古代床指一种坐具，睡觉休息的叫榻，后来胡人引进的椅子，古称之为胡床，简称床）。始积怒已久，终于忍无可忍，永建五年（公元130年，永建为汉顺帝第一个年号，公元126—132年），拔刀杀死公主。顺帝大怒，将始腰斩，同产皆弃市（斩刑）。

按《巢邑班氏宗谱》载：

班始生于东汉和帝永元年间，袭封定远侯爵，初为朗将，尚清河孝王女阴城公主，永建五年庚午四月以擅杀公主得罪，同产皆弃市，侯国除。班商亦卒于永建五年四月，商有子。调迁于望江（今安徽西南望江县，属安庆市管辖）。

因此可知班始当时被腰斩，顺帝下旨同产皆弃市，但真正斩杀的同产应该仅有班雄次子班商，因为幼子班调迁于望江，可能是先逃走了。有没有这种可能？应该是有的，因为班始无子，侯国除，班商还有一子尚存，顺帝并未斩尽杀绝，只夺侯爵，存商一子以奉班超后，而班调逃走亦未追究，最大可能还是考虑到功臣班超，二代班雄、班勇对汉朝的贡献，才网开一面。

这里延伸一下，说说这阴城公主的来由。

东汉皇帝由光武帝刘秀至明帝刘庄，明帝至章帝刘炟，章帝至和帝刘肇。刘肇本有许多皇子，却也奇怪，大多都过早夭折，而外戚、宦官开始滋长，刘肇担心他们别有用心。元兴元年（公元105年），刘肇又得了一个儿子，取名刘隆，为保护刘隆，将其寄养在民间。同年十二月和帝驾崩，和帝长子刘胜体弱多病，邓太后不喜，遂从民间接回刚满百日的刘隆继承皇位，改元延平，便开始垂帘听政，封刘胜为平原王。哪知刘隆亦难逃噩运，延平元年八月夭折，谥曰殇帝，见《后汉书·卷四·孝和孝殇帝纪第四》。

章帝第三子刘庆，生母为宋贵人，生于建初三年（公元78年），建初四年（公元79年）被立为太子。后宫之争太过激烈，建初七年（公元82年）遭窦皇后诬陷，刘庆被废为清河王，因年幼仍在京都洛阳，至延平元年（公元106年，24年后，年29岁）才赶赴山东。刘庆为人孝友恭谦，辅佐和帝诛杀窦宪有功而受重赏。和帝崩而殇帝即位，不足一年夭折，邓太后遂选刘庆之子刘祜继承皇位，是为安帝，因此刘庆不得不离开京都，去往山东就国。四个月后去世，谥号孝王，这便是清河孝王刘庆的来历。

永宁二年（公元121年），安帝始亲政，追尊祖母宋贵人为敬隐皇后，陵为敬北陵，父清河孝王刘庆为孝德皇，母为孝德皇后，陵为甘陵，后来至汉桓帝刘志改清河为甘陵。

清河孝王刘庆正妃耿姬，两房妾室左小娥、左大娥，小娥生子刘祜即皇帝位为安帝，另有两子，刘虎威承嗣为清河愍王（三年亡，无子），刘常保封为广川王（二年亡，无子）。

刘庆生有十一女皆封为长公主，刘侍男封涅阳长公主，嫁南阳细阳侯岑熙；刘别得封舞阴长公主，嫁南阳高密侯邓褒；刘久长封濮阳长公主，嫁扶风好畤侯耿良；刘直得封平氏长公主，嫁南阳征羌侯来定；刘坚得封阴城长公主，嫁扶风定远侯班始。其余长公主皆早卒，这里所有的侯爵都是袭封父辈或祖辈的遗荫而来，见《后汉书·卷五十五·章帝八王列传第四十五》。

可见清河孝王一族当时旺盛之极，安帝崩而顺帝即位，阴城长公主刘坚得乃顺帝的姑姑，为班始所杀，此乃诛九族之大罪，可见班氏未曾灭门，已属幸甚了，这也是得自于班氏历代先祖积功积德的福泽所庇佑。

班勇，字宜僚，班超第二任妻子西域疏勒国夫人所生幼子，少有乃父之风。

勇从小在西域长大，熟悉西域各国风土人情，见闻颇多，又在班超身边有所历练。永元十二年（公元100年），班超上书乞骸，写好奏疏令勇携带，随乌孙国献贡使者一同回到京都洛阳，这是勇第一次到洛阳。此时祖母、班固已去世，班固子迁回扶风，勇见到长兄班雄得以相认，并拜见姑姑班昭。随后勇在京都等待汉廷批复父亲班超的奏疏，一直没有回应，又担心父亲在西域没人照顾，便拜托姑姑与兄长留意朝廷的批复，自己匆忙赶回西域。后班昭再次上书替班超申请，和帝终于批复已是三年后了。

永元十六年（公元104年），汉廷派任尚继任西域都护，勇随父亲一同返回洛阳，这是第二次回到洛阳。一个月后父亲去世，勇与兄长一家共同居住在洛阳。

图 49　班勇像（选自安徽《巢邑班氏宗谱》像赞引）

永初元年（公元 107 年），因任尚不听班超之言，无力制衡西域诸国，西域复叛，只得逃还。汉廷任勇为军司马，随定远侯班雄一起出敦煌，迎回都护与汉军。从此未再设西域都护，与西域断绝竟达十余年。

元初六年（公元 119 年），敦煌太守曹宗派遣长史索班率一千多人驻屯到伊吾，车师前部国王与鄯善国王投降索班。仅数月，而北匈奴单于与车师后部国一同发兵攻没索班，赶走车师前部国王，占据北道。鄯善国王急忙求救于曹宗，曹宗请命汉廷，遂出兵五千人攻击北匈奴，以报复攻没索班的耻辱，趁机收复西域（这里应该只是重新占据伊吾要地，并非西域全部）。后汉廷公卿大臣大多认为应该封闭玉门关，最后放弃了西域。

当时安帝尚年轻，邓太后仍在垂帘听政，两年后安帝才得亲政。班雄已故，于是邓太后召勇进朝堂共议，勇直接发表建议，列举前朝故事，西域二通实属不易，任尚三绝之后，曹宗徒逞一时而失西域之宁，应当恢复西域副校尉居敦煌，并派长史率兵五百驻屯楼兰，可挡焉耆、龟兹之通路，强鄯善、于阗之心胆，捍北匈奴之侵扰，此为最佳之法。

尚书问派何人驻屯又有何利？勇回可派中郎将居敦煌，并置副校尉于车师为善，同时鄯善王尤还乃汉家外孙，当驻屯楼兰，则鄯善必诚心而归，此为最便宜之处。

长乐卫尉镡显、廷尉綦毋参、司隶校尉崔据发难，言西域无益中国，又费钱粮，车师归属匈奴，鄯善难以信久，勇何能担保北匈奴不侵害边防？勇直言之所以置州牧管辖郡县为杜绝奸猾盗贼故，若州牧可保盗贼不起为害，勇亦愿以腰斩之誓保匈奴不害边防。为断匈奴右臂之目的，不该弃绝西域，届时所耗，怎能同日而语，当求长远之策。

太尉属毛轸再发难，言西域长供不叛，一旦为匈奴逼迫，必向我求救，则发兵所耗必大。勇回设西域归服汉则汉宁，若归助匈奴，则汉难保，势必收归己用，可保汉廷无长远之忧。

于是听从班勇的建议，复置敦煌郡军营三百人守卫，并置西域副校尉暂居敦煌，却未能再出屯楼兰，而其后北匈奴果然与车师国再次攻入侵扰寇略，河西大受其害。

延光二年（公元 123 年）夏，安帝重新任勇为西域长史，率兵五百进屯柳中。

延光三年（公元 124 年）正月，勇进屯至楼兰，而鄯善国归服，汉廷特加三绶（大概指军旗加三绶，以示威仪）于勇以为赏。当时龟兹王白英尚犹豫不决，勇以大汉恩威信义坦诚相劝，白英终于下定决心，率姑墨、温宿自缚以降勇。勇乃发其国联兵步骑一万多人赶到车师前部国王庭，攻击北匈奴伊蠡王于伊和谷，于伊和谷不敌逃走，勇俘获车师前部五千余人，车师前部遂通，勇再返还并屯田柳中城。

延光四年（公元 125 年）秋，勇再发敦煌、张掖、酒泉六千骑兵，并鄯善、疏勒、车师前部兵攻击车师后部国王军就，大破之，斩首俘虏共八千余人，马畜五万余头。勇抓获军就与匈奴持节使，并押赴当初索班被攻没的地方斩首以祭，为索班报仇雪耻，将其首级传送京都洛阳（当初班超斩焉耆王为陈睦复仇，今其子班勇斩军就为索班复仇，真虎父无犬子）。

永建元年（公元 126 年），安帝崩而顺帝即位，更立车师后部旧王子加特奴为其王。勇又派别校斩杀了东且弥国王，更立其国人为王，于是车师六国全部平定。同年冬，勇再发诸国联兵攻击北匈奴呼衍王，呼衍王逃走，其部下二万余人全部投降，抓获北匈奴单于从兄，命加特奴亲手斩杀之，此举在于联结车师，使车师与匈奴结仇而不叛汉。北匈奴单于愤恨至极，亲自率骑兵万余人突入车师后部国，赶到金且谷，勇派假司马曹俊紧急驰往救援，北单于退走，曹俊追上斩杀北匈奴贵人骨都侯，于是呼衍王迁徙到枯梧河（庭州西北境，今新疆吉木萨尔县北破城子一带）居住。从此车师再无匈奴踪迹，城池安定，只有焉耆王元孟未降（最后又是一个焉耆未降）。

永建二年（公元 127 年），勇上书请兵攻元孟，于是汉廷派敦煌太守张朗率河西四郡兵三千人配合助勇。勇乃调集诸国联兵四万余人，分两路出击，勇走南道，朗走北道，约定期限同至焉耆。张朗因为先前获罪，欲将功赎罪，抢先赶到爵离关，立派司马率兵出战，斩首俘虏二千余人，元孟害怕被诛杀，派使乞降，张朗径入焉耆受降。元孟不肯面缚，贿赂乞求，只派其子赴洛阳贡献方物。张朗因此功免前罪，而勇因为后到，被征下狱，后来赦免归家，不久于家中去世。

按当时军法“失期当斩”，勇失期有因，故罪未斩而下狱。张朗虽有功，却冒失出战，幸得成功，若败则罪无可恕，故只免前罪，未赏后功，汉廷也算赏罚有分。只是勇前功已立，因此而错失再封侯，殊为憾事，否则父子同因异域立功封侯，必定再传佳话。虽如此，班勇三通西域之功，名标史册，当属无冕之侯。班勇是在东汉由盛而衰更乏良将之际，挺身而出，北逐匈奴，收复西域，实现西域三通，有着不可磨灭的功劳。

班勇曾撰写一部《西域记》，记载西域各国地理位置与风土人情，对后世了解和研究西域诸国历史有极大史学价值。后人有说班固的《汉书·西域传》多借鉴班勇的《西域记》，这是不可能的，班勇第一次到洛阳的时候，班固早已去世，根本谈不上，不过倒是为范晔的《后汉书·西域传》提供了素材，可能是真的。

# （十五）班氏历史人物第十世前——外传

本传主要内容：班氏血缘与家族女性。

为什么要写一篇班氏外传？

因为这里是一个分水岭，从一棵大树的主干来说，班氏十世前就基本确立了主要的血缘关系，奠定了后续近80代的基因组成，这是非常精准又微妙的发端，并从此开枝散叶，连续两千年的香火不断，这是个值得探索的课题。

需要深入挖掘的地方有很多，我们主要来研究两个方面的内容，一是血缘关系，二是家族女性，但是不能分开来讲，因为本就是一体的，古人比较喜欢阴阳一体的学说。比如按家族阴阳来理解，父族是阳，母族是阴，直系为阳，旁系为阴，男为阳，女为阴，娶入为阳，嫁出为阴，等等，可以举出很多阴阳说法。有阳就有阴，有阴就有阳，阴阳融为一体，生生不息。这就是太极阴阳的核心学说。

如果我问你班氏血缘来自哪里？楚国斗氏之后，那么很显然是楚国人。再问班氏血缘的组成呢？可能就不是那么清楚了，因为血缘总是阴阳和合不断发展的，要了解这些，就能明白上面的阴阳理论，血缘关系与家族女性密切相关不可分割。

现在大体可以得知，在十世前，班氏血缘融合了楚国南方民族、北方少数民族、匈奴民族、中原汉族、西域少数民族等，从而形成班氏家族骨子里多民族融合的文化基因，也塑造了我们丰富的家族历史。

关于班氏起源的说法有很多，我们不去探讨，还是采信班固《汉书·叙传》的起源说，毕竟班固所处的时代和对家族史的熟知，相对来说比较可靠些。

楚国斗班后裔，秦末战乱，避于北地，故而由原先的楚王室结合南方民族的融合后，再与当时北方游牧民族杂居，已经调和南北，对后世影响颇大。

从班壹到班况，历经五世，而中原关中又恢复了西汉和平时代，班氏开始再迁入关中，成为正式的汉族子民。准确地来说，这个时候还不能称为汉族，只能称汉人，因为汉族这个词是近代出现“民族”概念后，才有汉族的说法，只不过为了便于理解，姑且提到前面来说。

那么班氏又怎么会融有匈奴族的血统呢？

这个爆炸性的说法有点让人怀疑，因为大家一想到班固燕然勒铭，班超通西域断匈奴右臂，大汉与匈奴势不两立，特别仇恨匈奴人，怎么会和匈奴搭上关系？

这么说有没有依据？当然有，这又是一个很长很长的故事。

## 一、和匈奴相关的故事

根据《汉书·霍光金日（mì）磾（dī）传第三十八》记载，汉武帝元狩（元狩为武帝第四个年号，公元前122—前117年，共六年）中，骠骑将军霍去病率兵攻打匈奴西部，又是一次闪击战，斩首颇多，夺得匈奴休屠王祭天金人（匈奴用来祭祀天神的金铸人像，对匈奴人来说比生命还要重要的祭具）。至夏，再次向西越过居延泽（今内蒙古额济纳旗东南），攻祁连山，大获全胜。因此匈奴单于非常怨恨昆邪王和休屠王，因为他们居守在西部而没有能守住，多次被汉兵攻破，单于想诛杀他们。昆邪王与休屠王都非常畏惧，开始打算向汉朝投降，但是休屠王又后悔了，昆邪王竟杀之，并收了休屠王的部下一起投降汉朝。汉朝便封昆邪王为列侯，而休屠王太子就是金日磾（本不姓金，后赐姓金），字翁叔，当时仅十四岁，与母亲（休屠王的阏氏，相当于汉皇后）、弟弟金日伦一起入宫为奴，在黄门养马。

一次武帝游宴后召阅马匹，身边都挤满了后宫嫔妃，日磾等数十人牵马经过，大家都在偷窥，唯独日磾目不斜视。日磾高八尺二寸（汉尺1尺相当于今0.231米，大概1.89米），长相威严，养的马非常肥壮，武帝奇怪便问原因，日磾实话实说。武帝特别欣赏，赐他沐浴衣冠，并拜为马监（养马的总管，弼马温是也），转又升迁侍中、驸马都尉、光禄大夫等职。日磾虽日渐亲近，却未尝有过错，武帝非常信任，所有赏赐累积超过千金，武帝出则陪乘在侧，武帝入则侍奉左右。很多皇亲贵戚私下抱怨说“陛下不过乍得一胡儿，却如此器重他”，武帝听到后却待日磾更好。

日磾母亲教诲两子非常有方法和分寸，武帝听说便表彰了她，在其去世后，诏令画师画像并挂于甘泉宫，署名“休屠王阏氏”，日磾每次见画必拜，声泪俱下后才离去。日磾有二子都非常可爱，常伴武帝左右，武帝非常喜爱，有次长子从后抱住武帝脖子，日磾见了以目瞪之，长子边跑边哭道：“父亲大人发怒了。”武帝对日磾说：“为什么对他发怒？”后来孩子长大，行为不检，在殿下竟与宫女调戏，日磾刚好碰见，恨其淫乱宫廷，遂杀之。武帝非常震怒，日磾叩头请罪，声明杀子原由，武帝非常哀痛，为其流泪，转而心中更加敬重日磾。

当初莽何罗与江充友善，等到江充陷害卫太子，莽何罗弟弟莽通诛杀太子得力获封赏，后来武帝得悉太子冤情，尽灭江充宗族及其党与。莽何罗兄弟害怕株连，开始谋反，日磾察其异相，心中怀疑，乃暗中监视，与其同进出。莽何罗也知日磾意，因此久不得发难。恰好遇到武帝行幸林光宫，日磾有病在身，莽何罗与莽通并幼弟莽安成矫制夜出，杀使者，发兵谋反。第二天清晨，武帝睡未起，莽何罗没来由直接进宫，日磾上厕所时突然感觉不对，立马回里屋坐下。不一会，莽何罗袖藏匕首从东厢进入，看见日磾大惊，忙朝卧室内奔去，不小心碰到瑟（乐器）而僵在那里。日磾急忙抱住他，大叫道：“莽何罗反！”武帝惊起，左右护卫拔刀欲杀莽何罗，武帝恐伤日磾，不准冲杀，日磾以摔跤技法将莽何罗摔倒在地，护卫遂绑缚之，立查所有谋反之人全部问罪，日磾因此以忠孝著称。

日磾随侍武帝左右，目不斜视数十年，武帝赐以宫女而不敢接近，想娶日磾女进后宫而不应，为人厚重谨慎，更得武帝青睐。武帝病，嘱托霍光（霍去病幼弟）辅佐少主，霍光推让日磾，日磾言：“臣外国人，且使匈奴轻汉。”于是为霍光副手，霍光以女嫁日磾嗣子金赏。当初武帝曾留有遗诏，因日磾讨莽何罗有功而封秺侯，日磾以昭帝年少不肯受封，辅政年余，病重，大将军霍光向昭帝禀告加封，日磾躺在榻上接受印绶。日磾去世后，诏赐墓葬之地，以轻车武士送行，军队排至茂陵（武帝陵寝，今陕西省咸阳市兴平市），谥号为敬侯。

日磾两子金赏、金建俱为侍中，与昭帝大致同年，常同起卧。金赏为奉车都尉，金建为驸马都尉，至金赏承嗣侯爵，身佩两印绶，昭帝对霍光言：“金氏兄弟两人不可使俱两绶邪？”霍光答：“赏自嗣父为侯耳。”昭帝笑道：“侯不在我与将军乎？”霍光说：“先帝之约，有功乃得封侯。”当时金赏兄弟不过八九岁。等到宣帝即位，金赏为太仆，霍氏有不臣之象，遂上书请求休妻。宣帝也对之哀

**图 50 陕西咸阳市兴平茂林陪葬金日磾墓石碑**

怜，后霍氏乱平后，唯独金赏不曾获罪牵连。元帝时金赏任光禄勋，后去世，因无子而侯国除。后来一直到汉平帝元始（公元 1—5 年）中才恢复宗祀，封金建的孙子金当秺侯，奉祀日磾后。

先前和日磾一起没入宫廷的弟弟金日伦，字少卿，为黄门郎，可惜早卒。日磾两子虽贵，至孙子辈则衰落，而日伦后嗣昌盛，其子金安上显贵封侯。金安上，字子侯，少为侍中，为人淳厚有智谋，为宣帝所喜。因参与揭发检举楚王刘延寿谋反，赐爵关内侯，食邑三百户。后霍氏反，安上传令关闭宫门，不准霍氏亲属入内，又封都成侯，并升任建章卫尉。安上去世后，获赐杜陵（宣帝陵寝，今陕西省西安市长安区三兆村南）墓地，谥号亦为敬候，有四子：金常、金敞、金岑、金明。

金岑、金明皆为诸曹中郎将，金常为光禄大夫，汉元帝为太子时，金敞为中庶子（太子府侍从属官），得幸太子。元帝即位后，金敞任骑都尉光禄大夫、中郎将侍中。而元帝驾崩后，按惯例，得幸近臣皆须守皇陵为园郎，金敞因世代有忠孝之名，太后下诏留下侍奉汉成帝，担任奉车水衡都尉，直到卫尉。金敞为人正直，敢犯颜进谏，左右皆畏惧，成帝亦敬重有加。金敞病重，成帝派使者问其有何要求，以弟金岑请封。成帝乃召见岑，拜官为使主客（可以理解负责外交事务的官职)。金敞子金涉本为左曹，成帝亦拜官为侍中，派待幸绿车（汉绿车指皇孙所乘坐的车）送其至卫尉官舍。金敞去世，有三子：金涉、金参、金饶。

金涉通晓经书，廉洁有节操，为诸儒称颂。成帝时担任侍中、骑都尉，统率三辅胡、越骑兵。成帝驾崩后，哀帝即位，金涉任奉车都尉，直到长信少府（掌管皇太后宫中的事务官职)。金参出使匈奴，任中郎将、越骑校尉、关内都尉，并安定、东海太守。金饶为墟骑校尉。

金涉两子，金汤、金融皆为侍中、诸曹将大夫。金涉堂弟金钦因明经被荐举，为太子门大夫。哀帝即位，金钦为太中大夫给事中，金钦堂弟金迁为尚书令，兄弟共掌权。哀帝祖母傅太后驾崩，金钦主管丧葬事宜，然后升为泰山、弘农太守，威名卓著。平帝即位后，金钦被征为大司马司直、京兆尹，因平帝年幼，须选师友相伴，大司徒孔光以明经高行为孔氏师，京兆尹金钦以家世忠孝为金氏友。金钦再迁为光禄大夫、侍中，俸秩为中二千石，封都成侯。

当时王莽刚刚诛杀平帝外戚舅家卫氏一族，召见明礼少府宗伯凤入宫讲解为人子孙当行之事，并下令公卿、将军、侍中、朝臣皆听，欲内戒平帝之行，外禁百姓之议，金钦与族弟秺侯金当俱受封。先前金当曾祖父金日磾传子节侯金赏，金钦祖父金安上传子夷侯金常，都因为无子而侯国除，因此王莽封金钦、金当奉其后嗣。金当母亲南氏即王莽母亲功显君胞妹，上书大行请封南氏为太夫人。金钦寻机对金当言：“诏书陈日磾功，亡有赏语。当名为以孙继祖也，自当为父、祖父立庙。赏故国君，使大夫主其祭。”当时甄邯在旁，当庭叱责金钦，弹劾道：“钦幸得以通经术，超擢侍帷幄，重蒙厚恩，封袭爵号，知圣朝以世有为人后之谊。前遭故定陶太后背本逆天，孝哀不获厥福，乃者吕宽、卫宝复造奸谋，至于返逆，咸伏厥辜。太皇太后惩艾悼惧，逆天之咎，非圣诬法，大乱之殃，诚欲奉承天心，遵明圣制，专一为后之谊，以安天下之命，数临正殿，延见群臣，讲习《礼经》。孙继祖者，谓亡正统持重者也。赏见嗣日磾，后成为君，持大宗重，则《礼》所谓‘尊祖故敬宗’，大宗不可以绝者也。钦自知与当俱拜同谊，即数扬言殿省中，教当云云。当即如其言，则钦亦欲为父明立庙而不入夷侯常庙矣。进退异言，颇惑众心，乱国大纲，开祸乱原，诬祖不孝，罪莫大焉。尤非大臣所宜，大不敬。秺侯当上母南为太夫人，失礼不敬。”王莽禀告太后，并下令四辅、公卿、大夫、博士、议郎论之，皆言：“钦宜以时即罪。”谒者召金钦至诏狱，金钦遂自杀。甄邯以正纲纪稳国体，不徇私情，忠孝尤著，加封千户。另封长信少府金涉子右曹金汤为都成侯，金汤受封当日，不敢归家，以表明为人后当行之意。王莽复用金钦弟金遵，加封侯，位在九卿。

金日磾身为匈奴休屠王太子，亡国被虏，养马汉廷，却能笃敬感动皇帝，忠信有加，立功封将，侯国传后，世代忠孝，七世皆为内侍，何其盛耀！本因金人祭天，故得赐姓金氏。

如此长论金日磾，究竟与班氏何关？

## 二、班彪母亲

查班姓第六世班稚，所娶妻为金敞（金日磾侄孙、金日伦孙、金安上次子）之女也，生子班彪。

我们知道《汉书》是班彪、班固、班昭两代三人共同完成，班彪去除世家，只用纪、传，多为后世史书所尊奉，去世前遗有《史记后传》六十篇，《汉书》当中有多篇都是班彪的手稿，并未改动过。

如《汉书·元帝纪第九》载：

赞曰：臣（班彪）外祖（金敞，元帝太子时为中庶子，元帝即位后任骑都尉、光禄大夫、中郎将、侍中）兄弟（金岑、金明皆为诸曹中郎将，金常为光禄大夫，近同侍中）为元帝侍中，语臣曰：元帝多材艺，善史书。鼓琴瑟，吹洞箫，自度曲，被歌声，分节度，穷极幼眇。少而好儒，及即位，征用儒生，委之以政，贡（贡禹）、薛（薛广德）、韦（韦贤）、匡（匡衡）迭为宰相。而上牵制文义，优游不断，孝宣之业衰焉。然宽弘尽下，出于恭俭，号令温雅，有古之风烈。

《汉书·萧望之传第四十八》载："望之选白宗室明经达学散骑、谏大夫刘更生给事中，与侍中金敞并拾遗左右。四人同心谋议，劝道上以古制，多所欲匡正，上甚乡纳之。"元帝即位，萧望之为前将军光禄勋，受遗诏辅政，推崇金敞，可见敞为人正直敢言得拾遗之职，恰如其分，敞可与望之齐名矣。

《汉书·成帝纪第十》载："赞曰：臣（班彪）之姑充后宫为婕妤（班彪姑姑班婕妤），父子昆弟（祖父班况、大伯父班伯、二伯父班斿、父亲班稚）侍帷幄，数为臣（班彪）言：成帝善修容仪，升车正立，不内顾，不疾言，不亲指，临朝渊嘿，尊严若神，可谓穆穆天子之容者矣！博览古今，容受直辞。公卿称职，奏议可述。遭世承平，上下和睦。然湛于酒色，赵氏乱内，外家擅朝，言之可为於邑。建始以来，王氏始执国命，哀、平短祚，莽遂篡位，盖其威福所由来者渐矣！”

另《汉书·韦贤传第四十三》《汉书·翟方进传第五十四》《汉书·元后传第六十八》皆载“司徒掾班彪曰”，都保留了班彪的文字笔迹。

可以肯定这一点，班彪的母亲乃匈奴后裔，而且是匈奴王族后裔，那么班固、班超等班氏后人身上都流有匈奴人的血。

因此，大家不用对匈奴耿耿于怀，那是以前匈奴与中原不两立，但是站在今天的角度来看历史，汉也好，匈奴也好，都是兄弟民族，都是中华民族的一份子。

而且汉族本来就不是一族独有，也是吸收了很多少数兄弟民族而来，汉族庞大在于文化的影响深远。最著名的要数北魏孝文帝改革，先是鲜卑族融合了众多北方民族，再与汉族融合，连王族拓跋姓都改姓了元姓，所以很多少数民族汉化之后，也成了汉族。

当然也有少数民族退出了历史舞台，时至今日，留下来一共五十六个兄弟民族，都是中华民族大家庭的一员，不分彼此。

## 三、班彪姑姑

班婕妤，班况之女，班彪姑姑，名失考，西汉成帝时封婕妤，详见《班婕妤传》，此处略。

## 四、班固母亲

唐朝颜师古（生于公元581年，名籀，字师古，隋唐时流行以字为名，故称颜师古。祖父颜之推为当时名儒，父亲颜思鲁。少博群书，擅长文字声韵校勘，通经史，学问渊博，熟究《汉书》。公元645年从唐太宗征辽东，于途中病故，年65岁，葬今山东省兰陵县芦柞镇前芦柞村东南），著有《汉书注》，结合前人著述，增添个人考证，成为最通行的注本，与《史记》三家注、《三国志》裴注、《资治通鉴》胡注并称为四大注本，可见其影响深远，也深得史学界的认可。

《汉书注·卷九·元帝纪第九》载：

应劭（建安七子之一应玚叔父，东汉学者，博学多闻，灵帝时举孝廉，后依袁绍，卒于邺城，注解过《汉书》）曰："元、成帝纪皆班固父彪所作，臣则彪自说也。外祖，金敞也（应劭再次肯定班彪外祖金敞）。"如淳（三国时魏国冯翊人，任陈郡丞，注解过《汉书》）曰："班固外祖，樊叔皮也。"师古曰："应说是。"

这里颜师古肯定了"应说是"，也就是说师古经过考证后确定应劭的注解是正确的，但没有肯定如淳的注解，不过也没有否定如淳，那就值得推敲了。如淳距离东汉非常近，且生于三辅之一的左冯翊，他的注解不见得空穴来风，如果是真的，那么我们可以得到的信息是：班固的外祖父是樊叔皮，也就是说班彪娶的是樊叔皮之女。

清惠栋著有《后汉书补注》载"固母樊叔皮之女"，也如淳云。惠栋认为唐章怀太子李贤注《后汉书》不免舛错遗漏，援引诸家后汉史书，仿司马贞《史记索引》，初名《训纂》，后定名《补注》，有《广雅书局本》《丛书集成切编》本通行，注文列出处，亦发己见，故后人评其"援据博而考核精"，可见也颇有影响。

因此，我们有理由相信，班彪娶妻为樊叔皮之女，即班固之母。

但是问题又来了，樊叔皮是谁？

在下才疏学浅，查阅众多资料，未曾找到此人，只是有可能的是光武帝刘秀妻族国舅樊宏一门，但樊宏和樊叔皮之间没有找到确凿证据，因此不敢断言。

《后汉书卷八十四·列女传第七十四》载："（班昭）作《女诫》七篇，有助内训。其辞曰：鄙人愚暗，受性不敏，蒙先君之余宠，赖母师之典训……"从班昭自述可以确切知道一点，就是其母知书明理，亦母亦师，教育子女，合乎典范。

## 五、班昭之姊

按《巢邑班氏宗谱》载"班彪生女二，长适周姓，次名昭"，同时谱上注"按《三辅决录》记之"。

我们所熟知的是班彪有两子班固、班超，一女班昭，但其实还生有一个长女，名已失考，比班固年长。班固出生时，班彪年 31 岁，那么长女当生于 30 岁之前，只是出嫁更早，嫁与同郡的周姓人家，未见于《后汉书》。

那么《三辅决录》是什么书？

图 51　安徽《巢邑班氏宗谱》旧谱箱与谱牒十卷

图 52　安徽《巢邑班氏宗谱》旧谱箱底刻字：班氏宗谱，
义字号，投笔惟期绳祖武，著书仍望继前徽

《后汉书卷六十四·吴延史卢赵列传第五十四》载：

赵岐，字邠卿，京兆长陵（今陕西咸阳）人，初名嘉，生于御史台，因字台卿，后避难，故自改名字，示不忘本土也。赵岐明经有才艺，娶扶风马融兄女，廉直自守。汉桓帝时因得罪宦官，逃至北海（东汉末年青州治所，今山东省潍坊市昌乐县东南部）卖饼，为孙嵩所救，藏于复壁内数年，作《厄屯歌》二十三章，后赦出。延熹九年，应司徒胡广辟命，后拜为并州刺史，却因党锢被禁十余年，撰《御寇论》。中平元年，四方兵起，拜为议郎，大将军何进举为敦煌太守，行至襄武，与新除诸郡太守数人俱为贼边章等所执，有舌辩之才，经诡辩而幸免于难，后返回长安。汉献帝迁都长安，复拜为议郎，迁太仆。当李傕、郭汜时，与太傅马日磾出使洛阳宣扬国命，又调停袁绍、曹操与公孙瓒，至陈留，病笃。献帝东迁，说服刘表相助国舅董承修宫室，留荆州。曹操时为司空，举以自代，拜为太常。建安六年去世，年九十余岁，因善画，终前曾自画季札、子产、晏婴、叔向四人图像告子孙置于墓中。著有《孟子章句》十四卷与《三辅决录》七卷。

2006年1月，三秦出版社出版《三辅决录·三辅故事·三辅旧事》汉赵岐等撰，清张澍辑，陈晓捷注。按书中载："周季贞，班固姊之子也，善属文。丧妇，作问神，其姨曹大家难之……曹大家，即班昭，班彪之女，嫁於曹寿。"

《太平御览·卷五百二十一》（北宋李昉、李穆、徐铉等学者奉敕编纂的一部类书，大部分已亡佚）载："《三辅决录》曰：'周季贞，班固姊之子也，善属文。丧妇，作《问神》，其姨曹大姑难之。'"

可见确有此事，确有此人，因此大家不可忘，尤其班氏子孙当知，班彪有两子两女，长女名失考，嫁同郡周氏，生子周季贞，亦当时名士也。

## 六、班勇之母

班超第二任妻子，班勇生母，为西域疏勒国女子，详见《班超传（外篇）》后记，此处略。

# （十六）班氏历史人物第十九世——班孟传

本传主要内容：关于班孟的神奇传说。

班孟，何许人也？

按《巢邑班氏宗谱》载：

班孟，班壹第十九世孙，班超第十二世孙。生于晋朝，喜道术，尝嚼墨喷于纸上，皆有意义，后得道白日升天。

有点玄乎？！

班孟，最早见于东晋葛洪撰《神仙传》一书中。

葛洪（生于西晋武帝司马炎泰康五年，公元284年，卒于东晋哀帝司马丕西宁二年，公元364年，年终八十一岁），字稚川，号抱朴子，东晋丹阳郡句容（今江苏省镇江市句容市）人，道学名家，好炼丹，常采药深山，也是一名药学专家，晚年隐居广东惠州罗浮山，撰有药理学著作《肘后方》和炼丹书《抱朴子》（据说《抱朴子》是葛洪在江西三清山炼丹时所写。

葛洪伯祖父葛玄曾拜左慈为师学道炼丹，左慈，想必看过《三国演义》的都知道，差不多也是个神人了，葛洪非常崇拜他，可能炼丹学道也是受了左慈和葛玄的影响。除此外，葛洪还精通儒家经典，据说写过很多经史方面的著作，不过都散佚了，还有一部比较神奇的著作就是《神仙传》。

《神仙传》属于志怪小说类，共十卷，记录了古代传说和现实中的很多仙人事迹，至于记录了一共多少仙人不得而知，因为根据现有版本，主要收藏在《道藏精华录百种》和《四库全书》中，前一类提到九十二人，后一类提到八十四人。但是唐朝诗人梁萧曾提到其书中“凡一百九十人”，所以全本《神仙传》可能记载的人物更多，像广成子、彭祖、墨子、太玄女、茅君、张道陵、樊夫人、葛玄、左慈、董奉等，皆有迹可循，也为后世研究和创作提供了素材。

《神仙传·卷四》载：

班孟者，不知何许人。或云女子也（也是道听途说而来，不知男女，故猜测之）。能飞行终日，又能坐空虚之中，与人言语（这是飞天之术，坐云端，与人说话，若非亲闻，岂能信之?）；又能入地中，初时没足，至腰及胸，渐渐但余冠帻，良久尽没不见（这是遁地之术，入地中，循序渐进，若非亲见，岂能信之?）。又以指刻地，即成泉井，而可汲引（非点石为金，却点土成井）。又吸人屋上瓦，瓦即飞入人家，人家有桑果数十株，皆聚之成积如山，如此十余日，吹之各还其本处如常（非移山倒海，却能隔空取物源源不断；非覆水难收，却能还原本末）。又能含墨舒纸，著前嚼墨，一喷之，皆成文字满纸，各有意义（真是出口成章，可称喷墨始祖）。后服酒饵丹，年四百余岁（可谓长寿矣），更少容（驻颜有术，返老还童）。后入大治山（今湖北省黄冈市蕲春县二零五省道蕲水旁大治山）中仙去也。

北宋太宗赵炅太平兴国二年（公元977年）下令李昉等14人编纂《太平广记》，于次年（公元978年）完成，是一部故事类总集，包括神仙鬼怪与传奇等，按《太平广记·卷六十一·女仙六》载“王妙想、成公智琼、庞女、褒女、李真多、班孟、天台二女，共八位仙女故事”。其中班孟引用葛洪《神仙传》所载，文字略有改动，只是列于女仙中，可见其书认定班孟是女子。

从故事流传的角度来看，班孟是女子的可能性较大。

再按《巢邑班氏宗谱》载：

班孟曾祖父班鹤，字羽仙，官字主簿（魏晋前为各级官署主官的下属，执掌文书的辅佐吏员，如三国陈琳曾任大将军何进主簿，杨修任曹操主簿，陈寿任姜维主簿等）。班孟无子。

班鹤只是字羽仙，与仙人无关，是位普通的文职官吏，应该对班孟神仙道没有太多影响。

班孟无子嗣，但是明确列在族谱第十九世支系上，我们知道按中国传统宗祠族谱的修撰原则，直系或旁系全部都是男子，所谓一脉相承。如果是女儿则在父亲旁注写明，如果是媳妇则在丈夫旁注写明，由此可知，《巢邑班氏宗谱》编撰时认定班孟是男子。

图 53　图非班孟，取其意象，孟尝嚼墨喷纸，皆有意义（来源于百度图片，搜索班孟）

综上所述，我们大概知道，班孟是一位有着超能力的神道仙人，性别未能确定，生年不知，卒年亦未知（或许不能说卒年，因为成仙了），年四百余岁，仍如青春容貌，后入大治山成仙而去，当在西晋或东晋时。

# （十七）班氏历史人物第十八至三十六世——合传 2

本传主要人物：班芝、班康、班苕、班旦、班朝、班新、班蓝、班卧、班戡、班颢、班择、班楫、班册。

班氏历史人物众多，无法逐一列出，可参考《班氏先世世系表》一文，此处单记录略有文字背景之人物，合附作一传。

可能大家看过二十四史，加上《清史稿》，算二十五史，此为正史。历史上能见著于正史者，非君王，则重臣；非将相，则名士；非明父，则孝子；非贤母，则烈女，要么是合于仁义礼智信之五常等人物，要么是出于杀伐盗恶欺之杂属等人物，史家有所取舍，或称之颂之以旌表，或大加挞伐以惩后，所谓春秋笔法也。

诸君试想，历史千年，人物何其众多，有名有姓且不提，况无名者乎，史家一支笔，怎能尽数囊括，因此便有许多野史、旁史、外史、杂史之类以充，尚不能全部容纳。此外更有各类经史子集的书目出现，洋洋洒洒，不可胜数，后世便有明《永乐大典》与清《四库全书》，总要包罗万象，却总无万全之期。真是恒河沙数，难以尽收。人道是正史为正，野史难考，也不尽然，须知辩证唯物之学，凡事皆有两面，正史有不足之处，野史无全假之传，总是相互补充，相互印证，尽信书不如无书，须知真切要考证。

话休絮烦，言归正传。

## 班蓝：班壹第二十四世孙，班超第十七世孙

按《巢邑班氏宗谱》载：“班蓝，字茝香，官至廸功郎。”

蓝，同蕊，茝为香草，有贤良之意，名字如其人。官至廸功郎，廸，同迪，即迪功郎，这里有一个错误。

按其世系推断，当为晋末时人，有从政当官经历。但迪功郎却非晋朝官职名

图 54 班氏宗祠定远堂示意图（选自安徽《巢邑班氏宗谱》绘图）

称，该官名初见于赵氏北宋，还不是南朝刘宋，也就是说这个职位起码在后世赵氏宋朝才有。

《宋史·志卷一百二十一职官八》载：诸承务郎，高班，黄门内品，承节、承信、迪功郎，中、下州诸司参军，诸州上中下县主簿、尉，城砦、马监主簿，诸州司士、文学、助教，翰林医学，为从九品。

《宋史·志卷一百二十二职官九》载：《元丰（北宋神宗赵顼第二个年号，公元 1078—1085 年，共八年）寄禄格》以阶易官，杂取唐及国朝旧制，自开府仪同三司至将仕郎，定为二十四阶，崇宁（北宋徽宗赵佶第二个年号，公元 1102—1106 年，共五年）初，因刑部尚书邓洵武请，又换选人七阶。大观（北宋徽宗赵佶第三个年号，公元 1107—1110 年，共四年）初又增宣奉、正奉、中奉、奉直等阶。政和（北宋徽宗赵佶第四个年号，公元 1111—1118 年，共八年）末，又改从政、修职、迪功，而寄禄之格始备。自开府至迪功凡三十七阶。

《宋史》之前未见有迪功郎文字记录，至宋方有，且为文职从九品，清朝文史学大家俞正燮在《癸巳存稿·碧云岩题名跋》中亦曾言及，可知不谬。

据2012年浙江省诸暨市暨阳街道孙家村发现一块墓志铭，铭上记有“宋进士周君墓志铭，宋迪功郎周涣书。……”进一步确认该官职，明清后沿用，职阶有所调整。

因此，《巢邑班氏宗谱》这一条官职记载有误，俾众周知。

## 班颢：班壹第二十九世孙，班超第二十二世孙

按《巢邑班氏宗谱》载：“班颢，教授。”

颢为蓝之来孙（中国古代传统有九代单传之说，分上九代、中九代和下九代说法，上九代：父亲、祖父、曾祖、高祖、天祖、烈祖、太祖、远祖、鼻祖；中九代：高祖、曾祖、祖父、父亲、己身、儿子、孙子、曾孙、玄孙；下九代：儿子、孙子、曾孙、玄孙、来孙、晜孙、乃孙、云孙、耳孙），即蓝六世孙。

颢，官为教授，这里又值得商榷。

《宋史·志卷一百二十职官七》载：教授，景祐四年（北宋仁宗第三个年号，公元1034—1038年，共五年，景祐四年为公元1037年），诏藩镇始立学，他州勿听，庆历四年（北宋仁宗第六个年号，公元1041—1048年，共八年，庆历四年为公元1044年），诏诸路州、军、监各令立学，学者二百人以上，许更置县学。自是州郡无不有学。始置教授，以经术行义训寻诸生，掌其课试之事，而纠正不如规者。

可知，北宋仁宗时才初始设置教授一职，那么这里是不是一定错误呢？未见得。

从秦汉一直到唐朝都设有博士职位，一般充当皇帝顾问，通经学，可议政，可制礼，可教学等，可见与教授相类，也就是说教授一职脱胎于博士一职，从博士沿袭而来，只是改了名字，更加具体到教授学生一职了。

因此这里如果当名词官位来说，显然应该用博士更合适，但如果当动词来说，也合乎其理。

不为谱讳，但望周知，为考证故以说明。

## 班芝：班壹第十八世孙，班固第十一世孙

按《巢邑班氏宗谱》载：“班芝，字伯苗，官至广汉检事。”

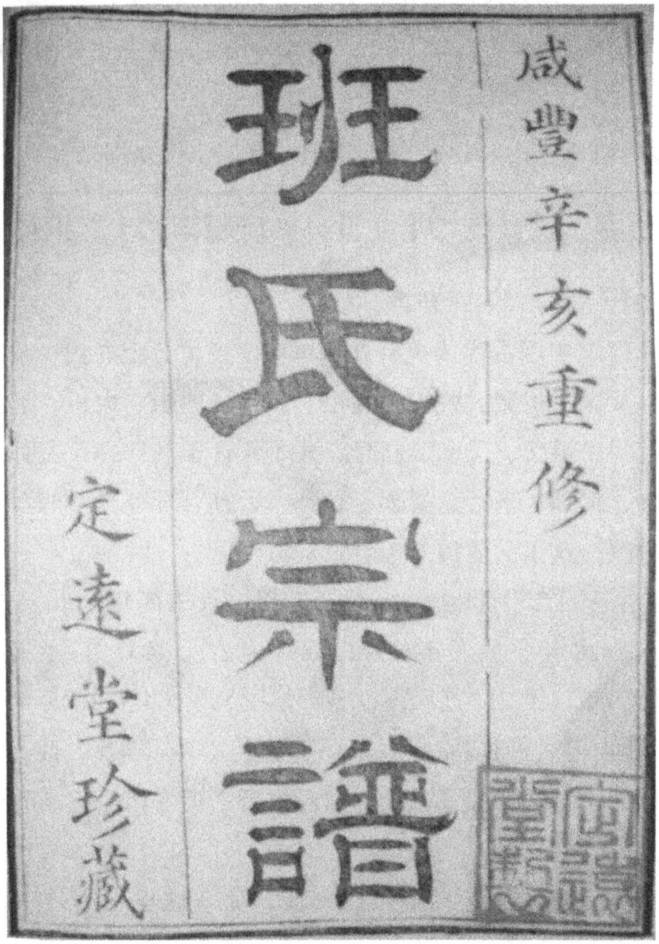


图 55　班氏宗谱定远堂珍藏（选自安徽《巢邑班氏宗谱》谱首页）

西汉高祖六年（公元前 201 年）设置广汉郡（明曹学佺撰《蜀中广记·卷五十一》载“广大也，言能广大汉业也”），治所在今四川射洪县南六十里柳树镇。

《后汉书·冯岑贾列传》载：（建武十一年，岑彭伐公孙述）公孙述使其将延岑、吕鲔、王元及其弟恢悉兵拒广汉及资中，又遣将侯丹率二万余人拒黄石。三国时为东广汉郡治。

西晋沿用广汉郡治，东晋永和八年（公元 352 年）侨置，属宁蜀郡。

南朝宋属遂宁郡，南朝齐废为广汉县，南朝梁与广汉县故址复置，属西宕渠郡。西魏改为广魏县，后又改为广汉县。

隋朝开皇（隋文帝杨坚第一个年号，公元581—600年，共二十年）初废，并入通泉县。

1913年废汉州改置，属四川西川道，今四川省广汉市雒城镇。1928年直属四川省。1988年改设广汉市。

检事，政府官员，核查事实。按《南齐书·卷四十七·王融传》载："上以虏献马不称，使融问曰：'秦西冀北，实多骏骥，而魏主所献良马，乃驽骀之不若。求名检事，殊为未孚。将旦旦信誓，有时而爽，駉駉之牧，不能复嗣？'"可见南北朝前有此官职。

后清末北洋政府有检事员一职，掌检察民、刑事案件，即检察官之职，与前稍有不同。

## 班康：班壹第十九世孙，班固第十二世孙

按《巢邑班氏宗谱》载"班康，官至吉汉司"。

康为芝堂侄，芝堂兄皖之子。

吉汉可能是地方或官所的名称，没有查到直接的相关记录，若有知晓，烦请告知。

司，主持掌管某事的职务。最早见于《尚书·高宗肜日》，书载"王司敬民"，按《管子·小匡》载"制王家有轨，轨有长，十轨为里，里有司"，按《吕氏春秋·审分》载"百官，众有司也"，可见司职相对清晰，也很具体，各有所属。

后也指官署的名称，隋唐后，也有军事机构，如宋殿前司，明都指挥使司等，后形成六部，部以下常设机构，如吏部文选司、礼部主客司等；至清后改称局。

此处应该是指职务，而非官署。

## 班苔：班壹第二十世孙，班固第十三世孙

按《巢邑班氏宗谱》载"班苔，博士"。

苔为康次子，官博士职位，见前文介绍。

## 班旦：班壹第二十一世孙，班固第十四世孙

按《巢邑班氏宗谱》载“班旦，字日升，博极群书，工文章”。

旦为康之嫡孙，康长子燮之子。

名旦，字日升，按古人男子满二十行冠礼为成人，可取字，可婚配，字常与名相关，如班固字孟坚，班超字仲升，旦者，正日升也。

旦博极群书，工文章，未言官职，或未尝入仕，但言学问，博览群书，可谓好读书者，尤工文章，读书破万卷，下笔如有神，后辈学习之榜样也。

## 班朝：班壹第二十一世孙，班固第十四世孙

按《巢邑班氏宗谱》载“班朝，字东升，官至县丞”。

朝为芝重孙，築之孙，蓉之子也。

名朝，字东升，官至县丞。

县丞，始见于战国，县有令，令下属有丞、尉，治理县之政事。秦汉沿用，秩在二百石至四百石，掌文书及仓狱。三国后大县在八品，小县在九品，至南朝宋皆九品。

唐时按县大小等级为九品至七品不等，明时为知县佐官，正八品，分知县政务，可掌粮马、巡捕之事，特别小县已取消，清沿用。

## 班新：班壹第二十三世孙，班固第十六世孙

按《巢邑班氏宗谱》载“班新，以官籍迁居于陕西”。

新为朝之侄孙，朝堂弟式之孙，伯温之子也。

新因封官，随官迁居陕西。古人荐举或科举之后，朝廷赐官，一般不会在本乡，大都派往他处，通常官员任职，基本都随迁至某地。后每逢稽考，或升或降，或再迁，亦属常耳。

## 班卧：班壹第二十五世孙，班固第十八世孙

按《巢邑班氏宗谱》载“班卧，字卧云，晋末高士也”。

卧为旦之玄孙，鸾之重孙，箕之孙，献之子也。

名卧，字卧云，晋末高士也。至此才晋朝末年，后中原偏于江左开始南朝，而北方五胡乱华侵占中原开始北朝，南北对峙，天下扰攘，纷争不息，多隐士君子。

卧亦不仕，为隐逸高士者。

## 班戡：班壹第二十六世孙，班固第十九世孙

按《巢邑班氏宗谱》载“班戡，博通经学，以才应举”。

戡为卧次子，博通经学，以才应举，科举之前，朝廷选拔人才之制，有荐举，如孝廉、贤良、方正、才艺等，荐举后得朝廷任用可为官。

汉自董仲舒罢黜百家、表彰六经后，儒学成为正统，影响中国两千多年，儒家经学已成为古代学术的主体必修科目，所以对于经学大家，通常是备受社会推崇。比如郑姓有堂号叫“著经堂”，就是指东汉经学大家郑玄潜心注群经而闻名。

戡博通经学，可谓当时名家，才得以才应举。

## 班择：班壹第三十世孙，班固第二十三世孙

按《巢邑班氏宗谱》载“班择，官广东县丞”。

择为卧之来孙，年之玄孙，夙之重孙，疏之孙，疏次子化之子也。

择官广东县丞，县丞见前文介绍。

## 班楫：班壹第三十五世孙，班固第二十八世孙

按《巢邑班氏宗谱》载“班楫，迁卫汲州郡，公为人醇厚和平，后世兴者，此公积德之所致也”。

楫为择堂兄杼之来孙，伸之玄孙，瑚之重孙，熊之孙，渤之子也。

春秋卫国，后为卫州，汲郡即河南汲县，今河南省卫辉市，卫州汲郡常并称，故言卫汲州郡。

楫迁河南汲县，为人醇厚和平，德高望重，积善行德，福泽子孙，后世子孙兴者，多因楫公的福德庇佑。

按《巢邑班氏宗谱》载“楫有子宋，业儒（修儒学为业，专研学问者）”。

楫公之后进入盛唐，楫公子孙终于再次登上历史政治舞台，与汉朝班氏家族

相互辉映，谱写汉唐班氏家族的灿烂光辉。

## 班册：班壹第三十六世孙，班固第二十九世孙

按《巢邑班氏宗谱》载“班册，官广东县丞”。

册为楫同宗族弟乾之子。

册官广东县丞，同择一职，县丞见前文介绍。

# （十八）班氏历史人物第三十八世——兄弟传 3

本传主要人物：班以礼、班以郁、班艾。

## 班以礼：班壹第三十八世孙，班固第三十一世孙

以礼为楫之重孙，宋之孙，宋长子士之子。

按《巢邑班氏宗谱》载：以礼，父士，唐初名士，能文章。字思简，生于唐太宗贞观年间，以儒学起家，历任州郡，官至春官员外郎，以寿终于家。

以礼之父，名士，唐朝初年有名望的士人，工于文章，精于儒学，传统儒学为正统，颇为社会推崇。因此以郁自小饱学儒家思想，走科举入仕之路。

以礼，字思简，生于唐太宗贞观年间，具体不详，入仕后历任州郡长官。

秦统一后分天下为三十六郡（内史即京畿咸阳、三川郡、河东郡、上党郡、太原郡、代郡、雁门郡、云中郡、九原郡、上郡、北地郡、陇西郡、颍川郡、南阳郡、砀郡、邯郸郡、上谷郡、巨鹿郡、渔阳郡、右北平郡、辽西郡、辽东郡、东郡、齐郡、薛郡、琅邪郡、泗水郡、汉中郡、巴郡、蜀郡、九江郡、鄣郡、会稽郡、南郡、长沙郡、黔中郡，其实后续有增设，比如象郡，至秦末共四十余郡），两汉分全国为十三州（司隶即京师地区，治所于河南，今洛阳；豫州，治所于谯，今安徽亳州；冀州，治所于鄗，今河北柏乡；兖州，治所于昌邑，今山东金乡；徐州，治所于郯，今山东郯城；青州，治所于临淄，今山东淄博；荆州，治所于汉寿，今湖南常德；扬州，治所于历阳，今安徽和县或寿县；益州，治所于雒，今四川广汉；凉州，治所于陇，今甘肃张家川；并州，治所于晋阳，今山西太原；幽州，治所于蓟，今河北蓟县；交州，治所于广信，今广西梧州），司隶置校尉，余十二州置刺史，州辖数郡，郡置太守或郡守，郡辖数县（见《后汉书·志百官五·州郡》）。

可见以礼先后担任过郡守或太守，然后升迁州刺史。最高官至春官员外郎。

何为春官？

上古常以四季或五行名官，《左传·昭公十七年》载：“昔者黄帝氏以云纪，故为云师而云名；炎帝氏以火纪，故为火师而火名；共工氏以水纪，故为水师而水名；大皞氏以龙纪，故为龙师而龙名。”

按《史记·五帝纪》载：“（轩辕黄帝时）官名皆以云命，为云师。”南朝宋裴骃纂《史记》集解八十卷，其书载：“皇帝受命，有云瑞，故以云纪事也。春官为青云，夏官为缙云，秋官为白云，冬官为黑云，中官为黄云。”

《周礼·春官·宗伯》载：“乃立春官宗伯，使帅其属而掌邦礼，以佐王和邦国。”

《汉书·百官公卿表上》载：“夏、殷亡闻焉，周官则备矣。天官冢宰，地官司徒，春官宗伯，夏官司马，秋官司寇，冬官司空，是为六卿，各有徒属职分，用于百事。”

至唐朝武则天于光宅元年（光宅为唐睿宗李旦第二个年号，光宅元年为公元684年）改礼部为春官，神龙元年（神龙为唐中宗李显复辟后第一个年号，公元705—707年，神龙元年为公元705年）复旧（事见《旧唐书·志卷二十三·职官二》与《新唐书·志卷三十六·百官一》）。

此后唐宋明清沿用，掌管天文历法，官下属有春官正，官五品。按《明史·志卷四十八·职官一》载：“（明太祖朱元璋洪武十三年，公元1380年）九月，置四辅官（春夏秋冬四官）。”

可见春官是主要掌礼法的官员，官五品，属京官。

何为员外郎？

《晋书·志第十四章》载：武帝（西晋武帝司马炎）置员外散骑侍郎（简称员外郎）。

《隋书·志卷二十三·百官下》载：（隋文帝杨坚开皇六年，公元586年）置尚书省六部二十四司各一名员外郎，协助侍郎管理本司事务。（隋炀帝杨广大业三年，即公元607年）后废，增曹郎。

唐高祖武德三年（公元620年）复置员外郎，六部诸司次官，官从六品上。武则天永昌元年（永昌为唐睿宗李旦第四个年号，永昌元年为公元689年）尚书省左右司亦各置次官（事见《旧唐书·志卷二十二·职官一》与《新唐书·志卷三十六·百官一》）。

宋元明清，略有不同，官阶在从六品、正七品、从五品不等。

可见员外郎当属副职，主要指六部各司正员副贰的郎官，协助正员处理事务。

综上所述，春官员外郎，可以理解是礼部的二把手。

在《旧唐书》与《新唐书》中关于班姓只有一个“班宏传”，记载以礼只有一句话，按《旧唐书·列传卷七十三》载：“班宏，卫州汲人也。祖思简，春官员外郎。”

公元1984年上海古籍出版社印行岑仲勉《郎官石柱题名新考订》。

公元1992年4月1日中华书局出版的由清劳格与赵钺撰《唐尚书省郎官石柱题名考》一书，共二十六卷，分列十三部司的郎中与员外郎，记录郎官姓名与考证。该书中记载“班思简旧斑宏传祖思简春官员外郎卫州汲人”。

唐尚书省各部官署官员，颇受推崇，当时诸多诗人与文学大家都担任过该署职位，故开元（唐玄宗李隆基第二个年号，公元713—741年）间尚书省内举办活动，列石柱题名，这就是后来著名的郎官石柱，记录唐自开元至大中（唐宣宗李忱年号，公元847—859年）约150年间郎官姓名及任免情况。

因此我们大概可以推知，班以礼，字思简，出生在贞观年间，终任京师春官员外郎当在唐玄宗开元年间，年老退休归家后，以寿终，至少八十岁。

## 班以郁：班壹第三十八世孙，班固第三十一世孙

以郁为楫之重孙，宋之孙，宋次子诘之子。以郁与以礼是堂兄弟。

按《巢邑班氏宗谱》载“以郁，字文若，官至郎中”。

何为郎中？

按《战国策·赵策三·建信君贵于赵》载：

“（魏牟）曰：‘王有此尺帛，何不令前郎中以为冠？’王曰：‘郎中不知为冠。’”战国时已有郎中官职，多侍从君主，为近臣。

《汉书·百官公卿表上》载：郎中令，秦官，掌宫殿掖门户，有丞。武帝太初元年更名光禄勋……议郎、中郎秩比六百石，侍郎比四百石，郎中比三百石。

《后汉书·志百官二·光禄勋》载：隶属五官中郎将、左中郎将、右中郎将，郎中比三百石。

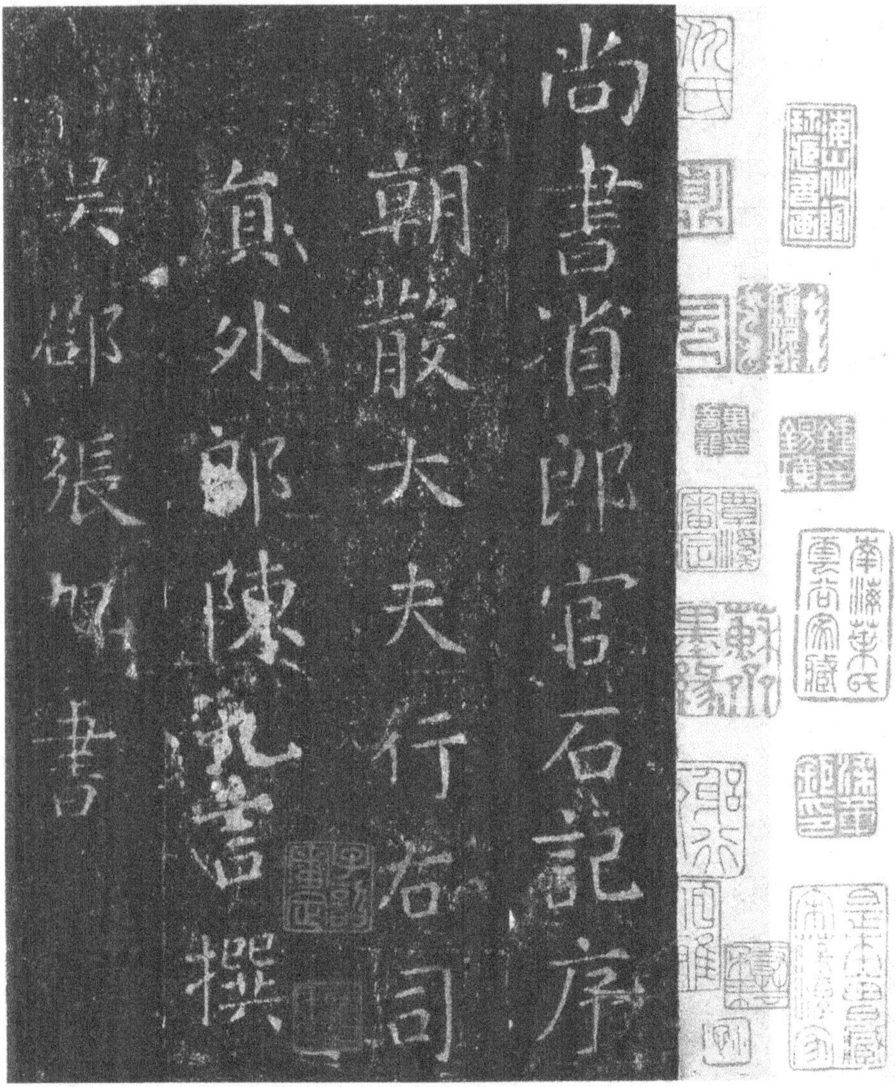


图 56　张旭题《郎官石柱记》碑拓

魏晋罢五官、左、右中郎将，留郎中，在六品，至南朝陈四品，比六百石，而北魏初定在五品上，后改六品。至唐朝置尚书省左右司及六部诸司，因沿之，位在尚书、侍郎、左右丞之下，属重要官员，官阶有所不同，吏部在正五品上，他部从五品上。五代、宋、金、元、明等皆置，清承之，清亡后废。

可见郎中，前为君主侍从近臣，后为六部重要官员。

以郁，字文若，官至郎中，与兄长以礼比肩。

## 班艾：班壹第三十八世孙，班固第三十一世孙

艾为册之孙，盂之子也。与以礼、以郁同宗。

按《巢邑班氏宗谱》载“艾，字士载”。

名艾，字士载，事迹无稽考。

不禁联想起三国时名将邓艾，字士载，可见艾取字士载，自是奉邓艾为偶像，亦为己志耳。

# （十九）班氏历史人物第三十九世——班景倩传

本传主要内容：关于班景倩的生平事迹与千古佳话。

**班景倩，班壹第三十九世孙，班固第三十二世孙，以礼之子。**

按《巢邑班氏宗谱》载：

班景倩，生于唐高宗末年（唐高宗李治，在位34年，即公元650—683年，共改用14个年号，最后一个年号为弘道，故景倩最晚当生于公元683年），历任州郡（与其父一样，入仕历任州郡长官，逐步升迁），有贤名，寻拜扬州（上篇传记提到两汉分全国十三州，其中扬州，治所在历阳，今安徽和县，后改寿县，三国魏改寿春，西晋改建邺，隋开皇九年，公元589年改蒋州，大业时废，唐武德三年，即公元620年复置，武德七年，即公元624年改蒋州，武德八年，即公元625年复名扬州，武德九年，即公元626年移治所江都，即今江苏扬州）採访使（晋时已有按察使，如石崇曾为交趾采访使；唐开元二年，即公元714年改为按察采访处置使，开元二十一年，即公元733年分全国十五道，每道置采访处置使，简称采访使，掌监察州、县官吏，举善纠恶）。开元四年（开元为唐玄宗李隆基第二个年号，公元713—741年，共二十九年，开元四年为公元716年），入为大理（大理寺，九寺之一，九卿官署，主要指：光禄寺、太仆寺、太常寺、宗正寺、大理寺、卫尉寺、鸿胪寺、司农寺、太府寺，从汉至清，历代有所变动，略有不同。大理寺从北齐始置，掌决正刑狱，为国家最高审判机构，相当于最高人民法院，隋唐后一直沿用）少卿（大理寺置卿、少卿、丞各一，有功曹、五官、主簿、录事等职，唐朝少卿有两人，官阶从四品上），道过大梁（今河南省开封市），刺史倪若水饯之行，叹曰："班君此去，何异登仙？恨不得为其驺仆。"其景羡如是。寻迁国之祭酒（祭酒来源于祭祀，后衍生为官职名，有很多不同门类的官署都有祭酒职位，这里主要指国子监祭酒，掌儒学训导之政，唐朝官阶在从三品），后拜为秘书监（东汉桓帝始置，掌典图书秘记，校定文字，唐朝官阶在从二品），卒于官所。

图 57　班景倩像（选自安徽《巢邑班氏宗谱》像赞引）

《旧唐书·列传卷七十三》载：

班宏，卫州汲人也。祖思简（名以礼），春官员外郎。父景倩，秘书监。

《新唐书·列传卷七十四》载：

班宏，卫州汲人。父景倩，国子祭酒，以儒名家。

按景倩，可能是字，名或失考。

其父名以礼，字思简，叔父名以郁，字文若，以郁有两子，长子名崇表，次子名崇素，故景倩名可能是含崇字，为崇某，按取字与名相关，倩者姿容美好之意，故按景倩意，即为羡美好姿容仪态，猜测很有可能名为崇仪，没有直接证据，仅为猜测而已。

《旧唐书·列传卷一百三十五·良吏下》载：

倪若水（名若水，字子泉），恒州稾城（今河北省石家庄市藁城区）人也。开元初，历迁中书（中书省）舍人、尚书（尚书省）右丞，出为汴州（今河南开封及辖区封丘、兰考、杞县、通许、尉氏等县地）刺史（刺史为州最高长官）。政尚清静，人吏安之。又增修孔子庙堂及州县学舍，劝励生徒，儒教甚盛，河、汴间称咏不已。

四年（公元716年），玄宗令宦官往江南采䴔䴖（古时一种水鸟，非常漂亮且有吉祥意，据传其短尾高脚羽丰，丹嘴赤头冠顶，可惜今已不见，当时没有野生动物保护法）等诸鸟，路由汴州。若水知之，上表谏止（谏言略）。

寻入拜户部侍郎。七年（公元719年），复授尚书右丞，卒。

《新唐书·列传卷五十三》载：

时天下久平，朝廷尊荣，人皆重内任，虽自冗官擢方面，皆自谓下迁。班景倩自扬州采访使入为大理少卿，过州，若水饯于郊，顾左右曰："班公是行若登仙，吾恨不得为驺仆。"

《资治通鉴·唐纪·唐纪二十七》载：

（开元四年，公元716年2月）辛未，以尚书右丞倪若水为汴州刺史兼河南采访使。上虽欲重都督、刺史，选京官才望者为之，然当时士大夫犹轻外任。扬州采访使班景倩入为大理少卿，过大梁，若水饯之行，立望其行尘，久之乃返，谓官属曰："班生此行，何异登仙！"

唐玄宗开元初年，天下太平，朝廷往往选京官有才望者出任地方州官刺史等职，但在士大夫们眼中心中，都看不上外任，从京官外出就任，都觉得是降职，而从地方官迁任京官则觉得是升职。

开元四年（公元716年），倪若水刚好从京官尚书右丞迁出担任汴州刺史兼河南采访使，而景倩从扬州采访使迁入京官担任大理寺少卿，从东往西赶往长

图 58　古人送别饯行图（来源于百度图片，搜索饯行）

安，恰好路经汴州抑或大梁（汴州辖区包括大梁即开封），倪若水为之饯行，于城郊设宴，尽欢而别，目送景倩离去的身影，非常羡慕，回顾左右属官道："班公是行如登仙，吾恨不能得为驺仆！"

可见当时开元盛世，风尚如此，皆愿去长安争做京官，以为国画策为荣。

北宋末年，徐钧，字秉国，号见心，兰溪（今浙江兰溪市）人，精于史学，曾依据《资治通鉴》作史咏诗一千五百三十首，今存《史咏集》二卷，其中一首单题《倪若水》曰：

人重朝班恶外迁，一时荣擢似登仙。
谁知鼙鼓渔阳祸，不在朝廷却在边。

此诗更是证实了这一事实。

清乾隆御令纪晓岚等编撰《四库全书》，其子部第十一，氏族大全，类书类，该章节提到"登仙，班景倩事迹"如前所述，当然该章节也提到班氏历代出类拔萃的名人如班固、班超等。

有趣的是当时这种事很多，偏偏倪若水与班景倩的送别语，成了后人追思的话题，不断被写入诗中。

如南宋文学家岳珂（岳飞之孙，岳霖之子），作诗《饯孟运判寺簿赴京三首》之一云：

半生共饮西江水，草木由来臭味同。
交臂便同鸿燕社，论心不隔马牛风。
君方鸣佩趋双阙，我自烧车延五穷。
景倩仙尘凝望处，为言驿骑莫匆匆。

如明张吉有诗《送贾都宪赴镇陕西》云：

斧钺生风破晓烟，玺书瞻捧下遥天。
全齐白堕挤沉醉，分陕黔天倚熟眠。
事屡更张心自赤，官多年所鬓犹玄。
芳尘望断嗟何及，岂为心嘉景倩仙。

又如明卢龙云有诗《答梁茂才二首》其二云：

五岭群峰万叠高，思乡无奈寸心劳。
吟边桂树非南国，梦里梅花似法曹。
每愧登仙追景倩，空怀纵壑颂王褒。
十年自历羊肠遍，牢落风尘一敝袍。

清末郑国藩有诗《陈孟卿以诗送钟少石北上应知事试走函索和次原韵答之并寄少石以代骊歌》其二云：

回首京华感故吾，曾经控地愧枋榆。
登仙景倩空馀羡，返辔王阳有畏途。
策试理人才自健，诗成赠别意先芜。
茫茫世事殊今昔，且尽花前酒一壶。

# （二十）班氏历史人物第四十世——班宏传

本传主要内容：关于班宏的生平事迹与人物评点。

## 班宏，班壹第四十世孙，班固第三十三世孙，以礼之孙，景倩之子

按《巢邑班氏宗谱》载：

班宏（公元720—792年），生于唐玄宗开元（开元为唐玄宗李隆基第二个年号，公元713—741年，共二十九年）初年，通书史（指经史典籍），精笔札（指公文书信）。天宝（天宝为唐玄宗李隆基第三个年号，公元742—756年，共十五年）初进士及第。贞元（贞元为唐德宗李适第三个年号，公元785—805年，共二十一年）初改户部侍郎、度支副使（宋置户部、度支、盐铁三司公副使，其实《旧唐书·职官记》已有支度使，度支经用，就是计算经费开支，掌管财务），迁（户部）尚书，寻晋封萧国公（公侯伯子男五等爵位，再往上就是王爵了，爵位显赫至极）。八年（贞元八年，公元792年）三月专任度支使，寻称疾致仕，公之任职勤恪，官署晨入夕归，下吏劳而未尝厌苦，清白勤幹称之于时。七月薨，享寿七十有三，废朝加赠尚书右仆射（官在尚书台次官，位在左仆射之下，佐尚书令掌台务），谥曰敬（古代只有帝王或大官死后有追谥号，帝王谥号由礼官议定，臣下谥号由朝廷赐予，当然民间有些文人学士或隐士也有谥号，通常由亲友、门生或故吏所加为私谥，与朝廷颁赐不同。况谥号为敬，可见班宏一生忠顺、勤幹廉洁，皆为楷模）。

班宏是《旧唐书》和《新唐书》唯一入传的班姓历史人物。

《旧唐书·列传·第七十三》载：

班宏，卫州汲人也。祖思简，春官员外郎。父景倩，秘书监。宏少举进士，后为薛景先凤翔掌书记，又为高适剑南观察判官，累拜大理司直，摄监察御史。

图 59 班宏像（选自安徽《巢邑班氏宗谱》像赞引）

时青城山有妖贼张安居以左道惑众，事觉，多诬引大将，冀以缓死，宏验理而速杀之，人心乃安。既而郭英乂代适，以厌人望，奏署秘书郎，兼雒令，以疾免。大历三年，迁起居舍人，寻兼理匦使，四迁至给事中。时李宝臣卒于其位，子惟岳匿丧求位，上遣宏使成德问疾，且喻之。惟岳厚赂宏，皆不受，还报合旨，迁刑部侍郎，兼京官考使。时右仆射崔宁考兵部侍郎刘乃上下，宏驳曰："夷荒靖难，专在节制，尺籍伍符，不校省司。夫上行宣美之名，则下开趋竞之路；上行阿容，下必朋党。"因削去之。乃知而谢曰："乃虽不敏，敢掠一美以徼二罪乎?"寻除吏部侍郎，为汪蕃会盟使李揆之副。

贞元初，仍岁旱蝗，上以赋调为急，改户部侍郎，为度支使韩滉之副。迁尚书，复副窦参。参初为大理司直，宏已为刑部侍郎，及参为相，领度支，上以宏久司国计，因令副之。且曰："朕藉参宰相以临远，众务悉委于卿，勿以辞也。"

参以先贵，常私解悦之曰：“参后来，一朝居尚书之上，甚不自安，一年之后，当归此使。”宏心喜，岁余，参绝不复言。宏性刚愎，为人间之，且怒食言，公事多异。扬子院，盐铁转运委藏也，宏以御史中丞徐粲主之，既不理，且以贿闻，参欲代之，宏执不可。参又选诸院吏，未尝访宏，乃疏参所用者过恶以闻，事辄留中。无何，参以使劳加吏部尚书，而宏进封萧国公，怨参以虚号宠之，间恶愈甚。每奉诏营建，宏必极壮丽，亲程课役，又厚结权幸以倾参。

张滂先善于宏，宏荐为司农少卿，及参欲以滂分掌江淮盐铁，询之于宏，宏以滂嫉恶，虑以法绳徐粲，因曰：“滂强戾难制，不可用。”滂知之。八年三月，参遂为上所疏，乃让度支使，遂以宏专判，而参不欲使务悉归于宏，问计京兆尹薛珏，珏曰：“二子交恶，而滂刚决，若分盐铁转运于滂，必能制宏。”参乃荐滂为户部侍郎、盐铁使、判转运，尚隶于宏以悦之。江淮两税，悉宏主之，置巡院，然令宏、滂共择其官。滂请盐铁旧簿书于宏，宏不与之。每署院官，宏、滂更相是非，莫有用者。滂乃奏曰：“班宏与臣相戾，巡院多阙官。臣掌财赋，国家大计，职不修，无所逃罪。今宏若此，何以辑事？”遂令分掌之。无几，宏言于宰相赵憬、陆贽曰：“宏职转运，年运江淮米五十万斛，前年增七十万斛，以实太仓，幸无过。今职移于人，不知何谓？”滂时在侧，忿然曰：“尚书失言甚矣！若运务毕举，朝廷固不夺之，盖由丧公钱、纵奸吏故也。且凡为度支胥吏，不一岁，资累钜万，僮马第宅，僭于王公，非盗官财何以致是？道呼喧喧，无不知之，圣上故令滂分掌。公向所言，无乃归怨于上乎？”宏默然不对。是日，宏称疾于第，滂往问之，宏不见，憬、贽乃以宏、滂之言上闻。由是遵大历故事，如刘晏、韩滉所分。滂至扬州按徐粲，逮仆妾子侄，得赃钜万，乃徙岭表。故参得罪，宏颇有力焉。勤恪官署，晨入夕归，下吏劳而未尝厌苦，清白勤干，称之于时。贞元八年七月卒，年七十三，废朝，加赠，谥曰敬。

《新唐书·列传·第七十四》所载班宏传与《旧唐书》事迹大体相仿，文辞略有不同，此处略。

按《新唐书·列传·第八十二》载“班宏判度支，卒官”。

《资治通鉴·唐纪》载班宏事迹亦如两唐书所录。

班宏（公元720—792年），唐卫州汲（今河南卫辉市）人。祖父思简、父景倩皆为名宦。

开元八年（公元 720 年）出生，天宝初年（最早在公元 742 年，年 23 岁）中进士第，任右司御胄曹（太子东宫有左右司御率府，胄曹参军事，掌管军械保管及公廨营缮事务），后于凤翔（陕西省凤翔府）薛景光（曾任扶风太守兼防御使等）属下任掌书记（按《新唐书·志·卷四十九·百官四下之外官》载“掌书记，掌朝觐、聘问、慰荐、祭祀、祈祝之文与号令升绌之事”）。

广德元年（广德为唐代宗李豫第二个年号，公元 763—764 年，共两年，广德元年为公元 763 年），于剑南（今四川剑阁以南至云贵高原）高适（唐著名边塞诗人，与岑参、王昌龄、王之涣合称“边塞四诗人”，著有《高常侍集》二十卷）属下任观察判官（唐肃宗始置，为观察使属官，奏请有出身人及六品以下正员官充任）。又累迁至大理司直（大理寺属官，从六品上，掌出使推按），摄监察御史（监察侍御史，职掌分察百官、肃正朝仪、分道巡按州县、巡查馆驿、奉命出使、监督祭祀、库藏、军旅等）。时青城山（今四川都江堰市西南三十里之青城山）有妖道张安居以左道祸乱民众欲谋乱，事发被捕，竟乱攀重臣，以缓叛死刑，宏快速审理案件后，立将其处死，民心乃安。至郭英乂替换高适，因民心向宏，才任宏为秘书郎，兼雒县（今四川广汉市）令，后因病免职。

大历三年（大历为唐代宗李豫第四个年号，公元 766—779 年，共十四年，大历三年为公元 768 年），升任起居舍人（按《新唐书·志·卷四十七·百官二之中书省》载“起居舍人二人，从六品上。掌脩记言之史，录制诰德音，如记事之制，季终以授国史。有楷书手四人”），又兼理匦使（匦即匣，接受四方投书，以御史中丞、侍御史一人为理匦使。武则天曾命铸铜匦四个，涂以青赤白黑四色，以接受言事与诉冤者），四次升迁至给事中（唐朝时为门下省重职，分判本省日常事务，具体负责审议封驳诏敕章奏，有异议可直接批改驳还诏敕，无异议则封下经门下省长官审复后，交尚书省执行。百司章奏，得驳正其违失，事权甚重）。

建中二年（建中为唐德宗李适第一个年号，公元 780—783 年，共四年，建中二年为公元 781 年），李宝臣（原名张忠志，为安禄山养子，参与安史之乱，后投降赐名李宝臣，迁成德节度使，进拜司空，割据藩镇，朝廷妥协。晚年颇猜忌，诸将离心，后饮妖人毒液身亡，卒赠太保）去世，其子李惟岳瞒丧不报，欲求继任。唐德宗派宏去成德慰问宝臣疾并劝喻其子，李惟岳贿赂而宏不受，回京据实奏闻，德宗拜其为刑部侍郎，兼京官考使。

时右仆射崔宁任兵部侍郎刘乃为上下考，宏不同意："今军在节度，虽有尺籍伍符，省署不校也。夫上多虚美，则下趋竞；上阿容，则下朋党。"因此免其任命。刘乃知晓而辞谢："敢掠一美以邀二罪乎？"

兴元元年（兴元为唐德宗李适第二个年号，兴元元年为公元784年）四月，任吏部侍郎，为吐蕃会盟使李揆副手。六月初六，德宗诏命宏任宣慰使，劳军抚民。

贞元二年（贞元为唐德宗李适第三个年号，公元785—805年，共二十一年，贞元二年为公元786年），天下旱蝗连灾，德宗以赋税征收为要，任宏户部侍郎，为度支使韩滉副手。

贞元五年（公元789年），窦参代替韩滉为度支使。窦参先前任大理司直时，宏已为刑部侍郎，至窦参任宰相兼度支使，德宗因考虑宏长期管理国家财政收支，继续任宏为户部尚书，且为窦参副手，并语宏曰："朕藉宰相重，而众务一委卿，无庸辞。"窦参因宏资历过己，私下谓宏曰："阅岁当归使于公。"宏甚喜。

贞元六年（公元790年），窦参不再提及前言，而宏本性刚直，又因人挑拨，颇恨窦参言不由衷，于是公事多不与参一致。如扬子院乃盐铁转运之储仓，宏任御史中丞徐粲为主管，而徐粲受贿被揭发，窦参欲派人替之，宏不让。又窦参任命各院官吏，未尝征询宏意，宏奏报其所任官吏过失，故未获批任。不久，窦参因度支使升迁吏部尚书，宏加封萧国公，恨窦参以虚名加己。宏每奉旨修缮宫宇，极尽华美，亲自监工，尝交权贵以压制窦参。

贞元八年（公元792年），张滂早先与宏交厚，宏荐之任司农少卿，后窦参欲任张滂分管江淮盐铁而问宏，宏知张滂嫉恶如仇，恐法办徐粲而不让，张滂闻之不悦。三月，窦参因被德宗疏远，不欲宏专使度支，问策京兆尹薛珏，薛珏道："滂与宏交恶，而滂刚决。若分盐铁转运，必能制宏。"窦参乃荐张滂任户部侍郎、盐铁转运使，却隶属宏以取悦，江淮两税由宏主持，置巡院与张滂分任官吏。张滂欲查旧簿，宏不与，逢任巡院官吏，又互相指责，不能派任。张滂上奏曰："臣职不修，无逃死，如国家大计何？"于是德宗乃令宏与张滂分管全国财税。宏与宰相赵憬、陆贽曰："宏主漕，岁得江、淮米五十万斛，前年至七十万。今职移于人，敢请罪。”张滂恰也在侧，怒曰：“公所言非也。朝廷不夺公职，乃公丧官缗，纵奸吏，自取咎尔。凡为度支使，不一岁家辄钜亿，僮马产第侈王公，非盗县官财何以然？上既知之，故令滂分掌。今公无乃归怨上乎？”宏默然不答，遂称病在家。张滂登门慰问，而宏不见。宰相赵憬、陆贽奏报德宗，德宗乃下诏如前代大历年间刘晏、韩滉故例，张滂主管东都、河南、淮南、江南、山南东道税务，宏主管关内、河东、剑南、山南西道税务。后张滂至扬州查办徐粲，搜捕其仆妾子侄，赃物无数，流放徐粲至岭南。后来窦参获罪，宏出力为最。

七月宏卒，年终七十三岁，德宗废朝举哀，加封宏尚书右仆射，赐谥号曰敬。

宏清洁勤力，晨入官署夕而出，吏不堪其劳，而己益恭，为北宋宋祁、欧阳修所敬，故撰《新唐书》时亦下此评语。

唐诗圣杜甫于广德二年（广德为唐代宗李豫第二个年号，公元763—764年，共两年，广德二年为公元764年）春作《巴西闻收宫阙，送班司马入京》二首。时宏在阆州，即巴西郡，转而单骑赴京，杜甫亦在巴西郡，作诗相赠以送别。这里的班司马有误，宏未任司马，根据南宋黄希、黄鹤父子《黄氏补千家注纪年杜工部诗史》补注杜诗载：“班司馬意是班宏，按舊史云為高適劍南判官，累拜大理司直，攝監察御史，疑誤以司直為司馬也。”明确杜甫可能错将司直当司马，故误写为班司马，实为班司直。

其一

闻道收宗庙，鸣銮自陕归。
倾都看黄屋，正殿引朱衣。
剑外春天远，巴西敕使稀。
念君经世乱，匹马向王畿。

其二

群盗至今日，先朝忝从臣。
叹君能恋主，久客羡归秦。
黄阁长司谏，丹墀有故人。
向来论社稷，为话涕沾巾。

按《四库全书·六艺之一录·卷三百三十》载："班宏，卫州汲人，天宝中擢进士第。德宗时历户部尚书，封萧国公（唐书本传）。"其中有记录"泽潞李抱真德政碑班宏书"。

李抱真，本姓安，字太玄，安兴贵后裔，凉州人，李抱玉从弟，曾为泽潞节度副使。德宗时拜检校工部尚书，兼潞州长史、昭义军节度支度营田使及泽潞磁邢观察使。讨田悦，以功累加检校右仆射。兴元初，迁检校左仆射、平章事，由倪国公进义阳郡王。又击破朱滔，加检校司空。卒，废朝三日，赠太保。

贞元九年（公元 793 年），董晋撰《泽潞李抱真德政碑》文颂扬李抱真政绩，因宏工书，请而书碑阴行书，韩秀弼篆额。该碑今位于山西省长治市城区解放西街长治一中院内，碑座已毁，碑首、碑身高 3.96 米，宽 1.78 米，厚 0.56 米，为市重点文物保护单位。

可见宏工书法，且善行书。但是公元 793 年宏已病故，可见该碑文最晚于公元 792 年写完，并由宏书毕，第二年才刻碑完成。

图 60　山西长治一中院内魁星阁

图 61　山西长治一中院内魁星阁旁“李抱真德政碑”

公元 2003 年，陕西省考古研究院在西安市长安区郭杜街道配合陕西师范大学长安校区基建考古中，发掘出土《班繇墓志》一方，并采集到唐大和五年《班繇妻李氏墓志》一方，两方墓志内容表明班繇系班宏第五子。

按《巢邑班氏宗谱》载：“班宏有两子，长子班监，次子班知。”

如果班宏有第五子班繇，那么还有三子、四子，此三子未入该谱，究是何因？而墓志铭埋于地下，亦不见得有虚，那么肯定班繇是第五子。

这里只能推测，三子与四子可能早亡而未入谱，但查班超次子英亦早卒，尚且入谱，不该如此。那么只有另一种可能，便是安史十年之乱，宏随官奔波迁徙，社会动荡不安，人民涂炭离乱，余三子皆散失，当是最有可能之事。后来班繇先后历任太常寺奉礼郎、华州郑县主簿、京兆府盩厔县主簿、国子监太学博士等职。仅为推测，尚需进一步严加考证，望请周知。

当然还有一种可能是三子、四子、五子皆迁出，未记入《巢邑班氏宗谱》。

公元 2013 年出土的《田沼妻班氏墓志》，按其志文可知，志主班氏乃班宏侄女。

按《巢邑班氏宗谱》载：“班宏有同宗兄弟班佐，以郁之孙，崇表之子。”

那么田沼妻班氏，或可能是班佐之女，但按墓志文所载，肯定不是。

该墓志志盖及志石高、宽均56厘米，厚10厘米，盖题“大唐故斑夫人墓誌銘”，楷书三行，盖题四周饰团花纹，四边侧饰卷云纹，志文班赞撰，班遇书，楷书23行。2013年4月入藏西安碑林博物馆。

班赟为其亲弟，班遇为其堂兄，皆见于志文中，《巢邑班氏宗谱》查不到，缺。

图62　《田沼妻班氏墓志》盖拓本

唐宪宗时宰相李吉甫命林宝修撰谱牒姓氏，元和七年（公元812年）成书，名《元和姓纂》十卷。原书久已失传，清乾隆时纂修《四库全书》从《永乐大典》辑出，并用宋邓名世《古今姓氏书辨证》等补缺，重新分为十八卷。以《四库》辑本为一校，清孙星衍、洪莹校补为二校，后罗振玉再校补为三校，至岑仲勉第四次校勘，写成《元和姓纂四校记》，最为知名，由中华书局排印。

按《元和姓纂·卷四》班条目载：“（扶风平陵）况女为成帝婕妤，徙平陵。彪生固，固生颛，颛生澄。陈祠部郎中班投，始居汲郡，状称十三代孙也。挺元孙思简，唐春官员外；生景倩，吏部侍郎、秘书监；生钧、杭、悬、涣、弘、映、荣。弘，户部尚书，生肃。肃生震。震，夔州刺史。”

图 63 《田沼妻班氏墓志》墓志铭拓本

按《元和姓纂》，班景倩生有七子，第五子“弘”，应该是宏。

按《田沼妻班氏墓志》载班氏之父班景倩第五子为“愻”，应该是“懸”，即“悬”，可见《元和姓纂》宏兄弟排行有误。

但两者却互相印证了该班氏为班宏侄女无误，而其夫京兆府华原县主簿田沼，史册无记载。

# （二十一）班氏历史人物第四十一世——兄弟传 4

本传主要人物：班知、班监、班肃。

## 班知：班壹第四十一世孙，班固第三十四世孙

班知为以礼之重孙，景倩之孙，宏之长子。

按《巢邑班氏宗谱》载："班知，历任书记通判等职。"

其父宏封萧国公，官至户部尚书，加封右仆射，卒时废朝举哀，赐谥曰敬，可谓生荣死哀。

宏之德荫及子孙，子孙亦有荣光，在整个班氏历史人物上，宏是获得爵位最高的萧国公爵，其次是班超的定远侯爵。

知身为嫡长子，应该有袭封萧国公爵位，正史未载，仅为推测。

知历任书记通判等职。

书记，即主簿别称，掌管书牍记录。按南朝梁萧统著《文选·卷六十》之《齐竟陵文宣王行状》载："谋出股肱，任（任昉）切书记。"唐吕向注之曰："书记谓文学之士也。"唐时元帅府及节度使属官有掌书记，简称书记，主撰文字，见于《新唐书·百官四下·外官》。

通判一职可能有误，因为该官职在宋朝才出现，宋以前无。通判与知府知州共理政事，知府公事，并须长史、通判签议连书，方许下行。凡兵民、钱谷、户口、赋役、狱讼听断等事，可否定裁决，与守通签，所属官吏有善否修废，得刺举以闻。辽金元不设。明代府设通判，分掌粮运、督捕、水利等事务。清代沿置，府称通判，州称州判（见《续通志·职官二·大都护府》《续通志·职官七·各府》《清通志·职官六·通判》《历代职官简释·通判》《历代职官表·知府》）。因此此处记录应该有误传。

故班知历任唐朝书记等多职，无通判一说。

## 班监：班壹第四十一世孙，班固第三十四世孙

班监为以礼之重孙，景倩之孙，宏之次子。

按《巢邑班氏宗谱》载“班监，生于唐代宗大历初年，亦有才名”。

班监生于唐代宗大历（大历为唐代宗李豫第四个年号，公元766—779年，共十四年）初年，有才名，无官职记录。因才以举，应该是有官职，只不过官阶不显，故无记录。

班监最早当生于公元766年，则班知当生于公元766年之前，班宏卒于公元792年，年终七十三岁。可知班宏卒时，班监年二十七岁，班知年二十七岁上。

据《班宏传》所提《班繇墓志》载：“唐故国子监大学博士班府君墓志铭并序，弟朝议郎前行京兆府万年县丞士式撰，府君讳繇，字禹士。……府君即东汉中护军固廿三代孙也。曾祖思简，春官员外郎，赠许州刺史；大父景倩，秘书监，赠右仆射；烈考宏，户部尚书，萧国公，赠右仆射，累赠太保。轩冕相袭，为时贤彦，可谓馨香于邦国，辉赫于中外。府君即萧公第五子也。”

这里墓志记载与《巢邑班氏宗谱》有出入，按繇为宏之第五子，则为固第三十四世孙，与廿三代孙相差十一世。从班固卒年公元93年，至班宏卒年公元792年，相差近700年，按20年一代算，至少也得历35代。而按23代算，则一代至少30年，似乎有点不大可靠。古人男子按二十岁成年即加冠礼可婚配，甚至更早，除非战乱或有所稽延，但不至于相差若干许。因此推断《巢邑班氏宗谱》世系较为准确，《班繇墓志》的世系或许有误。

除此外，按墓志铭埋于地下，记墓主生前之事迹，亦必不差。那么班宏至少有五子，长子知，次子监，三子四子未知，五子繇曾任国子监大学博士官职。

另外注意到该墓志文的撰写者“弟朝议郎前行京兆府万年县丞士式撰”，这个朝议郎前任京兆府万年县县丞，名士式，自称弟。这就有意思了，很可能也是班姓，是其亲弟，名为班士式，难道是班宏第六子？无从稽考，暂存一疑。

## 班肃：班壹第四十一世孙，班固第三十四世孙

班肃为以郁之重孙，崇表之孙，佐之子。

按《巢邑班氏宗谱》载：“班佐，迁东川，官至西川节度副使，配相国冯翊

王严震女。”

佐与宏乃同宗兄弟辈。

佐迁东川，即剑南东川之简称，今四川荣县北旭水河（荣县河）上源之一。按《方舆纪要·卷七十二》荣县“荣川”条载：“东川在县北。亦自仁寿县山谷中出，东南流经城下，会于荣川。”再按清李元《蜀水经·卷十一》载：“荣水有二源：西源出荣隐山为荣川，东源出梧桐沟为东川，左右绕荣县城为双溪。”

佐官至西川（唐方镇之一，即剑南西川，治所在成都府，今四川成都市）节度副使，娶相国冯翊王严震女。

严震（公元724—799年），字遐闻，梓州盐亭（今属四川绵阳市）人。本农家子弟，治家有财，名于乡里。唐肃宗李亨至德（至德为唐肃宗李亨第一个年号，公元756—758年，共三年）、乾元（乾元为唐肃宗李亨第二个年号，公元758—760年，共三年）年间，以家产自助军需，被授为州长史。西川节度使严武知其才，署为押衙，委以军府众务。历任凤州刺史、兴凤两州团练使，为政清严，兴利除害，有美名声。唐德宗李适建中三年（建中为唐德宗李适第一个年号，公元780—783年，共四年，建中三年为公元782年）拜山南西道节度观察使。遇朱泚谋反，遣人诱而斩之。唐德宗欲幸山南，李怀光以骑兵追袭，震奉表迎驾以护卫有功，加检校户部尚书、兴元尹，封冯翊郡王。贞元元年（贞元为唐德宗李适第三个年号，公元785—805年，共二十一年，贞元元年为公元785年），入朝陪祭。贞元十一年（公元795年），加同平章事（即宰相职）。卒谥忠穆。事见《旧唐书·卷一百一十七·列传第六十七》与《新唐书·卷一百五十八·列传第八十三》。

可见佐自身名重，妻族亦一时名宦，与宏同耀门楣，可谓唐朝班氏家族最闪耀的时刻。

班肃为佐之子。

按《巢邑班氏宗谱》载：“班肃，生于唐代宗大历年间，贞元年间高郢（公元740—811年，字公楚，其先自渤海徙卫州，遂为卫州人，唐代宗宝应初擢进士第，又登茂才异行科，累擢咸阳尉。郭子仪镇朔方，辟为掌书记，以事贬猗氏丞。李怀光镇邠宁，奏为从事，及怀光反，郢止之而不听。后怀光被诛，李晟表其忠，马燧辟其为掌书记。后历任主客员外郎、刑部郎中、中书舍人、礼部侍郎。唐德宗贞元十九年（公元803年）擢中书侍郎、同中书门下平章事，寻罢知政事，出镇华洲。唐宪宗元和初年转兵部尚书。终以尚书右仆射致仕，卒谥贞。事见《旧唐书·卷一百四十七·列传第九十七》与《新唐书·卷一百六十五·列传第九十》）知贡举（知贡举为科举考试特设官员。唐朝为主考官，开元二十四年，公元736年始以礼部侍郎充任。宋朝设一员，并有同知贡举二三员。清朝会试监考官由礼部侍郎充任，只负责考场事务，不阅卷取士），擢为进士第一名。与当时文学大家柳子厚（柳宗元，公元773—819年，字子厚，河东人，唐朝文学家、思想家，唐宋散文八大家之一）相交最厚，由京归家，柳子厚尝作《送归序》以赠之。”

肃生于唐代宗李豫大历年间，唐德宗李适贞元年间，参加由高郢担任主考官的科举考试，被擢为进士第一名。

隋朝始置进士科考试以招人才。唐朝逐渐盛行，分诗、赋及时务策五道与帖一大经，经策全通谓甲第，策通四、帖过四以上为乙第，后以箴论表赞代诗赋试策三道。宋朝更加重视，考诗赋论时务策，元祐四年（宋哲宗赵煦第一个年号，元祐四年为公元1089年）分诗赋与专经两科进士，绍圣元年（宋哲宗赵煦第二个年号，绍圣元年为公元1094年）罢诗赋进士科，南宋复设。进士录取第一二等赐及第，第三等赐出身，第四、五等赐同出身。进士及第及出身者，待遇优厚。元朝分论、经义、词赋三科。明清分文、武二科，以乡试合格举人赴会试，中试者可以赴殿试，殿试分一、二、三甲取名次，一甲三人，称状元、榜眼、探花，赐进士及第，二甲若干人，赐进士出身，三甲若干人，赐同进士出身。

可见唐朝时肃为进士第一名，当时没有殿试一说，殿试由皇帝钦点，而是直接发榜，等同后世一甲第一名状元了。在整个班氏历史人物上，肃是第一个也是唯一一个状元郎了。

肃与后来被评为唐宋散文八大家之一的柳宗元非常投契，两人相交甚厚。

据柳宗元是在贞元九年（公元793年，时年21岁）中进士及第，也是第一等，肃中进士第一也是贞元年间，二人如此交厚，那么是否同科进士呢？且往下看。

不久柳宗元因父丧回家守孝，三年丁忧期满后，贞元十二年（公元796年）至秘书省任校书郎，贞元十四年（公元798年）参加博学鸿词科考试（这在当

图 64　班肃像（选自安徽《巢邑班氏宗谱》像赞引）

年是非常非常难考的试，考中才能赐官上任），并中榜，授集贤殿书院正字，这些都是后话了，只是说明柳宗元当时虽然没有拿第一名，但已是非常了不起。

虽然班肃事迹很难追寻，但还是从柳宗元的作品中找到了证据。

那就是当年班肃中进士第一名后，要回东川老家（其父佐迁东川）探亲之时，柳宗元大笔挥就《送班孝廉肃擢第归东川觐省序》一文，以为两人友谊的见证。

下附该序全文（见《柳宗元集·卷二十二·序》）：

陇西辛殆庶，猥称吾文宜序事（柳宗元亦作《送辛殆庶下第游南郑序》一文送之），晨持缣素，以班孝廉之行为请（这里回答上面的提问了，贞元十七年，公元801年，班肃、辛殆庶、郑方、许稷等十八人登进士第为同科，可见比柳宗元那一科晚了8年）。且曰："夫人殆所谓吉士也。愿而信，质而礼，言不黩慢，行不进越。其先两汉间继修文儒，世其家业（言班固自叙事）。其风流后胤，耽学笃志之士，往往出于其门。今夫人研精典坟，不告劬勚。属者举乡里，登春官，获居其甲焉。家于蜀之东道，其严君以客卿之位，赞是方岳，为大夫良。今将拜庆宁觐，光耀族属，是其可歌也。道出于南郑，外王父以将相之重（言其外祖父严震事），九命赤社，为诸侯师。今又将亟驾省谒，从容燕喜，是又可歌也。故我与河南独孤申叔、赵郡李行纯、行敏等若干人，皆歌之矣。若乃序者，固吾子宜之。"柳子曰："吾尝读《王命论》及《汉书》，嘉其立言。彼生彪、固之胄欤？相国冯翊公，功在社稷，德及生人。其门子游文章之府者，吾尝与之齿（严震有四子：憾、协、公弼、公贶）。彼生严氏之出欤？承世家之儒风，沐外族之休光。彼生专圣人之书，而趋君子之林，宜矣哉！"遂如辛氏之谈，濡翰于素，因寓于辞曰：为我谢子之舅氏，珠玉将至，得无修容乎！

# （二十二）班氏历史人物第四十三世——班蒙传

本传主要人物：关于班蒙的生平事迹与流传典故。

**班蒙，班壹第四十三世孙，班固第三十六世孙，肃之孙，肃次子爽之子。**

按《巢邑班氏宗谱》载："班蒙，生于唐武宗会昌年间，聪颖绝人，登进士第。令狐绹出镇淮海，公为招讨副使。当解大明寺语时，人赞叹：'以为杨修黄娟之智，亦不过此解语。'"

班肃有两子，长子奭，生子一为殿，次子爽，生子一为蒙。

蒙聪慧颖悟，高智商，博学有识，继承祖父肃之遗志，同样进士及第，也是个学霸人才。

令狐绹（公元795—872年），字子直，京兆府华原（今陕西省耀县东南）人，唐初史学家令狐德棻之后，其父令狐楚，为长庆（长庆为唐穆宗李恒年号，公元821—824年，共四年）时重臣。（绹）大和（大和为唐文宗李昂第二个年号，公元827—835年，共九年）进士，会昌（会昌为唐武宗李炎年号，公元841—846年，共六年）时任湖州刺史，大中（大中为唐宣宗李忱年号，公元847—859年，共十三年）时迁考功郎中、知制诰，后入翰林学士，累官至宰相，辅政十年。与宣宗论政，曾曰："至治未尝任不肖，至乱未尝任贤。任贤，享天下之福；任不肖，罹天下之祸。"颇受宣宗赏识。咸通（咸通为唐懿宗李漼年号，公元860—873年，共十四年）时，由尚书左仆射转为河中、宣武、淮南等节度使，安南平，封凉国公。咸通九年（公元868年）庞勋起义军攻占徐州，其众六七万人，陷滁、和、楚、寿等处，诏绹为徐州南面招讨使。起义军攻泗州，杜慆坚守，绹命李湘率兵救之，义军直袭湘军，湘军败；翟行约率兵与湘军会，未至而覆没，绹既败北，乃以大将军马举代之。以绹为太子太保，分司东都。僖宗（唐僖宗李儇）初拜凤翔节度使，加同平章事，徙封赵，不久，卒，赠太尉。事见《旧唐书·列传·卷一百二十二》。

令狐绹曾做《登望京楼赋》一首，诗云：

夷门一镇五经秋，未得朝天不免愁。
因上此楼望京国，便名楼作望京楼。

李商隐年轻才盛，喜做骈文，为白居易所欣赏，后白居易将其推荐给令狐楚，令狐楚非常器重李商隐，收其为徒，李商隐拜得恩师，学业猛进，与其子令狐绹成为好友。不过造化弄人，李商隐才名颇大，却屡试不第，而令狐绹却中进士入长安做了郎中，时旅居洛阳的李商隐曾做《寄令狐郎中》一首相寄，诗云：

嵩云秦树久离居，双鲤迢迢一纸书。
休问梁园旧宾客，茂陵秋雨病相如。

不过因为朝廷“牛李党争”之故，令狐楚属牛党一派，而李商隐在令狐楚死后，娶了泾原节度使王茂元之女王晏媄，王茂元属李党一派，令狐绹认为李商隐背信弃义，与之断交，后来李党失势，李商隐登门遭冷遇，嘲之而去，二人再未言和。

《桂苑丛谭》为唐冯翊所著文言轶事小说集，共一卷，《新唐书·艺文志·卷四十九》著录。书中所记多琐屑怪异之事，却也有相关事迹关联史籍处，可佐证史书之缺。

书中有记录一则小故事，名为《班支使解大明寺语》，其文如下：

太保令狐相绹出镇淮海日（绹时为淮南节度使，治所在扬州），支使班蒙与从事（指僚属或随从人员），俱游大明寺之西廊，忽睹前壁题云：“一人堂堂，二曜重光。泉深尺一，点去冰旁。二人相连，不欠一边。三梁四柱烈火然，添却双勾两日全。”诸宾至而顾之，皆莫能辨。独班支使曰：“一人非大字乎？二曜者日月，非明字乎？尺一者寸土，非寺字乎？点去冰旁，水字也。二人相连，天字也。不欠一边，下字也。三梁四柱烈火燃，无字也。添却双勾两日全，比字也。以此观之，得非‘大明寺水，天下无比’八字乎？”众皆恍然曰：“黄绢之奇智（东汉末年蔡文姬之父蔡邕，曾于曹娥碑后题‘黄绢幼妇外孙齑臼’八字，无人能解。后曹操携僚属见之，杨修立解：黄绢，色丝也，于字为绝。幼妇，少女也，于字为妙。外孙，女子也，于字为好。齑臼，受辛也，于字为辤，辤同辞，所谓‘绝妙好辞’也)，亦何异哉!”嗟叹弥日。询之老僧，曰：“顷年有客独游，题之而去，不言姓氏。”

令狐绹任淮南节度使，镇守淮海之时，蒙为其招讨副支使，主要负责军粮器械等。蒙与僚属尝同游大明寺，见西廊壁上题字，众人迷惑，蒙立解之，皆赞其亦杨修解黄娟之智。只是题字人未留姓名，亦无从知晓。

这则小故事亦收录在唐佚名撰《玉泉子见闻著录》中，共五卷，《新唐书·艺文志·卷四十九》著录。只是断句不同，均是四字，曰：“一人堂堂，二曜重光。泉深尺一，点去冰旁。二人相连，不欠一边。三梁四柱，烈火而然。添却双勾，两日不全。”字数有增加，恐非壁上原文，作者自加之，以为通顺故。

宋李昉等编选的《太平广记·卷一百七十四》收录了《桂苑丛谈》这则故事原文，清曹寅等编选的《全唐诗·卷八百七十七》亦收录《桂苑丛谈》该故事，并题为“大明寺壁语”，记录人事及解谜过程。

可见班蒙解大明寺语一事不虚，确有其事。

大明寺，今江苏扬州市西北蜀岗中峰上，始建于南朝宋大明（大明为南朝宋孝武帝刘骏第二个年号，公元457—464年，共八年）年间，故得名。

图65　江苏扬州大明寺

隋朝仁寿元年（仁寿为隋文帝杨坚第二个年号，公元601—604年，共四年，仁寿元年为公元601年）在寺内建栖灵塔，故又称栖灵寺。唐朝高僧鉴真大师曾为该寺主持。后来屡有兴废，清朝乾隆三十年（清高宗乾隆皇帝爱新觉罗·弘历年号，公元1736—1795年，在位六十年，后禅位嘉庆，自为太上皇。乾隆三十年为公元1765年）下扬州，因寺名大明而不喜，亲笔题名改为法净寺。后受战火损坏，至同治（清穆宗同治皇帝爱新觉罗·载淳年号，公元1862—1874年，在位十三年）年间重新修建。

1980年4月，鉴真（扬州人，曾东渡日本传教，1963年寺内建有鉴真纪念堂）大师座像从日本回国探亲前夕，才改回大明寺。

这里班蒙所解“大明寺水，天下无比”的水，指的是大明寺内的泉水，有碑题为第五泉。

图66 江苏扬州大明寺第五泉

**附记** “好事者”茶圣陆羽著《茶经·五之煮》载：“其水，用山水上，江水中，井水下。”陆羽认为泉水最佳，曾排名天下水，记录在《水品》一书中，可惜该书已失传。唐朝末年茶人张又新著《煎茶水记》完整记录陆羽排名天下水，顺序如下：

江州庐山康王谷谷帘水第一，常州无锡县惠山石泉第二，蕲州兰溪石下水第三，硖州扇子硖蛤蟆口水第四，苏州虎丘寺石泉第五，江州庐山招贤寺下石桥潭水第六，扬州扬子江中泠水第七，洪州西山瀑布水第八，唐州桐柏县淮水源第九，江州庐山顶龙池水第十，润州丹阳县观音寺井水第十一，扬州大明寺水第十二，汉江金州上流中泠水第十三，归州玉虚洞春溪水第十四，商州武关西洛水第十五，苏州吴松江水第十六，如州天台西南峰瀑布水第十七，郴州园泉第十八，严州桐庐江严陵滩水第十九，雪水第二十。

该书中另有记录茶人刘伯刍的观点，与陆羽不同，只有前七，顺序如下：

扬州扬子江中泠水第一，常州无锡县惠山石泉第二，苏州虎丘寺石泉第三，润州丹阳县观音寺水第四，扬州大明寺水第五，苏州吴淞江水第六，淮水第七。

# （二十三）班氏历史人物第四十五至五十三世——合传 3

本传主要人物：班登、班麒、班祥寿、班絢、班仲。

## 班登：班壹第四十五世孙，班固第三十八世孙

登为肃之玄孙，奭之重孙，殿之孙，谦之子。

班肃有两子，长子奭，生子一为殿，次子爽，生子一为蒙。殿生子一为谦，谦生子一为登。

登为班固第三十八世孙，区别于另一个班登（为班超第十四世孙，因后世迁出，无法稽考，当知是不同时代的两个人）。

按《巢邑班氏宗谱》载："班登，少登科第，官拜殿中丞，出为筠州太守，广修桥梁，人民颂之。"

登，非常聪慧，少登科第，年纪轻轻考中进士，除了自身知识过硬，还要一定的科场运气。古时中进士特别难，像柳宗元、班肃都是二十岁上才中，就算特别优秀的人，上了科场发挥不佳，或者考题难易程度，或者考官贪污受贿等，那只能怪运气不佳。正如现今高考一样，考场也有一份运气在，所以说登年少考中进士，实属难得。

登，生卒年失考，大体推断，应该是生于五代十国时期，北宋初期，官拜殿中丞。

殿中丞为殿中省佐官，唐武德三年（武德为唐高祖李渊年号，公元 618—626 年，共九年，武德三年为公元 620 年）置殿内丞，员二人，属从五品上，协助殿中监、少监处理本省日常事务，兼勾检稽失、省署抄目。龙朔二年（龙朔为唐高宗李治第三个年号，公元 661—663 年，共三年，龙朔二年为公元 662 年），随本省改名中御大夫。咸亨元年（咸亨为唐高宗李治第七个年号，公元 670—674 年，共五年，咸亨元年为公元 670 年）复旧名。至北宋前期为五品寄禄官，

图 67　班登像（选自安徽《巢邑班氏宗谱》像赞引

元丰（元丰为宋神宗赵顼第二个年号，公元 1078—1085 年，共八年）改制后罢，可知登拜殿中丞时在北宋前期。崇宁二年（崇宁为宋徽宗赵佶第二个年号，公元 1102—1106 年，共五年，崇宁二年为公元 1103 年），又复置员一人，辽朝亦置南面朝官，隶属殿中司。

登后来迁出任筠州（主要辖今江西高安、宜丰、上高、万载、清江等县，治所在高安县，今江西省高安市，属县级市）太守，因广修桥梁，颇有惠民政绩，当地百姓歌颂之，可谓民德归厚。

## 班麒：班壹第四十七世孙，班固第四十世孙

麒为登之孙，领之次子。

登生子二，长子领，次子荷；荷生子一鸾，领生子二，长子广，次子麒。

按《巢邑班氏宗谱》载："班麒，才学优裕，任常德县学正。"

麒颇有乃祖之风，聪明好学，学问渊博，曾任常德县（今湖南省常德市）学正。

学正，正是宋朝始置，初为太学职事之一，属国子监，掌学规，诸生犯学规则受处罚，见《宋史·志一百一十八·职官五·国子监》。元朝亦置国子监学正，掌督习课业，太史院也置学正，为从九品，各路、府、州学均设学正，见《元史·志三十七·百官三·集贤院·国子监》《元史·志三十八·百官四·太史院》《元史·志四十一·百官七·诸路总管府·儒学教授》。明朝国子监学正有十人，正九品，州学学正掌训导教诲所属生员，见《明史·职官二·国子监》《明史·职官四·儒学》。清朝国子监学正、学录掌南学事务，州学正为正八品，见《清史稿·志九十·职官二·国子监》《清史稿·志九十一·职官三·儒学》。

可见麒任学正，政学一体。

## 班祥寿：班壹第四十八世孙，班固第四十一世孙

祥寿为麒之长子。

麒生子二，长子祥寿，次子林寿。

按《巢邑班氏宗谱》载："班祥寿，官常州训导。"

常州，隋开皇九年（开皇为隋文帝杨坚第一个年号，公元581—600年，共二十年，开皇九年为公元589年）改晋陵郡置，治所在常熟县（今江苏省常熟市西北），见《元和志·卷二十五》。后移治晋陵县（今江苏省常州市），至大业（大业为隋炀帝杨广年号，公元604—618年，共十五年）初改为毗陵郡。唐武德三年（武德为唐高祖李渊年号，公元618—626年，共九年，武德三年为公元620年）复为常州，至垂拱二年（垂拱为唐睿宗李旦第三个年号，公元685—688年，

共四年，垂拱二年为公元 686 年）又分晋陵县西界置武进县，同为州治。天宝（天宝为唐玄宗李隆基第三个年号，公元 742—756 年，共十五年）初改为晋陵郡，乾元（乾元为唐肃宗李亨第二个年号，公元 758—760 年，共三年）初复为常州，其辖境相当于今江苏常州、无锡、江阴、武进、宜兴等。元朝至元十四年（至元为元世祖忽必烈年号，公元 1271—1294 年，共二十四年，至元十四年为公元 1284 年）升为常州路。

祥寿官迁常州，其父官在筠州，从湖南又迁至江苏了。

不过训导一职可能有误，明朝洪武二年（洪武为明太祖朱元璋年号，公元 1368—1398 年，共三十一年，洪武二年为公元 1369 年）始置训导一职，各府州县学均设一人，分别为府学教授、州学学正、县学教谕之副职，分掌教授生徒之事。清儒学在府佐教授，在州佐学正，在县佐教谕，品阶有差，主要掌训迪学校生徒，课艺业勤惰，评品行优劣，以听於学政，见《清史稿・志九十一・职官三・儒学》。

可见训导明清才有，宋时无，记载有误，不过看出祥寿与父职类似，大体在州学正，为副职类官。

## 班絢：班壹第五十一世孙，班固第四十四世孙

絢为祥寿之重孙，仲阳之孙，太和之子。

按《巢邑班氏宗谱》载："班絢，宋时人，有文学，登科第。"

絢为登之鼻孙，登为絢之烈祖，七代之间，絢再登进士科第，有文学之名，耀烈祖之遗风，颇为难得。按二十年一代推算，絢大致在宋神宗、宋哲宗年间，按四十年寿推算，则大致于北宋末年了，故絢大体为北宋人，最晚寿于北宋末年。

北宋文坛颇盛，文风更扬，一时文学大家辈出，范仲淹、晏殊晏几道父子、欧阳修、王安石、三苏、苏门之前后四学士等，这也是北宋右文抑武的国策之故。絢亦学文，进科场，中进士，当属常理。只是北宋边疆事起，从此战火相连，要生灵涂炭了。

## 班仲：班壹第五十三世孙，班固第四十六世孙

仲为绹之孙，和之长子。

绹生子二，长子义，次子和。义生子三，长子富，次子灵，三子隆，和生子二，长子仲，次子停。

按《巢邑班氏宗谱》载："班仲，字仲明，官至将仕郎。"

仲为绹之孙，正当北宋末年，金国入侵之时，国民南迁，开启南宋王朝的一方偏安。

仲字仲明，官至将仕郎。

将仕郎，大业三年（大业为隋炀帝杨广年号，公元604—618年，共十五年，大业三年为公元606年，或说公元607年，其父文帝公元604年7月逝，杨广即位沿用）始置，属谒者台，员五十人，从八品，掌出使，见《隋书·志卷二十三·百官下·谒者台》。唐朝定为文散官，从九品下，见《新唐书·志卷三十六·百官一·吏部》。至宋初沿用，元丰三年（元丰为宋神宗赵顼第二个年号，公元1078—1085年，共八年，元丰三年为公元1080年）废，崇宁二年（崇宁为宋徽宗赵佶第二个年号，公元1102—1106年，共五年，崇宁二年为公元1103年）置为选人新阶官，取代旧阶、官军巡判官，司理、司户、司法参军，县主簿、尉，至政和六年（政和为宋徽宗赵佶第四个年号，公元1111—1118年，共八年，政和六年为公元1106年）改为迪功郎，同时改假将仕郎为将仕郎，见《宋史·志一百二十二·职官九·文散官》。元朝不置，明朝为文散官正九品，初授，见《明史·职官一·吏部·文之散阶》。

可见仲任将仕郎，为文散官一类，南宋朝廷已不振，正所谓暖风熏得游人醉，直把杭州作汴州。

# （二十四）班氏历史人物第六十一世
# ——班惟志传（上篇）

本篇主要内容：关于班惟志的生平事迹。

**班惟志，班壹第六十一世孙，班固第五十四世孙。**

按《巢邑班氏宗谱》载："班彦功，元时才子，工于辞藻。"

惟志，字彦功，号恕斋，有才学，工于辞藻，典型文人一枚。南宋朝廷苟延残喘了 152 年被灭，再归元朝一统，惟志生时已为元朝，故称元才子。

其祖父恭二，迁北京市宛平县，生子二，长子有体，次子景仁，有体生子惟志，景仁生子惟周。有人说惟志为大梁（今河南省开封市）或松江（今上海市松江区）人，值得商榷。当时南宋偏安，金人占据中都（即北京），而后蒙古灭金，建大都（即北京），恭二因战乱而辗转至北京，按此说，惟志应该是北京人。后蒙古灭南宋，或可能南迁，但南方战乱，避之不及，可能性极小。元朝一统，天下暂宁，有体、景仁未必南归，故此至惟志应该还是在宛平。待惟志长成，四处游学，南下杭州，勤学书法，终成大器。

以上属于个人推理，但不是推翻籍贯，因为惟志很有可能祖籍就是在大梁，只是祖父迁到北京，因为说他籍贯大梁的，不是别人，正是惟志自己，后文自有交代。那就没什么可怀疑了，但我还要说明，惟志先人祖籍是河南大梁，然后至恭二迁北京，后面可能定居北京，可能继续迁移辗转，所以才有惟志后来学于杭州、卒于杭州之故了。

按《巢邑班氏宗谱》载："班惟志，生有两子，长子尚质，次子立生。班惟周，生一子尊五。"

惟志之子与惟周之子，事迹不可考，后辈子孙再续传奇，此是后话。

关于惟志生平，主要见于《书史会要》与《游居柿录》，这两部是什么书呢？

《明史・列传・卷一百七十三》载：陶宗仪，字九成，黄岩人。父煜，元福建、江西行枢密院都事。宗仪少试有司，一不中即弃去，务古学，无所不窥。出游浙东、西，师事张翥、李孝光、杜本。为诗文，咸有程度，尤刻志字学，习舅氏赵雍篆法。浙帅泰不华、南台御史丑驴举为行人，又辟为教官，皆不就。张士诚据吴，署为军谘，亦不赴。洪武四年诏征天下儒士，六年命有司举人才，皆及宗仪，引疾不赴。晚岁，有司聘为教官，非其志也。二十九年率诸生赴礼部试，读《大诰》，赐钞归，久之卒。所著有《辍耕录》三十卷，又葺《说郛》《书史会要》《四书备遗》，并传于世。

可知《书史会要》为元末明初陶宗仪所撰，清朝纪昀主编《四库全书》收录于《子部八・艺术类一・书画之属》共九卷，外加《补遗》一卷，明人朱谋垔撰《续书史会要》一卷，亦收录于《四库全书》该书其后。

清末张之洞撰写《书目答问》之《卷三・子部》亦收录《书史会要》九卷，《补遗》一卷。

而清初王士禛撰写笔记小说集《池北偶谈》，又名《石帆亭纪谈》共二十六卷，部分内容由其子辈整理而成。该书近一千三百条，分谈故、谈献、谈艺、谈异四目，按书中《卷八・谈献四》载："叶文庄论陶南村，孙大雅作《沧螺集》，有《陶南村传》，载其不应浙帅泰不华、南台御史丑驴辟举。张士诚开府姑苏，以军谘屈之，亦谢不往。洪武癸丑，命守令举人才，复以病免。艺圃种菊，有靖节之风。又称其所著《辍耕录》，文献足征。其人品著述为世所重如此。乃《水东日记》谓《书史会要》为杨文贞所不取；又谓《辍耕录》可鄙。岂恶其人者，恶及储胥，文庄亦有所不免耶？何雌黄之过至此。"明人大家杨文贞不认可该书，亦一家之言也。

《书史会要・卷七》主要收录元朝书法大家，内载有班惟志信息。

明朝"公安派"文学"三袁"之一的袁中道，字小修，撰有《游居柿录》，又名《袁小修日记》二十卷。袁小修曾谓班惟志书法云："惟志行書，清健出塵，不在趙王孫（元初书法家赵孟頫）下。"

结合相关史料信息，我们理出惟志主要生平事迹。

惟志早年寓居杭州之时，邓文原（《书史会要》亦收录之，与赵孟頫、鲜于

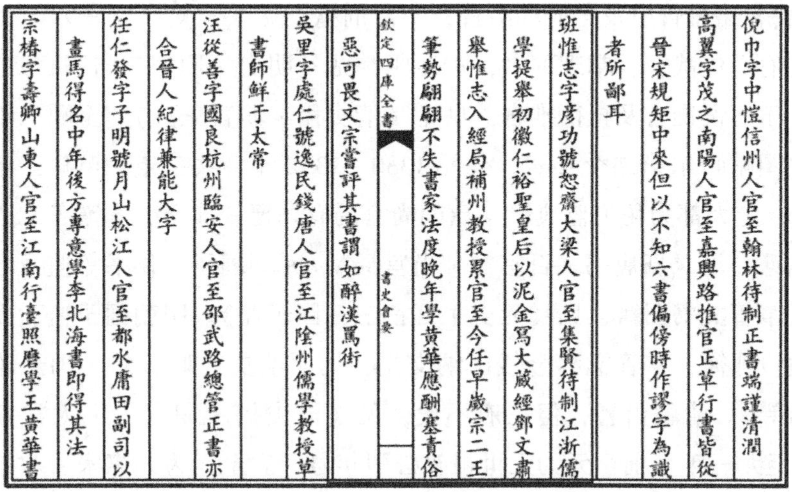
倪巾字中愷信州人官至翰林待制正書端謹清潤
高巽字茂之南陽人官至嘉興路推官正草行書皆從
晉宋規矩中來但以不知六書偏傍時作謬字為識
者所鄙耳
班惟志字彦功號恕齋大梁人官至集賢待制江浙儒
學提舉初徽仁裕聖皇后以泥金寫大藏經鄧文肅
舉惟志入經局補州教授累官至今任早歲宗二王
筆勢翩翩不失書家法度晚年學黃華應酬塞責俗
惡可畏文宗嘗評其書謂如醉漢罵街
欽定四庫全書　書史會要
吳里字處仁號逸民錢唐人官至江陰州儒學教授草
書師鮮于太常
汪從善字國良杭州臨安人官至邵武路總管正書亦
合晉人紀律兼能大字
任仁發字子明號月山松江人官至都水庸田副司以
畫馬得名中年後方專意學李北海書即得其法
宗椿字壽卿山東人官至江南行臺照磨學王黃華書

图 68　《书史会要》卷七班惟志信息

枢并称元初书法三大家）为杭州路儒学正，惟志拜其为师习书法，宗法二王（书圣王羲之与其第七子王献之并称书法二王，王羲之最为人推崇的便是天下第一行书《兰亭集序》，王献之最好行书首推《鸭头丸帖》，清朝内务府“三希帖”就包括王羲之的《快雪时晴帖》、王献之的《中秋帖》与王洵的《伯远帖》，王洵为王羲之堂侄，号称书坛三杰。乾隆最喜欢“三希帖”，常于故宫“三希堂”凝神静思，揣摩其意。其中《快雪时晴帖》现收藏于台北故宫博物院，《中秋帖》与《伯远帖》现收藏于北京故宫博物院），笔势翩翩，不失书家法度。元贞（元贞为元成宗铁穆耳第一个年号，公元 1295—1297 年，共三年）间，徽仁裕圣皇太后（元成宗之母，元裕宗皇后）欲以泥金写《大藏经》，邓文原举荐惟志，随行入大都。泰定（泰定为元帝也孙铁木儿第一个年号，无庙号，公元 1323—1327 年，共五年）间，经举荐，补浮梁州（今江西省景德镇市浮梁县）教授，不久，迁晋州（今河北省晋县）州判。致和（致和为元帝也孙铁木儿第二个年号，无庙号，公元 1328 年，共一年）年间，为绍兴路总管府推官（唐朝始置，节度使、观察使、团练使、防御使、采访处置使下皆设一员，位次判官、掌书记，掌推勾狱讼之事，见《新唐书·百官四下》。五代因之。宋朝三司各部设一员，主管各案公事，见《宋史·职官七·幕职官》。金朝始为地方官，诸留守司、路总管府、府均设，分判刑狱及其他政务，品秩从六品或正七品，见《金史·百官三》。元朝各路总管府及各府亦沿置，掌治刑狱，见《元史·百官六与百官七》。明朝为各府之佐贰官，掌理刑名，赞计典，见《明史·职官三与职官四》。清初沿明制，于府设推官及挂衔推官，见见《清史稿·职官三》）。至顺三年（至顺为元文宗图帖睦尔第二个年号，公元1330—1332年，共三年，至顺三年即公元1332年），上大都为秘书监典簿（唐朝尚宫局有司簿、典簿、掌簿各二人，掌女史以上名簿，见《新唐书·百官二·尚宫局》。元朝国子、秘书等监及各司，都设典簿，掌管文书图籍，见《元史·百官三·国子监》。明朝国子监、太常寺和各王府也设典簿，掌管文移金钱出纳支受，见《明史·职官二·国子监与职官三·太常寺》。清朝沿置，但王府不设，见《清史稿·职官二·太常寺与国子监》）。至元三年（前至元为元世祖忽必烈年号，后至元为元惠宗妥欢帖睦尔第二个年号，公元1335—1340年，共六年，至元三年为公元1337年）为平江路常熟州知州，除奉议大夫（金朝设为文职正六品封阶，上称奉政大夫，下称奉议大夫，见《金史·百官一·文官九品》。元代升为正五品。明朝正五品，初授为奉议大夫，升授为奉政大夫，见《明史·职官一·文之散阶》。清沿明制）。至正（至正为元惠宗妥欢帖睦尔第三个年号，公元1341—1370年，共三十年）初，为江浙儒学提举司提举（宋朝枢密院编修敕令所设提举，为该所长官以丞相兼任，见《宋史·职官二·编修敕令所》。元朝沿用，或正五品，或从五品，或正六品，为掌管专门事务的官员，还有都提举，位在提举之上，多为正四品，见《元史·百官一》。明代盐课提举司、市舶提举司等，皆以提举为长官，前者掌盐池之事，后者掌海外诸藩朝贡市易之事，见《明史·职官四》，而工部所属大通关提举司以提举为长官，见《明史·职官一·工部》）。儒司秩满，再北上大都，授集贤待制（唐高宗永徽年间，命弘文馆学士一人日制于武德殿西门，至唐代宗永泰时勋臣罢制无职事者都待制于集贤门，后成定制，以文官六品以上更为更直待制，备顾问。宋朝各殿阁皆设待制官，位在直学士下。辽金元明都设翰林院待制。清朝废）。致仕南归，卒于杭州。

惟志博学多能，兼擅书法。早年学二王，晚年学黄华（王庭筠，字子端，金辽东盖州熊岳人，号黄华山主。金世宗完颜雍大定十六年，公元1176年进士，调恩州军事判官。郡民邹四谋反，事泄，捕千余人而邹四逃匿，庭筠以计擒邹四，分别主从，仅罚办预谋者十二人，有政声。金章宗完颜璟在位时试馆职，罢归，读书黄华山寺，因以自号。后召为应奉翰林文字，累迁翰林修撰。诗书画均工，尤善山水墨竹，大词人元好问誉其为“百年文坛公主盟”。留有《丛辨》十卷与文集四十卷)，应酬塞责，俗恶可畏。

元文宗图帖睦尔尝评其书如醉汉骂街。

元朝钟嗣成撰《录鬼簿》记录自金朝末至元中期的杂居、散曲艺人等八十余人，列关汉卿于首位，列班惟志于曲家“方今名公”十人之中。

明朝朱权编撰《太和正音谱》记录北曲曲谱，列班惟志于“词林英杰”一百五十人之中。

可见惟志词曲方面，亦有盛名。

# （二十五）班氏历史人物第六十一世
# ——班惟志传（中篇）

本篇主要内容：班惟志诗书双绝的别样人生之书法境界。

中国元朝在蒙古人统治之下，中原的农耕文明遭到破坏，许多土地被圈以兴建牧场，种族文化开始冲撞与糅合，中原传统文化在遭到破坏的同时，却也在同化着蒙古族的文化。这是一个相互激荡的历史，文化的生命张力更加凸显，不会因为异族的融入而灭亡，相反展现出强大的包容性，使得中原文化更加地茁壮和璀璨。就以书法为例，历代书法家颇多，而元朝时书法的传承和发展达到鼎盛，这是意想不到的事情。

惟志就是元朝建立后当时极负声望的一代书法大家，元朝祖柏（元朝浙江庆元人，寓居嘉定，号子庭，幼学禅宗，常住慧聚寺，善画兰，与普明齐名，能口辩，有诗名，云游僧人，有《不系舟集》）有诗《嘲游虎丘》云："家家恕斋（惟志号恕斋）字，户户雪窓（普明，元朝浙江嘉定人，号雪窗，善画兰，与祖柏齐名）兰。春来行乐处，只说虎丘山。"可见当时惟志书法字帖流传之广，市人争尚不已。

明朝王世贞（明朝苏州府太仓人，字元美，号凤洲，又号弇州山人，嘉靖二十六年，公元1547年进士，历官刑部郎中、尚书。杨继盛因弹劾严嵩而遭下狱，世贞时进汤药，代其妻草疏，杨死后代为棺殓，为严嵩所恨，后被调外任。至张居正执政被罢官，遇王锡爵执政后复起用，以疾辞归。始与李攀龙主持文坛，后独主文坛二十年，才名最盛，曾论文必称西汉，诗必称盛唐，著作颇多）著《弇州山人四部稿·卷一百三十》之"杂古墨蹟"条载："前二纸智永一劄似临笔，褚河南断简得之，陆太宰所本与右军帖为一卷，故黄琳美之家物也。眉山兄弟二劄，故当雁行襄阳诸诗，尤自秀颖。邓文肃、班彦功、饶介之，皆元人名书家，翩翩可喜也。余所为聚此卷，如穷波斯采宝得成宝船，辛苦头白。"惟志师承邓文肃，而青出于蓝，后世多有褒扬。

惟志传世书法留存不多，但篇篇都是精品。

惟志曾书写真草二体《千字文》，徐邦达《重编清宫旧藏书画目》，人民美术出版社 1997 年版，书云："班惟志，二体千字文，纸、石初、御，申氏，真迹，上上。"

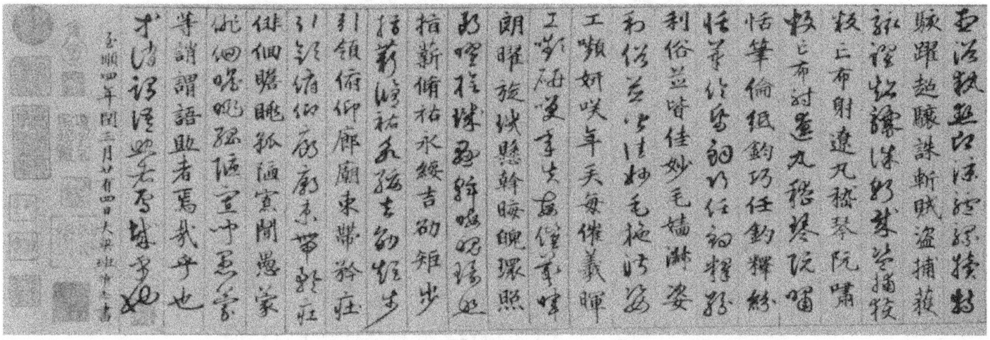

图 69　班惟志真草千字文书法

如《跋鲜于枢草书韩愈进学解》，现收藏于北京首都博物馆。

其书释文：西溪先生，昔谢运司幕宾，买屋湖滨，居闲十年，所以文章字画大进，深非得之途人语，盖在家庭侍。先考尝言之至书，文公此解，得非潜寓己意云？读者试一思之。后学班惟志信笔，书于嘉禾遂闲亭。

如《跋赵孟頫书前后赤壁赋册》，现收藏于台北故宫博物院。

五代时期顾闳中作《韩熙载夜宴图》，惟志于泰定三年（泰定为元帝也孙铁木儿第一个年号，无庙号，公元 1323—1327 年，共五年，泰定三年为公元 1325 年，有说 1326 年，因 1323 年不算改元，从次年改元泰定也说得通）题《跋韩熙载夜宴图》，诗首云："唐衰藩镇窥神器，有识谁甘近狙辈。韩生微服客江东，不特避嫌兼避地。"

惟志也曾题跋北宋易元吉《山猿野麞图》，其卷首云："一猿坐石一攀枝，饮岸驯麞并立窥。将诏品题穷世态，又成三绝画诗痴。"二者有异曲同工之妙。

再如惟志行草题《雪江图》，现收藏于美国波士顿美术馆。

其书七绝诗云："长江浩浩不可极，中有渔舟尽日闲。日暮得鱼沽酒去，不知风雪满千山。"

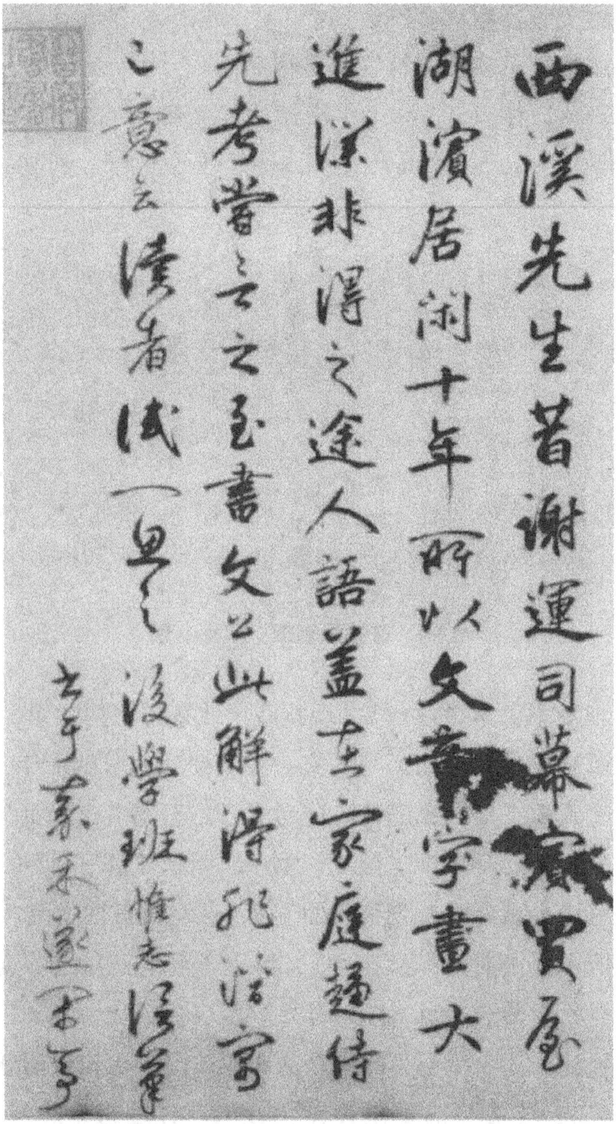

**图 70　班惟志《跋鲜于枢草书韩愈进学解》书法**

惟志与当时大家赵孟頫、杨维桢、张伯雨等交往相类，最为至交者当首推黄公望，大名鼎鼎的《富春山居图》就是黄公望的画作。黄公望在其诸多作品中多次提到“班彦功”，如北京故宫博物院收藏的《九峰雪霁图轴》，就是赠送惟志的画作。

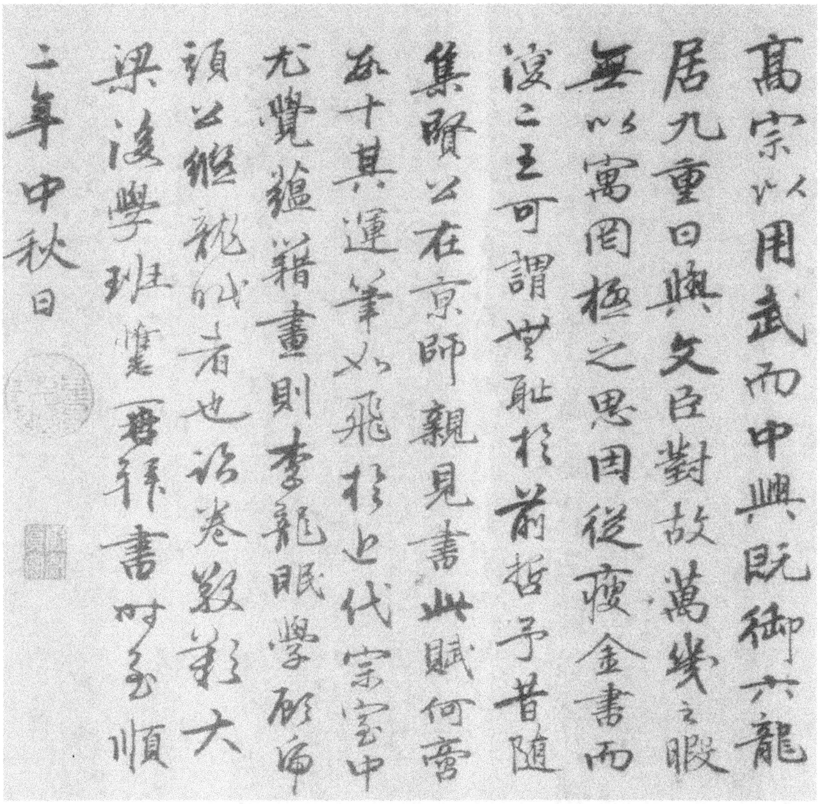

图 71　班惟志《跋赵孟頫书前后赤壁赋册》书法

黄公望自题其画曰：“至正九年春正月，为彦功（班惟志）作雪山，次春雪大，作凡两三次，直至毕工方止，亦奇事也。大痴道人（黄公望自号），时年八十有一，书此以记岁月云。”

可见黄公望与班惟志也是一对重量级组合，一画一书，相得益彰，文艺相交，传为佳话。

从惟志题款多言“大梁班惟志”，可见惟志自述河南大梁人，祖籍是也。而钤印多为“彦功”，是其字也。亦有号者，如《题雪江图》则是落款“恕斋”，为其号也。

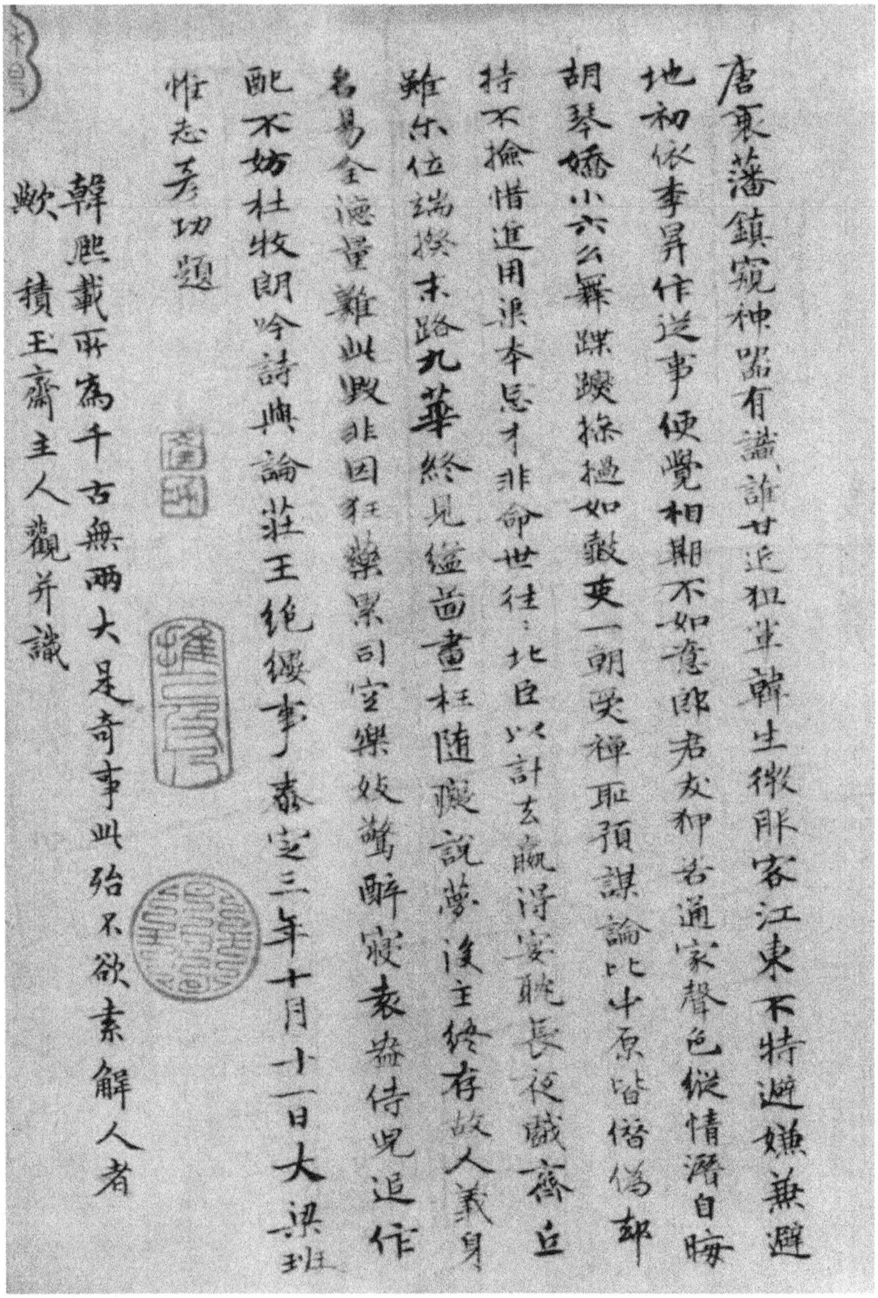


图 72 班惟志《跋韩熙载夜宴图》书法

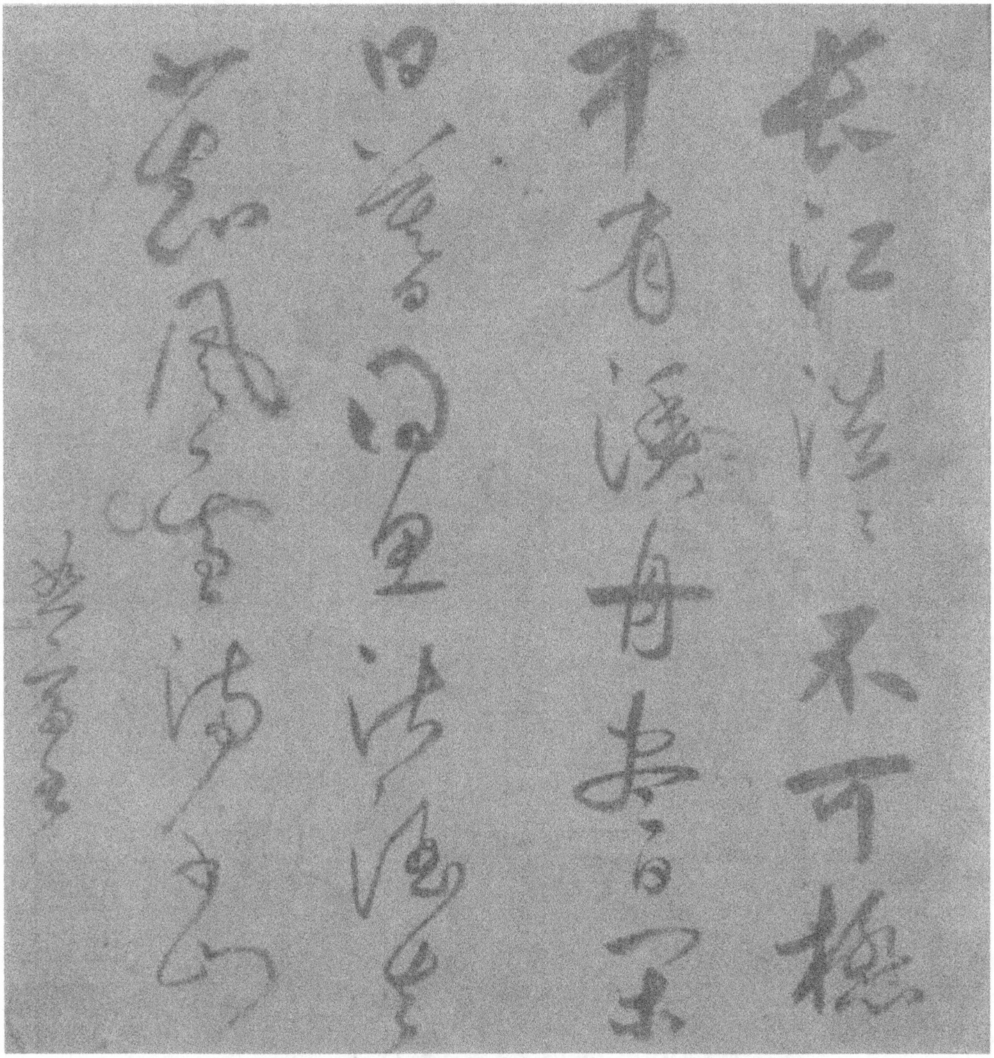

图 73　班惟志《题雪江图》书法

图 74　黄公望画《九峰雪霁图轴》

# （二十六）班氏历史人物第六十一世——班惟志传（下篇）

本篇主要内容：班惟志诗书双绝的别样人生之诗词散曲。

惟志书法自成一家，然诗词散曲方面更是出手不凡。

元朝钟嗣成（字继先，号丑斋，汴梁人，常居杭州，卒于明朝初年，曾作《录鬼簿》专收录元散曲杂剧作者一百五十二人小传、存剧目四百余种，凡金元杂剧，名人仕履，考订颇详，另所作杂剧《钱神论》等已佚）撰《录鬼簿·卷上》论道："右前辈公卿大夫居要路者，皆高才重名，亦于乐府用心。盖文章政事，一代典刑，乃平昔之所学；而歌曲辞章，由乎和顺积中，英华自然发外者也。自有乐章以来，得其名者止于如此。盖风流蕴藉，自天性中来；若夫村朴鄙陋，固不足道也。"

所谓前辈名公乐章传于世者，共四十四人，而"班恕斋知州"赫然在列。

元朝夏庭芝（字伯和，号雪蓑，华亭人，词曲作家，有文才，家有藏书，元末动乱，避居泗泾，与钟嗣成等皆为好友，仅有《青楼集》存世，专收录戏曲女演员一百余位，与《录鬼簿齐名》）撰《青楼集·卷四》之"张玉莲"云："后再占乐籍，班彦功与之甚狎。班司儒秩满北上，张作小词《折桂令》赠之，末句云：'朝夕思君，泪点成班。'亦自可喜，又有一联云：'侧耳听门前过马，和泪看帘外飞花。'尤为脍炙人口。"

如此风流雅事，惟志亦当得。

元朝文学家许有壬，字可用，曾作《江城子·饮海子舟中，班彦功招饮斜街，以此答之》，词云："柳梢烟重滴春娇，傍天桥，住兰桡。吹暖香云，何处一声箫。天上广寒宫阙近，金晃朗，翠岧峣。谁家花外酒旗高，故相招，尽飘摇。我正悠然，云水永今朝。休道斜街风物好，才去此，便尘嚣。"文人相交，酬和答词，亦属常耳。

图 75 王渊画《鹰逐画眉》

前文提到的《跋韩熙载夜宴图》与《跋山猿野麞图》卷首题诗和《题雪江图》七绝，亦是略见一斑。

再有台北故宫博物院收藏的一份元朝王渊的画作《鹰逐画眉》，同样有惟志的题跋，诗云：

小棠枝上语调簧，曾驻多情走马郎。
鷙鸟见攻能引避，禽中真是白眉良。

在《公元 861 年以来的凭吊岳飞诗词资料文选》一书中，亦选有惟志的一首七律《岳王庙》，诗云：

威名震主自难全，高第纶巾未许闲。
空使旄头奸胆破，不容马革裹尸还。
新亭人泣山河异，古冢鹃啼草树殷。
当日韩张徒共事，更无一语动天颜。

另有一首五言排律的古体诗《送舒噜元帅开阃分题得越嶲》，出自惟志之手，见于清朝康熙皇帝亲制《御选元诗·卷六十三》，诗云：

郡初名越嶲，汉昔抚酋豪。宿溜岩为室，炎蒸地不毛。
射生餐血肉，淫祀洒腥醪。奋臂挝铜鼓，吹唇舞洞刀。
溪山防虺蜮，藤树啸狨猱。异状缠绵角，嘲讴变楚骚。
自怜无统御，推长治逋逃。衅起邻雠杀，词连牧过饕。
宏恩惟在格，薄伐忍言鏖。公极兜鍪选，门兼阀阅高。
建侯嫌诡道，投策塞深壕。阵密严三令，机深备六韬。
警烽隳土垒，妖宿陨天牢。云惨回盘鹘，潭移失断鳌。

降幡迎露布，奏凯卷归旄。壮节虽能效，清朝亦幸遭。
宣麻重镇遏，开阃赏勋劳。符焕文犀带，香熏锦兽袍。
我惭沾益友，祖送尽时髦。岸暖泥抽草，冰消水没篙。
旗亭折杨柳，筵盏酌葡萄。纠纠干城虎，驯驯守圉獒。
先声驰部曲，遗惠忭童曹。耀武时长猎，巡边可远遨。
沙乾骐骥足，剑莹鷫鹔膏。落雉穿金镞，飞鹰掣绣绦。
宴閒陪士乐，罚信绝群嗷。吹月横柯竹，簪花列倩桃。
服威全学亮，好咏喜赓陶。亲上平夷颂，曾髡草檄毫。
怀柔安鞠育，寒饿免啼号。职贡来方物，江邮就战舠。
策良无妄挠，戈偃肯轻操。鸣鹤林思野，闻天等在皋。
待书良将传，未尽片言褒。

在徐征主编的《全元曲·散曲篇》选有惟志的一首散曲《梁州·秋夜闻筝》，此曲亦收录在《元曲三百首》中，名为“南吕·一枝花（秋夜闻筝）”，曲云：

**【南吕】一枝花**

秋夜闻筝

透疏帘风摇杨柳阴，泻长空月转梧桐影。冷雕盘香销金兽火，咽铜龙漏滴玉壶冰。何处银筝？声嘹呖云霄应，逐轻风过短棂。耳才闻天上《仙韶》，身疑在人间胜境。

【梁州】恰便似溅石窟寒泉乱涌，集瑶台鸾凤和鸣，走金盘乱撒骊珠迸。嘶风骏偃，潜沼鱼惊。天边雁落，树梢云停。早则是字样分明，更那堪音律关情！凄凉比汉昭君塞上琵琶，清韵如王子乔风前玉笙，悠扬似张君瑞月下琴声。再听，愈惊。叮咛一曲《阳关令》，感离愁，动别兴。万事萦怀百样增，一洗尘清。

【尾】他那里轻笼纤指冰弦应，俺这里谩写花笺锦字迎，越感起文园少年病。是谁家玉卿，只恁般可憎，唤的人一枕胡蝶梦儿醒！

此曲可谓情景交融，集采石崇之《王明君辞》、屈原之《楚辞·远游》、王实甫之《西厢记》与王维之《阳关三叠》众家之长于一炉，更可见白居易之《琵琶行》再出，实为不可多得之作，读之品之，曲音绕梁，三日不绝，惟志耳！

# （二十七）班氏历史人物第六十五至六十七世——合传4

本传主要人物：班言、班神道、班洪道。

## 班言：班壹第六十五世孙，班固第五十八世孙

按《巢邑班氏宗谱》载："班言，明初孝子，母卒欲庐於其墓，因父在不克遂志。及父卒，终庐墓侧三年，时人称之。"

言为惟志之玄孙，尚质之重孙，养明之孙，某之子。

班惟志有二子，长子尚质，次子立生。尚质生子一为养明，养明迁山东临淄，故其后于山东；而立生生子一为养贵，养贵生子一为会，会后无载，或无后，或迁出，不得而知。单说养明生子一为恕，按《巢邑班氏宗谱》载："恕，字惟志，元末词人，挥翰立就。"这里很明显有误，其名已失考，而套用了惟志信息，此为谱之失也！惟志活跃期在元中后期，至正初年为江浙儒学提举司提举，儒司秩满，不过三五年光景，再北上大都，授集贤待制，致仕南归，卒于杭州，可见卒时当在1345年左右。而谱牒修于清朝年间，对于其名或事迹失考，亦属常理，吾不能为尊者讳而不言，故此以"某"代替。另按旧谱与新谱互相印证，亦有多处名失考，用"某"代替，方是正笔修谱。

惟志早年寓居杭州，师从邓文原，后入都写《大藏经》在公元1298年左右，假设其年在二十，则卒时已近七十岁了。按20年一代推算，惟志至言已历五世，则言生活期在公元1380年左右，而元朝覆灭，洪武皇帝朱元璋建立明朝则在公元1368年，故称言"明初孝子"，诚为不谬。

之所以多叙言之由来，以旌表孝子之故，树一族内为人子当行孝之榜样。

班言事迹旧传见于《临淄郡志》，但是我查阅了《临淄县志》明清版以及1988年版《临淄区志》，均未能查询到。

图 76　班言像（选自安徽《巢邑班氏宗谱》像赞引）

后来还是在《钦定古今图书集成》中查到了班言事迹的描述。

清朝康熙时福建侯官人陈梦雷，为三阿哥胤祉侍读，奉康熙之命编书，历时28年，编辑成《古今图书汇编》，该书采撷广博，包罗万象，可谓是当时图书之集大成者，也算是清朝大百科全书。全书共10000卷，仅目录就有40卷，书成后康熙帝钦赐书名，后刊行时雍正帝为其作序，是为《钦定古今图书集成》，与《永乐大典》《四库全书》齐称皇家巨作。

按《钦定古今图书集成 · 第二百十三卷 · 孝弟部名贤列传三十五之明二十

一》所载："按《青州府志》：班言，临淄（今山东省淄博市临淄区）人，母卒欲庐墓，制于父命不克，遂及父卒，庐墓三年。家贫躬负土筑坟。是岁四方大旱，惟邑中得雨泽。人以为班氏孝感所致。"

可知班言，山东临淄人，躬身行孝，当其母故去时，曾欲墓旁筑庐守孝，因父健在而不得行。等其父故去，终于盖草庐于先考妣墓旁，以守孝整三年，且因家贫，只得亲自背土填筑坟茔，为人所悯。恰逢当年四方大旱，唯独临淄城雨水充沛，时人皆以为天降甘霖，乃班言孝行感天所致也。

班言孝行，感天动地，其后世所以昌繁，盖得言公之福荫所泽。

## 班神道：班壹第六十七世孙，班固第六十世孙

班言生子二，长子满，次子波；满生子二，长子神道，次子洪道，后迁至安徽巢邑；波生三子，长子明道，次子临道，三子遐道，此三子皆留守鲁中。

按《巢邑班氏宗谱》载："班神道，迁巢南龙吼山（今安徽省巢湖市高林镇班家巷）下，生於宣德（宣德为明宣宗朱瞻基年号，公元1426—1435年）年间，配祖氏（生年缺），生子一彦高；公妣卒（卒年俱缺）合葬土星地；明初隐士，不惟慕声华，亦且不傅，字讳常，自号神道先生；殁后子彦高因以神道二字载木主以祀之，故谱牒称神道公；神道公与弟洪道公自宛平迁入，卜宅开门山左筑室为家。"

因神道公乃迁巢始祖，为《巢邑班氏宗谱》所载，故特别点出。

按《巢邑班氏宗谱·第一期序赞（即艺文志）》载录"始祖神道公传"，出自神道公第十四世孙善长所撰，其文如下：

公原籍宛平（班惟志祖父恭二迁居北京宛平县），旋徙临淄（班惟志长孙养明迁山东临淄县），字讳不传，非失传也，公不欲传也，戒后人以勿传也。闻公少颖慧，喜读书，一目辄数行下，通经史，博禅道诸书，于息游时，乐山水胜境，尝曰："争名者趋朝，争利者趋市，吾不爱名缰利锁，羁何庸近朝市为？"于是背一口剑，负一囊琴，环宇间任情流览。来至巢南开门山左，不禁憬然，慕怡然，忻瞿然，思慨然，叹曰："重重山色，当风香日丽，隐约围屏，渺渺湖光，值浪静波平，分明宝镜，又有茂林修竹，异草奇花，悦人心目，此其间所谓别有天地也！"筑室于斯，虽王氏之辋川（王维于终南山之辋川别墅），欧阳之庐陵

图 77　班神道像（选自安徽《巢邑班氏宗谱》像赞引）

（欧阳修之庐陵堂），谢家之青山别墅（谢灵运于会稽之青山别墅），不是过也，舍此又将奚适？遂卜宅而家焉。抑又闻之，当夫酒国生春，时天未晚，披鹤氅，挥麈尾，着桐帽棕鞋，约二三知己，乘兴遨游，或泛舟于烟波之上，歌以丝詠竹，长啸一声，则鸢飞鱼跃，云净天高。或策蹇于林麓之间，登眺一回，席地而坐，听禽鸟之笙簧，看烟霞之图画，飞觞睹韵，逸兴阑干，往往戴月披星，而后返也。以故人多以烟火神仙目之，公曰："吾非方外人也，但吾从通都大邑来选胜探幽，可爱者正自不少，总未若此地之山深林密，隔越尘寰，求则得之，此中具有鬼神矣，因自号为神道先生。”迄今生聚一族，皆公之苗裔也。噫，河之广也，发源昆仑，海之深也，会归星宿。朱子（朱熹）云：祖宗有善而不知，为不孝；知而不传，为不仁；长非敢为，尽孝与仁。亦惟稽图画之记载，访父老之传闻，略叙仪型，用光家乘，以表我鼻祖之卓越寻常云尔。

——十四世孙善长盥手敬撰

明朝宣德帝，真正太平天子，只顾玩乐，斗蛐蛐，一时朝野相习，国人争捕蟋蟀，竟是玩物丧志，过早驾崩。倒是对瓷器的爱好，促使宣德青花瓷器的横空出世，留下了创世瑰宝。不过身在皇家，英宗即位，虽有心图为，却是无能者，身率五十万大军，一朝丧尽，且为蒙古瓦剌部所虏。成化即位，又是多情种子，痴恋大其 17 岁的万贵妃，最后因情而亡，正是一代不如一代。至万历更是怠政二十年，不朝不批不祀，专心成为一流木匠，天下百姓苦不堪言，大明王朝渐渐走向末路。朝局昏暗，太监当权，冤狱戾气，末世之兆，天下之士，将为何往？

神道公，隐逸者也，虽为避世，亦为保身，明智之举，福泽子孙。

班氏谱牒世系完好保存两千年，为今世追踪溯源探支理宗，正班氏家族之绝宝，此皆仰赖神道公支下数百年之珍藏，吾辈当承继不忘，与全国班氏各支脉后裔齐心协力，当此盛世，再创辉煌。

## 班洪道：班壹第六十七世孙，班固第六十世孙

按《巢邑班氏宗谱》载：“神道公与弟洪道公自宛平迁入，卜宅开门山左筑室为家。其弟洪道公移居濡湏（今巢湖市含山与无为交界处）二舖神墩后。”

洪道为神道弟，洪道公迁濡须再开分支，乃迁濡须始祖，今无为班氏一支，与巢南班家巷班氏一支，为兄弟二人开创，所谓同宗同源，密不可分。

洪道公首移居濡湏西乡二铺神墩后，配万妣，生子一彦真，其事迹见诸《无为班氏宗谱》，语焉不详，此处略过，留待日后记录。

# （二十八）班氏历史人物第八十二世——班广盛传

本传主要内容：关于班广盛的戎马生涯及其相关事迹。

班广盛，班壹第八十二世孙，班固第七十五世孙，安徽巢南班神道第十六世孙。

关于班广盛的故事，流传很广，他的个人传奇完全可以写一部书。不仅见诸历史文字记录，也是方志、小说的素材，在其戎马一生的最后驻地留下了不可磨灭的功绩，至今留有遗址纪念。在其出生地，从故老相传的口头讲述中，他早已成为一个传奇，而族谱中亦大为褒扬，至今激励着后人不断奋进。

下面就来说说这位传奇先辈的故事，重回那个烽烟四起的晚清时代。

对于大清王朝，你的印象会是什么样子呢？

可能在很多人的眼中心中，就是那个腐朽不堪的清朝政府，那个懦弱无能、任人宰割的所谓“天朝”，那个不断签订一系列不平等丧权辱国条约的紫禁城，令人痛心疾首的旧中国最后一个帝王朝代。

这些都是事实，但它还有另一个事实，也应该被人们所了解。

当穿越回到明朝末年时，我们发现主宰中国的明朝已经日薄西山。万历皇帝怠政，二十年不上朝不批奏不祭祀，太监掌权，政务荒废，国家糜烂，百姓穷苦不堪；万历崩，泰昌即位，不过一月暴亡；天启即位，更是荒诞，频发奇案，魏忠贤把持朝政，党争祸端接连不断，不足六年，服“仙药”而亡；崇祯即位，有心振作，奈何疑心重重，乱杀重臣，磔死袁崇焕，自毁长城，闯王一反，而宗庙尽毁。明虽亡于崇祯，实则始于万历，如此王朝，不亡何待，话明以言清，确有其兴之缘起。

明亡清兴，历史际遇，努尔哈赤率领后金，不断蚕食东北，直逼山海关，皇太极、多尔衮个个英勇，最终入关建立清朝，顺治成为第一个入主中原的清朝皇帝。这么说，可能也没什么了不起，但是历史不能孤立地看，让我们跳出来看看，它到底有什么不一样？

上下五千年，在清朝初期，国土面积达到最大，没有确切的数字，只有皇太极当时的地域口述，但显然面积要比今天大得多，就不实推了，这也奠定了今天中国国土面积的总体疆域，此其一；从秦帝国开始连接万里长城，一直到明朝，明英宗还被北方瓦剌部所俘虏，南北冲突不断，从来没有消停过，历朝也没有解决，而在清初皇太极时讨伐林丹汗，解决了蒙古问题，南北统一，此其二；清朝建立后，解决西藏、新疆问题，真正实现大一统，形成一个多民族大统一的国家由此开始，这也是今天五十六个民族大团结融合的基础条件，此其三。

这些也是事实，当康熙大帝革新之时，西方法国路易十四、俄国彼得一世、德国普鲁士腓特烈二世、英格兰威廉三世，与这些帝王相比毫不逊色。而其后西方工业革命开始，清政府却闭关锁国，导致半封建半殖民地的旧中国，难以与之抗衡的根本原因。

人有善恶之念，家有贫富之变，国有兴衰之替，了解这样一个大背景，我们再来看班广盛的经历，就会增加些立体感，可以更好地去熟悉那段历史。

1999 年 12 月安徽科学技术出版社出版的由方克逸主编，昂开和与邱先权编《巢湖》一书，属于巢湖地方志。

书中第五章《人物篇》之第一节《历代名人》载：

【班广盛】（公元 1837—1903 年）清朝将领。字复斋，今居巢坝镇班家村人。清咸丰初年，投入清军李鸿章部，属吴长庆部下，转战于江淮之间镇压太平军，由千总（清朝绿营军之下级军官，基层组织“汛”之领兵官，位在守备之下，正六品，掌巡守营、哨汛地，亦称“营千总”，见《清史稿·职官四》）晋升都司（清朝绿营军官，武职正四品，位在参将、游击之下，守备之上，可充营所领兵官，掌防汛军政，或则充副将之中军官，综理一协之军务，见《历代职官表·（瞿蜕园）历代职官简释·都司》）。同治十三年（公元 1874 年）提为游击（清朝绿营军将领，“营”之统兵官，位在副将、参将之下，初制正三品，顺治十年（公元 1653 年）改从三品，统班一营之军务，分属总督、巡抚、提督、总兵管辖，见《清史稿·职官四·步军营、提督等官》），后又升参将（清朝绿营兵之统兵官，掌管本营军务，地位次于副将，为正三品武官，见《清朝文献通考·职官十一》）、副将（清朝绿营军官，武职从二品，隶于提督、总兵之下，可充协的领兵官，统理一协军务，又称“协镇”，别称“协台”，下辖参将、游击等，见《清史稿·职官三·总督》《清史稿·职官四·提督等官》）。光绪二十年（1894 年）受两江总督张之洞委派，统率清军盛字营驻防上海吴淞口，兼辖海口各炮台，对抗俄、英侵略军，清廷授其毅勇巴图鲁勇号，并委以浙江处州总兵（掌一镇军政，统辖本标官兵，位在提督之下，分防等事，皆听提督，故总兵俗称总镇、镇台，见《清史稿·职官四·提督等官》）（未到任）。因病卒于军中。

另有安徽巢湖乡贤推介近现代乡贤所述班广盛事迹，大体类此，不作复录。

还有《清实录光绪朝实录》一书有记载。

《清实录光绪朝实录·卷之四百七十二》载：“光绪二十六年（公元 1900 年）……以记名总兵班广盛为浙江处州镇总兵官。现月。”

《清实录光绪朝实录·卷之五百十八》载：“光绪二十九年（公元 1903 年）……予在防身故。浙江处州镇总兵班广盛、照军营立功后积劳病故例优恤。摺包。”

《清实录光绪朝实录·卷之五百二十二》载：“以战功卓著。追予故浙江处州镇总兵班广盛、附祀前广东水师提督吴长庆庐江嘉兴专祠。从两江总督魏光焘请也。摺包。”

再有上海地方志《吴淞区志》一书记载吴淞炮台时有提到：“光绪二十六年（公元 1900 年），清政府责令两江总督刘坤一‘迅筹归复，以振南洋要口’，刘坤一委盛军统领班广盛在吴淞南石塘南端新筑一座炮台，称为南炮台，与北炮台首尾衔接，长 750 米，总称吴淞炮台。”

按《巢邑班氏宗谱》载：“福斋叙略：间尝读春秋一书，鲁相云‘明德之后，必有达人’，故忠孝节烈潜德，幽光郁积必发，此理信然。班兄福斋，家声显著，厚德所贻，其曾祖母永霜矢志，诗咏柏舟，竹节松筠，载入县志。祖父善乐公，孝友肫诚，立箴仁恕，父良事公，勤俭守成，不失先志，家本积善，比有馀祥。福斋以武功发迹，韬略蜚声，自咸丰初年从事戎行，丰功伟业，昭著旂常，大宪保举记名，简放总兵以两江即补协镇都督府试用。四弟保举都司花翎，令侄大兴成名入泮（入泮指考取秀才），亦保举千总蓝翎。可知阴德积成，得河岳日星之气，抑郁必彰。福斋以将相之才，立功廊庙，将见为国家柱石，纪载循良，绍仲升公之勋猷，封侯定远，增光史策，岂仅焜耀于一州一邑哉？余忝列世谊，不事浮文，録其大略，以待后之传记者。丙子科举人拣选知县愚弟汤永图拜记。”

《巢邑班氏宗谱》另载有“节孝丁孺人行述——眷弟王天赦顿首拜撰”“廷献公传——如胞小弟蔡嘉勋顿首拜撰”，乃广盛先祖妣、先考记略，恕不一一誊录。

而结合谱中记载广盛世系、相关传记和史料，可以大体得出广盛一生的基本轨迹脉络，且容慢慢道来。

班广盛，安徽巢湖坝镇班家村人，生于道光十七年丁酉（道光是清宣宗爱新觉罗·旻宁年号，公元 1821—1850 年，共三十年，道光十七年为公元 1837 年）四月初五日戌时，名光胜，字复斋，号广盛，属光字辈排行。

迁巢南始祖班神道第六世，开始续字辈以别分支排行，亦避先祖讳，得续辈四十字，如下：

文廷志仲尚，永有国善良。
光大宗先业，宏开锡庆长。
经正邦基盛，家隆世德扬。
嘉贞昭祖泽，富贵定传芳。

广盛曾祖父国璜，字荣文，国字辈，生于乾隆二十八年癸未（乾隆是清高宗爱新觉罗·弘历年号，公元 1736—1795 年，共六十年，太上皇三年，乾隆二十八年为公元 1763 年）七月十一日寅时，娶李维敏之女，二人同龄，李氏月份稍长，生有三子，长子善乐，次子善政，三子善辅，善辅过继堂弟国宇为嗣。另生有四女，长女嫁陈自龙，次女嫁王天赦，三女嫁魏秀槐，四女嫁吴泰富。李氏卒于道光十一年辛卯（公元 1831 年）十月初二日寅时，享年六十九岁，国璜卒于道光二十四年甲辰（公元 1844 年）三月廿五日午时，享年八十二岁，合墓葬于大桥坂西首南向。后因广盛功绩而受追封，钦赐国璜寿翁，诰授振武将军，李氏蒙赠为一品夫人。

广盛祖父善乐，字忱发，善字辈，生于乾隆五十四年己酉（公元 1789 年）十月十四日子时，娶丁升有之女，丁氏生于乾隆五十七年壬子（公元 1792 年）

三月初三日卯时，生有一女，后嫁翟兆科。善乐不幸卒于嘉庆十七年壬申（嘉庆是清仁宗爱新觉罗·颙琰年号，公元 1796—1820 年，共二十五年，嘉庆十七年为公元 1812 年）六月初五日午时，年仅二十四岁。丁氏本山东济阳人，十八岁嫁与善乐，不足两年，正当回门探亲之时，不想善乐早亡，凄然绝然，悲不可言。然丁氏矢志不改，坚守节操，自此不苟言笑，坚如松柏，终日辛劳，艰苦备尝，侍奉舅姑，孝敬公婆，亲躬纺织，言语和顺，妯娌和睦，乡邻皆称赞不绝，其旌表节孝事迹载入府县诸志，以嘉其贞。丁氏卒于同治四年乙丑（同治是清穆宗爱新觉罗·载淳年号，公元 1862—1874 年，共十三年，多为慈禧垂帘听政，同治四年为公元 1865 年）九月十四日亥时，享年七十四岁，与善乐合墓葬于大桥坂西首南向，立有碑记。后因广盛功绩而受追封，诰授善乐振武将军，丁氏蒙赠为一品夫人。丁氏事迹见《巢邑班氏宗谱——节孝丁孺人行述（眷弟王天赦顿首拜撰）》。

善乐二弟善政，生有四子，长子良仕，次子良座，三子良玉，四子良宝。因善乐早亡，丁氏凄苦，善政长子良仕过继善乐为嗣，并奉养丁氏，以承继善乐之后。

良仕，字廷献，号修旃，良字辈，生于嘉庆十三年戊辰（公元 1808 年）六月二十二日丑时，娶赵鉴德长女，赵氏生于嘉庆十三年戊辰正月十六日子时，二人同龄，赵氏月份稍长。赵氏卒于道光三十年庚戌（公元 1850 年）六月二十四日午时，良仕继娶濡须梅氏，生于嘉庆十七年壬申（公元 1812 年）十月二十四日子时，卒于同治十二年癸酉（公元 1873 年）五月二十七日未时，葬濡须竹枝山前新茔。良仕生有五子，长子光敔，次子光贵，三子光胜，四子光沅，五子光来。另生有三女，长女嫁翟本初，次女嫁钱奕义，三女嫁濡须朱承安。

良仕本善政长子，因伯母丁氏早孀，而过继伯父善乐支下。丁氏待良仕若己出，慈爱倍挚，良仕亦颇孝顺，奉养尽心，终日不倦，若丁氏有不豫色，良仕长跪以请命劝慰，必待丁氏笑解方才起身。良仕外出，遇有新鲜时品或寻常难见之物，必多方探寻购买得之，无分远近与寒暑，定星夜赶回以供奉堂前。咸丰三年（咸丰是清文宗爱新觉罗·奕詝年号，公元 1851—1861 年，共十一年，咸丰三年为公元 1853 年），太平天国起义军，从广西一路杀到南京，所过州府县，到处烧杀抢虐，伤及无辜百姓者，不可计数，人多称之为“长毛”或“发匪”，遇而唯恐避之不及。时当“发匪”入巢，良仕背负丁氏，四处逃避。咸丰七年丁巳（公元1857年）春二月，“发匪”大肆掳掠，杀伤无算，良仕请命丁氏暂避贼锋，奈丁氏不忍弃家外出，只饬令良仕往避他处，良仕假装答应，却仍随侍左右。十三日辰时，发匪堵门，咆哮索取银洋财物，挥舞刀刃，其声响亮，丁氏惊惧而昏倒在地，良仕急忙奔出，以身遮挡丁氏。贼众见良仕相貌魁梧，想胁迫其从军，良仕以母在推辞，贼众弩而举刀砍之，良仕身受重伤而亡。良仕与赵氏合墓葬于大桥坂老茔西首南向，后因广盛功绩而受追封，诰授良仕振武将军，赵氏蒙赠为一品夫人。良仕事迹见《巢邑班氏宗谱——廷献公传（如胞小弟蔡嘉勋顿首拜撰）》。

良仕长子光敵，字学敵，在家务农，忠厚朴诚，娶赵廉仕长女，生三子，长子大儒，次子大盈，三子大兴，均大字辈，生一女嫁王有智长子善同。

良仕次子光贵，字学斋，早卒，过继长兄光敵长子大儒为嗣。

良仕四子光沅，字学源，号湘斋，娶赵女早卒，继娶南阳章龙鳌长女，生二子，长子大章，次子大文，生一女嫁国学魏常修长子昭振。光沅后升为都阃府即补游击，以军功累保花翎两江补用都司，章氏封为淑人（清代三品官的妻子封淑人，宗室奉国将军的妻子也封淑人，见《清史稿·职官一·宗八府、吏部》）。

良仕五子光来，字宾谷，娶濡须丁自舟女，生四子，长子大睦，次子大雅，三子大成，四子大美。光来勤俭持家，后升为县丞。

良仕三子光胜，即广盛，年少时与兄长光敵、四弟光沅均以勇略闻名。时广盛听闻父亲遇贼被害，与四弟光沅，星夜奔回，趁“发匪”疲睡之际，夺其兵刃，连砍数人。终因发匪势大，欲励志杀贼以报，得悉李鸿章淮军驻军上海，遂走投李鸿章。李鸿章知其勇，乃收归旗下，归入吴长庆部，随吴长庆转战于江淮之间，多次击败太平军，由千总晋升都司。

吴长庆乃李鸿章嫡系，其部下战将如云，如黄仕林、吴兆有、张文宣、王霞明、王占魁，皆一时英才。唯黄仕林后来驻守旅顺黄金山海岸炮台，甲午海战日军进犯旅顺时，竟然弃炮台而逃，舟倾落水，未被淹死，后李鸿章请旨革其职，定斩监候入狱，却以三万两白银贿赂荣禄获释，并复原衔，可耻可恨。

吴兆友后随吴长庆勘定朝鲜“壬午兵变”，累功至记名提督，属天津镇总兵，随带三等军功加一级，赏穿黄马褂、赏戴花翎，赐“果勇巴图鲁”名号，

图 78　班光沅像（选自安徽《巢邑班氏宗谱》像赞引）

诰封建威将军，赏赠三代二品封典。

张文宣曾专心研究西式战法战术，修筑旅顺黄金山炮台，随吴长庆平定朝鲜内乱，后驻防威海刘公岛，筑东泓、黄岛、旗顶山、迎门洞、南岛五座炮台，并麻井子一座地阱炮，三次擢升至总兵记名简放，赏赐“技勇巴图鲁”名号。甲午战争中多次击退日军对刘公岛的袭击，终因弹尽援绝，服毒自尽以殉国。

王霞明，吴长庆内侄，随吴剿灭捻子军，以功授二品封典，记名提督，赏

图 79 班光来像（选自安徽《巢邑班氏宗谱》像赞引）

“敢勇巴图鲁”名号。后修筑江阴炮台，与刘筱泉同驻浦口，后移驻吴淞口，建南石塘、狮子林各炮台，疏浚宝山、嘉定河道，兴修水利，民祠祀之。

王占奎武举出身，吴长庆内兄，在庐江办团练，官记名提督，高要镇总兵，赏“雄勇巴图鲁”名号。身经百战，未尝败绩，儒将风范，不徇私情，于庐江西北乡建崇正书院，义举费金，邑人称颂。

广盛曾先后攻下滁州、来安、六合等县，击毙太平军七八千人。

同治十三年（公元1874年），因浦口反清人士举事，广盛奉命星夜往剿，斩杀首倡五人，平定起义，深受吴长庆赏识，提升为游击。随后又接连攻下天长、盱眙、五河、泗县等城，擢升为参将。太平天国覆灭后，广盛被授为湖南沅州协副将，驻军浦口。

光绪二十年（光绪是清德宗爱新觉罗·载湉年号，公元1875—1908年，共三十四年，多为慈禧垂帘听政，光绪二十年为公元1894年），广盛受两江总督张之洞委派，统领清军盛字营驻防吴淞，兼辖海口各炮台。广盛目睹甲午海战惨败，列强虎视眈眈，日本侵略之心不死，忧心忡忡，建议增筑炮台，并购置快炮百余以固海防。

光绪二十四年（公元1898年），义和团运动开始，提出“扶清灭洋”口号，英勇抵抗列强，却同时破坏铁路、毁坏电灯等基础设施，更以妖术愚民，盲目排外。时广盛坚守吴淞炮台，扼守黄浦，英国人以军事威胁，命其停修炮台及防守工事。广盛不为所动，密令部署日伏夜作，仅二十日筑就炮台，严加守卫。英国人恼怒异常，扬言联合各国海军誓要夺取吴淞，因广盛沉重坚守，不能得逞。后又联合俄国欲借吴淞驻兵，广盛坚决反对，寸步不让，致使英人计谋接连失败。两广总督张之洞得悉后，嘉其英勇，遂上奏朝廷实报其功，清政府下旨赏戴花翎，授予广盛“毅勇巴图鲁”（巴图鲁，在蒙语、满语中为勇士或勇敢之意，清朝赐予有功武职官员的勇号，分作两类，一类仅称巴图鲁，一类冠以满文或汉字美称，如达桑巴图鲁、乌能伊巴图鲁等冠满文字样的只赐给满、蒙武职官员，如奋勇巴图鲁、诚勇巴图鲁等冠汉字字样的只赐给汉族武职官员，前面吴兆友等勇号皆如广盛一般）名号。

光绪二十九年（公元1903年），李鸿章曾赴沪阅兵，亲至吴淞口视察炮台，称赞广盛，还京后奏保，朝廷乃委派广盛为浙江处州总兵。此处有嫌疑，当年广盛亲投李鸿章，在吴长庆部立下无数战功，一路升迁，怎奈不得重用？以致渤海、黄海处各战舰未曾用广盛，故甲午海战，吴长庆部下战将皆在，独广盛未曾列入，是何道理？故老相传广盛与李鸿章非常投契，想来广盛为人刚毅，不折不扣，对列强欺压，政府软弱，颇有微词，虽有志图变而不得。李鸿章对列强采取妥协政策，广盛愤懑辞出，张之洞嘉其英勇，保举为湖南沅州协副将，才继续留在军中。后来王霞明离开吴淞，又得张之洞保荐，广盛才移驻吴淞。广盛得以加封赐号，还是张之洞上报朝廷。此时李鸿章亲至上海阅兵，视察吴淞，如此爽快以升迁为名，而调离广盛至浙江为实，看来英国列强对付不了广盛，只好施压我们李中堂大人了，不过是借李中堂之手以除广盛罢了。然而李中堂未曾料到，广盛虽挂名浙江处州总兵，却以病辞不能赴任为由，仍然留驻吴淞要塞，使英国列强不能越雷池一步。可惜不久，广盛终因疾病缠身，于是年闰五月初三日巳时，卒于军中，享年六十七岁。

图 80 班广盛像（选自安徽《巢邑班氏宗谱》像赞引）

广盛一生辛劳，国人感佩。当时甲午海战，北洋水师全军覆没，海军将领萨镇冰（萨镇冰，字鼎铭，山西代县人，出生于福建福州，是色目人萨氏一族，近代著名海军将领。被袁世凯任命海军内阁大臣，未就任，公元 1917 年与 1919 年两度出任海军总长，曾代理国务总理。南京国民政府成立后，曾挂名海军顾问。新中国成立后，担任过政协委员、福建人民政府委员，1952 年 4 月 10 日卒于福州）投奔吴淞，为广盛所收留。萨镇冰非常感戴广盛之恩，至广盛病亡，曾为其题写像赞，载于《巢邑班氏宗谱》，其文曰：

提督军门处州总镇统领盛字全军班公复斋像赞：幼孝於亲，长忠於国，仗剑从戎，誓殄凶逆。廓清江表，屡建功绩，坐镇淞沪，海防甯謐。简任总镇，丑慝潜伏，稜威雄雄，下慑百物。甲午战争，海军覆没，只身依公，荷蒙爱邺。供职炮台，黾勉效力，侥倖入朝，忝膺重职。默念公恩，钦迟罔极，瞻拜遗像，低佪莫释。大树飘零，勋名赫奕。

光绪三十四年　钦差北洋大臣海军提督萨镇冰拜撰

广盛初娶国学赵连升女，赵氏与广盛同龄，生二女，皆不幸早卒，赵氏亦卒于同治五年丙寅（公元 1866 年）二月初三日寅时，年仅三十岁，葬老茔东首南向。

继娶六安孙氏，生于道光末年，小广盛十三岁，卒于光绪元年乙亥（公元 1875 年）十月十五日酉时，年仅二十六岁，无子，葬老茔西首。

三娶金陵张氏，生于咸丰七年丁巳（公元 1857 年）正月二十九日辰时，小广盛二十一岁，生一女嫁上元监大使黄深源次子司法埰丞。张氏卒于光绪三十一年乙巳（公元 1905 年）正月十六日亥时，享年四十九岁，葬无为开二朱家稻仓北首西南向。

四娶江都孔氏，生于同治四年乙丑（公元 1865 年）五月十六日午时，小广盛二十九岁，生一子名大忠，生一女嫁庐江曹提督肯堂子世袭通判文濬。孔氏卒于民国十一年壬戌（1911 年辛亥革命结束清王朝，1912 年 1 月 1 日孙中山在南京宣誓就任中华民国临时大总统，是年为中华民国元年，故民国十一年即公元 1922 年）十月初八日辰时，享年五十八岁，葬老祖茔南藕塘稍东向。

五娶淮城吉氏，生于同治五年丙寅（公元 1866 年）十月十五日亥时，小广盛三十岁，卒于光绪二十五年己亥（公元 1899 年）十月，年仅三十四岁，无子，葬老茔西首。

**图 81 萨镇冰像（摄于上海吴淞炮台湾湿地公园内河口科技馆）**

广盛病卒于军中，后迁回原籍葬老茔，祔祖墓有碑，赠为荣禄大夫。

广盛娶妻妾多人，为多子多孙故，古时一妻多妾制，时代所限，不独单咎广盛一人。

因广盛在营积功，累迁赐号，并加官衔，更赏赠三代一品封典。其赏赠三代振威将军追封一品夫人之圣旨三道，皆载于《巢邑班氏宗谱》，录其全文内容如下：

奉天承运

皇帝制曰：宣畅国威，统三军奏绩，采甄世德，遡四叶以推恩。积庆有源，流光自远。尔班国璜，乃花翎总兵衔两江尽先补用副将班广盛之曾祖父，淳心抱质，善气储祥。丕建乃家，久绍弓裘于奕叶；克昌厥后，诞膺节钺于高门。爰贲徽章，俾扬令问，因尔曾孙在营出力，战功卓著，兹以覃恩，貤赠尔为武显将军，锡之诰命于戏。簪缨赫奕，式隆一品之殊荣；纶诰辉煌，用慰九原之夙志。祇承宠命，长播休声。

制曰：德门积善，衍馀庆于后人；幕府策勋，锡殊恩于先世。家声克大，阃范攸彰。尔李氏，乃花翎总兵衔两江尽先补用副将班广盛之曾祖母，佩服女箴，娴明母道。惠风肆好，留懿训于闺中；令绪三传，毓奇才于阃外。爰颁茂典，俾阐徽音，因尔曾孙在营出力，战功卓著，兹以覃恩，貤赠尔为夫人，于戏涣汗诞敷，用播深追之泽；湛恩偏洒，式扬贤淑之名。显命丕承，幽光允贲。

花翎总兵衔两江尽先补用副将

同治十一年十月初玖日

奉天承运

皇帝制曰：策勋疆圉，昭大父之恩勤；锡赉丝纶，表皇朝之霈泽。尔班善乐，乃花翎总兵衔两江尽先补用副将班广盛之祖父，敬以持躬，忠能启后。威宣阃外，家传韬略之书；泽沛天边，国有旂常之典。因尔孙在营出力，战功卓著，兹以覃恩，貤赠尔为武显将军，锡之诰命于戏。我武维扬，特起孙枝之秀；赏延于世，益徵遗绪之长。

制曰：树丰功于行阵，业著闻孙；锡介福于庭闱，恩推大母。尔丁氏，乃花翎总兵衔两江尽先补用副将班广盛之祖母，壸仪足式，令问攸昭。表剑佩之家声，辉流奕世；播丝纶之国典，庆衍再传。因尔孙在营出力，战功卓著，兹以覃恩，貤赠尔为夫人，于戏翟茀用光，膺宏庥于天阃；龙章载焕，被大惠于重泉。

花翎总兵衔两江尽先补用副将

同治十一年十月初玖日

奉天承运

皇帝制曰：宠绥国爵，式嘉阀阅之劳；蔚起门风，用表庭闱之训。尔班良士，乃花翎总兵衔两江尽先补用副将班广盛之父，义方启后，榖似光前。积善在躬，树良型于弓治；克家有子，拓令绪于韬钤。因尔子在营出力，战功卓著，兹以覃恩，貤赠尔为武显将军，锡之诰命于戏。锡策府之徽章，洊承恩泽；荷大家之休，命允賁泉垆。

制曰：怙恃同恩，人子勤思于将母；赴桓著绩，王朝锡类以荣亲。尔赵氏，乃花翎总兵衔两江尽先补用副将班广盛之母，七诫娴明，三迁勤笃。令仪不忒，早流珩瑀之声；慈教有成，果见干城之器。因尔子在营出力，战功卓著，兹以覃恩，貤赠尔为夫人，于戏锡龙纶而焕采，用答劬劳；被象服以承庥，允光泉壤。

花翎总兵衔两江尽先补用副将

同治十一年十月初玖日

2020年10月1日国庆节，我与家人特意驱车来到上海吴淞炮台湾湿地公园游玩。临江凭吊，索迹怀古，依稀间看到江面烽烟四起，轮笛促鸣，岸上炮台口氛围紧张，一些伟岸的身影穿梭在营台，那颇有力量的声音回响在风中，“停止靠近……开炮还击……”

图82　上海吴淞炮台湾湿地公园炮台广场地塑图

图 83　吴淞形势图（摄于上海吴淞炮台湾湿地公园内河口科技馆）

如今的炮台湾纪念广场，只剩下一门老炮、几门民国二十一年淞沪战争留下的座炮。当时十九路军七十八师副师长谭启秀和一五六旅旅长翁照垣率领炮台将士奋勇战斗，多次击退日军进攻，日军动用飞机大炮对准吴淞炮台狂轰滥炸，轮番攻击，致使南北两炮台均被炸毁。而曾经的西炮台遗址已经封闭也无法看到，我们只能站在长江口，或许能感受一点江风带来的紧张思绪，也可以走进河口科技馆，翻一翻睹一睹历史陈迹，方能找回当年的全貌。

图 84 摄于上海吴淞炮台湾湿地公园

图 85 摄于上海吴淞炮台湾湿地公园

图 86　摄于上海吴淞炮台湾湿地公园

图 87　摄于上海吴淞炮台湾湿地公园

# 第二篇

# 班氏家族文化

# （二十九）祭祖文

中国传统三大祭日：清明，冬至与除夕。
班氏先祖，光耀千秋，文治武功，家风世训，
居家为孝，报国尽忠，班氏子孙，庚子再祭。

## 三班古墓

据 1990 年出版的《山西市县简志》载："原平东北处三班古墓的发掘，明确记载了班政铺为汉代班氏之故里。"三班古墓位于山西省忻州市原平市沿沟乡班政铺村，原平市北 35 公里处，与代县接壤，紧邻 108 国道与京原铁路，为原平的北大门。

图 88　三班古墓修复前旧照

## 四海班氏后裔——清明祭祖文

**维**

盛世龙腾之际，太平华夏之年，吾族班氏后裔，齐聚三班故里，谨具牲醴粢帛，秉以至诚之心，乃再拜于先祖灵前，其文曰：

图 89　三班古墓修复后新照（摄于山西原平三班古墓）

天下一班，同脉同源，肇自春秋，鼎兴汉唐。
千载之下，百代相传，感恩追始，饮水思源。
荆楚望地，斗氏子文，毁家纾难，民德归厚。
一传斗班，再伸大义，后世子孙，更名为姓。
秦末汉初，兵燹四起，始祖懿公，避居娄烦。
瑞气英华，名扬塞外，累世相积，终成望族。
班女婕妤，一代贤妃，彪公大儒，承前启后。
班固著书，班超从戎，一门三杰，炳耀青史。
大家（gū）班昭，继兄遗志，典教规仪，赋颂女戒。
中唐思简，景倩归来，班宏廉公，祖孙名振。
班佐川使，得配相女，有子班肃，擢贡第一。
伦常循道，昭穆有序，百善孝先，慎终追远。
泱泱中国，多难兴邦，怜我子孙，壮志成城。
先人伊始，辟基不易，唯吾后裔，奋发图强。
俯请歆格，祈佑荫庇，恭敬祭告，伏乞尚飨！

八十六世裔孙班飞舞敬撰

壬辰年三月十三日（即公元2012年4月3日）

**班固墓**

班固墓位于陕西省扶风县杏林镇浪店村高速公路旁，属省级重点文物保护单位。

## 四海班氏后裔——陕西扶风《班固墓》祭祖文

**维**

甲午神驹之世，时事昌明之期，吾族班氏后裔，重归桑梓扶风，谨以香楮之仪，镌立碑文像赞，惟嘉虔诚之心，叩拜于先祖灵前，其文曰：

天地昭昭，日月煌煌，星宿其位，职司列张。
大汉季叶，群雄争强，光武中兴，遂继绍扬。
彪公辗转，顺势而上，续述前史，以承朝纲。

图 90 陕西省重点文物保护单位班固墓

有子名固，学识非常，博闻强志，尤善文章。
穷究百家，不拘一方，宽和容众，品行端良。
服丧居忧，上书刘苍，编撰《汉书》，陷于洛阳。
其弟名超，申辩庄皇，诏封兰台，后迁为郎。
奉旨续修，地理独创，呕心泣血，举世无双。
京师兴役，关中犹望，赋就两都，以折奢浪。
帝恩侍宠，司马益彰，白虎论经，德义显尚。
远征匈奴，单于服降，勒石燕然，铭记泱泱。
窦氏败政，免官受殃，宵小相害，入狱而亡。
哀哉固祖，终于北邙，壮哉孟坚，汗青回响。
先祖有灵，享我烝尝，子孙致祭，伏惟尚飨！

班固七十九世裔孙班飞舞敬撰

甲午年三月十五日（即公元 2014 年 4 月 14 日）

**班昭墓**

班昭墓位于陕西省兴平市西南约10公里处，属县级重点文物保护单位，其墓地处慢坡，北高南低，四周皆是农田，其北百米之外，西宝高速公路斜掠而过，其西之村名曰大姑村。班昭又称“曹大姑”，村因此而得名，沿用至今。

**图91　曹大家墓（摄于陕西兴平班昭墓）**

## 四海班氏后裔——陕西兴平《班昭墓》祭祖文

**维**

公元二零一四年五月二日，吾族班氏后裔，不辞千里，偕同汇聚，谨以清酌素馐，秉以恭敬之心，叩拜于灵前，而奠以文曰：

昔在后汉，华夏一统，海内清明，百业政通。
父兄大名，报国尽忠，小妹惠班，秉承家风。
博学高才，文采出众，东观续史，《汉书》成综。
补录八表，天文志丰，大儒马融，聆听甚恭。
赋颂并娴，召入皇宫，师教嫔妃，大家（gū）尊崇。

出嫁曹氏，夫妻和融，不期早寡，守节化恸。
妇有四行，《女诫》训众，集书七篇，永为警钟。
有子曹成，关内侯封，随从陈留，《东征赋》诵。
二兄名超，定远之功，上书乞骸，帝尚不动。
代奏陈情，恩威并重，穆宗戚然，诏令始终。
太后临朝，机要与共，邓氏请退，疏策以送。
古稀之卒，举国哀痛，宫廷素服，无以为隆。
巾帼维扬，《列女传》奉，至今犹念，一抔青冢。
吾祖尊灵，且享且用，佑我子孙，尚飨以供！

班固七十九世裔孙班飞舞敬撰

甲午年四月初四（即公元 2014 年 5 月 2 日）

**班婕妤墓**

班婕妤墓在延陵（汉成帝陵）旁，属省级重点文物保护单位，位于咸阳城北 5 公里处渭城区周陵乡马家窑村。

图 92　咸阳第二批区级重点文物保护单位班婕妤墓（摄于陕西咸阳班婕妤墓，墓碑背后小土堆不是墓冢，后面巨大台基方圆数十亩地才是古墓）

## 四海班氏后裔陕西延陵《班婕妤墓》祭祖文

**维**

公元二零一四年五月二日，吾族班氏后裔，不辞千里，偕同汇聚，谨以清酌素馐，秉以恭敬之心，叩拜于灵前，而奠以文曰：

大汉初创，忠臣劬劬，先祖辟基，塞外始居。
其父名况，抗击匈奴，功勋世家，名震乡闾。
幼女聪慧，工于诗赋，文采斐然，遍览群书。
巧目顾盼，秀色丽姝，和容知礼，动静其淑。
成帝立元，待选嫔御，初为少使，后封婕妤。
生子夭折，身后继无，诵《诗》养性，古礼相处。
皇恩嘉宠，欲辇同出，圣贤之道，嬖幸婉拒。
太后闻之，赏其楷模，比拟樊姬，隆盛赞誉。
荐上李平，得封同序，赵氏入宫，遂遭谗妒。
巫蛊祸起，许氏废去，从容自辩，理明而恕。
急流勇退，以避囹圄，侍奉长信，深闺凄楚。
怨歌自悼，秋扇自语，守灵以终，孤云飞羽。
尊我婕妤，贤德钦慕，怜我婕妤，毕生无辜。
祖若有灵，以降故墟，子孙虔祭，尚飨以祝！

班固七十九世裔孙班飞舞敬撰

甲午年四月初四（公元 2014 年 5 月 2 日）

**三班故里**

“三班故里”是清朝同治年间的镌刻墓碑，现保存于山西省忻州市原平市儿童公园内。

## 四海班氏后裔——山西原平《三班古墓》祭祖文

**维**

乙未开泰之年，福临降瑞之日，吾族班氏后裔，重聚娄烦故地，昌兴祖墓之

图 93 三班故里旧石碑

修缮，盛德古茔之草木，祭拜于先祖灵前，其文曰：

华夏迭兴，江山易改，千古一班，永续族脉。
先人导路，后世继业，惟志不忘，且康且泰。
壹祖宏图，边关勤牧，治产有道，以蓄家财。
出狩驰骋，旌旗猎猎，笙鼓齐鸣，帝王入塞。
风貌英华，声名远扬，德高望重，福泽百代。
行善不止，施恩不休，累世累积，乡党感戴。
开族传世，建基启宗，一门荣华，子孙仰赖。
训之有方，诲之有道，依礼遵循，远拒祸害。
日月盈昃，山重水复，国兴转衰，家旺反败。
处外端正，事内恭谨，戒持谦逊，安宁常在。
敬宗睦族，繁衍昌盛，支疏有别，相亲相爱。
同修祖墓，共植松柏，子孙为孝，不分里外。
告吾同胞，皆是手足，携手共进，云何懈怠？
先人享知，庇佑后裔，俯请歆格，尚飨再拜！

班壹八十六世裔孙班飞舞敬撰

乙未年三月十三（公元 2015 年 5 月 1 日）

附注：本篇所作祭祖文，同见载于拙作《翠香斋诗集》。

# （三十）关于族谱编修的探索与研究

## 序言

公元2012年4月3日中华班氏第二届山西祭祖及聚会活动圆满结束，来自十八省市区一百余人，同胞之情溢于言表，血脉之心紧紧相连，两千年后重振家族兴旺，实可告慰先祖之英灵，吾辈思之，感慨涕零！当此龙腾盛会之际，得前辈讳名俊元首倡联合修谱，深得拥戴，为众人所鼎力支持，以冀有朝一日功成，上承祖宗之遗荫，下启后世之奋发，任重而道远，岂可不慎思笃行？小子年轻识浅，不敢妄言，然蒙祖宗福泽庇佑，重任之下，当仁不让，愿以绵薄之力，与诸君共襄大计。

余曾于会议之中，临时发言，论述族谱相关知识，言多散乱，不成章法，退而思之，遂重拾思绪，整理成篇，以结此文。然则小子才疏学浅，所撰必有贻误，还望贤者不避，加以指正，为族事所究，有错必改！本文虽无大章可循，然亦不乏小识，聊以赘述，仅供联合族谱编修参考之用，足矣。

## 一、族谱之由来

诸位本家，有见过族谱者，有未睹者，或观之再三有所不明者，凡此种种，皆因族谱旧制所限也！以余观之，旧时族谱多从古文体例，且不加断点，语意颇待推敲，时白话文未张，故余亦从之而叙述。祠堂有法，凡谱修成，谱号颁发，同一房门者，由长房领取收之，故稀而不全，非遍及者，不得而观之。

或曰：族谱内毕竟有何记载？族谱上所传所示何意？族谱又从何而来？

欲言明族谱由来，自当先言明姓氏由来，方能了然不惑。

中国文化，源远流长。先古之时，文明初开，物以类聚，人以群分，同一群居者为部落氏族，如伏羲氏、娲皇氏、有巢氏、燧人氏、鬼方氏、神农氏、轩辕氏等，部落氏族因血缘亲近而群居，同氏不可婚配。待之社会集群化大为发展，部落杂居始见融合，部落联盟方形成，故血缘亲疏有别，氏族难以调和，姓乃出之，以有别也。姓者之血缘亲密，较之氏者愈甚，故同氏可婚配，同姓不可婚配，如姬姓、姜姓、姒姓、姚姓等。此为姓氏之由来！

人道是吾等皆炎黄后裔，何也？

彼时疾病、战乱、生育、天灾，民不聊生，自然所限，凡庶民难以为继，为上层统治者方能繁衍兴盛，下层奴隶平民多为断代，或至于无姓而失，多为炎黄所传，如周文王有百子，各有姓传，是故。

自文字发明于世，史实乃得以传之，国史存之庙堂，而平民无所识，更无家族传记。国有史载，肇自《竹书记年》，后继《国语》《春秋》等，而民诵于口，后集于《诗经》。秦末汉初，《世本》得自民间，此书所记，载录古时帝王将相公卿大夫等世系，世系一源，由此伊始。后经朝代更迭，《史记》《汉书》等传记史书相继承传，修史乃成惯例。国有史，则家亦有史，虽藏之不易，终有世系得传，至唐宋八大家推及古文运动，于家族一例，方有修整之意，为别于国史，一字记之曰：谱。

是以族谱之开先河，自此得闻，盖是因也。

## 二、序文与家规

先人作书，多重文体，文坛之风，竞相仿效，凡新书付梓，必得前序后跋相称，渐成定例。族谱修撰，多有不易，祖辈敬业，事必躬亲，考据事实，反复印证，走访探亲，商讨酌定，皆须费时耗力，不可怠忽，故前人之功，功莫大焉！

圣人之德，在乎教化万民，以开思想之愚，后人饮水思源，岂可数典忘祖？载之传后世，以明祖先之多艰，代代相传，守之莫忘。书成之难，考究之难，编撰之难，亲历之难，皆在其中，贯以始末，遂成序文。书初成乃有起序，再修有重修序，接之续修序，三序四序，传至无穷。

国有国法，家有家规。于一族之内，皆有祖宗遗训规诫，警示后人之法则也，是为家规引。家规于阖族之内，明典奉律，事无巨细，皆须遵从，此正家第一义也。有章可循，删繁去冗，备具精要，以书在案，有敦孝者，有尊长者，有和乡党者，有饬女妇者，有读书勤业者，有崇俭禁赌者，诸如此类，不胜枚举。综上所述，归纳可得，亦如明太祖高皇帝所训，孝顺父母，尊敬长上，和睦乡里，教训子孙，各安生理，毋作非为，此皆治家之本也。于家可为孝子，在朝方为忠臣，家国一体然！

先人修谱，有九仪九戒之说，后人修之，亦当谨记。

谱贵在实，有善必扬，有恶必惩。所谓九仪，明善以彰勤，有尊祖、睦族、广恩、尽孝、奉终、务学、谨行、修德与体仁；所谓九戒，明不善以示戒，分无谱、忽谱、偏谱、误谱、辱谱、伪谱、遗谱、私谱与失谱。吾于此，不愁九仪之不扬，而恐九戒之不记，乃因人皆好善而鄙恶也，凡锦上添花多乐事，不善处尽皆删去或扭曲失实。吾所以忧心之处，而不费笔墨再三申告，望先同辈者三思而行，则吾族幸甚！先祖幸甚！后世幸甚！

## 三、封诏与像赞

先前历朝历代，以光宗耀祖为荣，凡子孙皆须努力上进，以取功名，上报国家，福及乡里。《孝经》云："身体发肤，受之父母，不敢毁伤，孝之始也。立身行道，扬名于后世，以显父母，孝之终也。"故家族子孙，奋发图强，建功立业，青史留名，朝廷奖励，以启后人，遂下颁诏书、诰命、圣谕等，三族皆有荣膺。

先祖班固有兰台圣谕，班昭有懿旨优礼，班超有诏封定远，一门之荣，德佑后世。以定远功大，载之于谱，且录其诏，云："奉天诰命，皇帝诏曰：往者匈奴，独擅西域，寇盗河西。永平之末，城门书闭，先帝深愍，边氓婴罹，寇害命将，帅击石地，破白山，临蒲类，取车师城郭诸国，震归响应，遂开西域置都护，而焉耆五舜，舜子忠独谋悖逆，恃其险隘，覆没都护并及吏士，先帝重元元之仑，惮兵役之兴，故使军司马班超安集于阗以西，超踰葱领，迄县度出入二十二年，莫不宾从，改立其王而绥其人不动中国，不烦戎士，得远夷之和，同异俗之心，而致天下诛鬫宿耻以报将士之讐，司马法曰：赏不踰月，欲人速覩为善之利也，其封超为定远侯，邑千邑，和帝永元七年。"

像赞者，是为绘祖先行乐图并书赞语也。先祖之容貌，先祖之功德，书于卷中，后人瞻其像，诵其赞，敬孝如故。赞非传记，简而明之，如侍中班伯像赞曰：德容之精，文明之高，学问之长，万世奚忘。如太尉班彪像赞曰：学业宏深，德性温恭，不幸而未大展其才，犹幸而为斯文之宗。

传记乃载其人身平故事，书之于后，必以事实为据，不可穿凿附会，妄加虚言，若有歪曲，非彰显荣贵，实非敬也。

## 四、祠堂与礼俗

祠堂之建造，其意有二，一者供奉先祖灵位以祭祀也，二者乃为处置家族日常重大事务与礼仪之所。

古时以左为尊，以右为次，书写乃由左往右，与今相反耳！故对联亦遵从上左下右，随横批之例，旁及宾客席位，皆然也！小子请诸位细察，此处左右，非指君之左右而言，乃君所正对者左右。倘若不明，有法可鉴，君可取一镜自照，镜中人亦为君，则君之右为镜中人之左，为尊；君之左为镜中人之右，为次。

左右分明，则尊卑可循，长者为尊，是为敬长也。

左右清晰，则昭穆有序，先世为昭，是为明先也。

何谓昭穆？昭穆者，乃周之礼也。昭穆有序，左右有别，则祠堂先祖灵位次序可定，方不至于紊乱，而受人之讥，贻笑后世。祠堂灵位安放有远祖供奉处，有近世先祖供奉处，近世供奉四至七世先祖，若超过则移至远祖供奉处，两处排放次序相同。灵位分阶梯式高低相间，始祖居中位上，二、四、六等偶世系为昭，居左分高低摆置；三、五、七等奇世系为穆，居右分高低摆置，此为昭穆有序而别先后也。

国有国礼，乡有乡俗，先人重礼，故礼俗不可废，虽乡野之风俗，亦见文化之传承。旧有礼俗，不分大小，皆须上报祠堂，预算时辰，按期举行。婚丧嫁娶皆族中大事，须依例而行。如婚礼有纳采、问名、纳吉、纳徵、请期、亲迎之六礼，丧礼有亲疾、疾亟、严内外、气绝始哭寝尸於地、治棺、丧主被发徒跣众皆易服沐浴袭、大小殓、设桑次、报计、成服、朝夕哭奠、礼吊宾、卜葬、造主、祀后土与墓左下誌石、题主、读祝之十八俗。

又如冠笄礼，旧时男子满二十为成人，束发戴冠行冠礼，女子满十五为成人，上头插簪行笄礼，成人便可婚配，亦可取字。古人有姓有名，至成人方可取字，自称名以表谦逊，称他人字以表尊敬，如诸葛亮自称己名为“亮”，他人呼其字“孔明”以示尊重。

此皆乡土风俗礼节也，今时多半不用，亦有新礼，相类哉！

## 五、世系

前文有言，帝王将相公卿大夫皆有世系所传，平民所传难有专著，多为家族私有藏之。至唐初有高士廉撰《氏族志》，北宋初有《百家姓》，兼得唐宋八大家推广古文运动，更重家族史实传承，族谱随兴，世系始载于谱，公之于众，留之后世。

古人重元元之伦，子曰：不孝有三，无后为大。家族兴旺，多在子嗣，然亦有单丁独门，一脉传承，视为珍宝。常言九代单传，何谓九代？按己推之，溯上为父、祖父、曾祖、高祖，启下为子、孙、曾孙、玄孙，共为连续九代。故人口繁衍，并无大支同辈众，世系表述推演至简，然亦无统一之定例。后欧阳修、苏轼等共创一法列，乃于一页之内，自上至下，叙及五世，以此类推，族卷普及之下，广为所用，世称“五世图例”。

后世诸族谱多按五世图例法排定世系，然则世易时移，人口增之过盛，支系分散庞大，所谓五世图例法已难以承载。按本支巢湖高林班氏世系而言，自始祖班懿至明初世系，方得一卷本，而明初后至今世系竟需七卷本，其储藏携带保留传世查阅多有不便。余曾多次翻录十卷新旧族谱，考究世系，数年内几易其稿，方得一纵横世系图例法。虽不乏所限，较之前者，大有改观，重在检阅便捷，条目清晰，可扩展分类，然亦须完善，若有更好之图例以示，则善之善者也。此图例法见拙文《班姓先世世系表》。

## 六、排行字辈

诸君按谱查询，互通有无，多推重字辈排行，以论辈分，何也？

古人取名有避讳一说，避皇帝讳，如北宋太祖皇帝赵匡胤登基后，其弟匡义、匡美改名光义、光美，后太宗皇帝光义即位，弟光美复改名廷美。于家族之内，有避先祖讳，凡子孙之名重复先祖名，是为大不敬，故须避讳。

是以字辈一出，按字连名以避之，排行得以清，先祖名无以重。

字辈之始，当见于明清，时举业文章，尤以诗词，於清朝更是不逊唐宋。如纳兰性德之词风、扬州八怪之俊杰、桐城派之美誉等，曹雪芹《红楼梦》举世无双、王国维《人间词话》评论殆尽。而乾隆帝诗词虽非了得，然仅一人之诗词已达十余万首，可见清人重诗词有过之而无不及。字辈亦非凭空杜撰，必假以诗词道出，且借以歌功颂德扬善传道之意，或五言，或七言，或绝句，或律诗，乃请乡党之中有学问者作之，以为后世轮辈排行依序而定。如巢湖高林班氏字辈：文廷志仲尚，永有国善良。光大宗先业，宏开锡庆长。经正邦基盛，家隆世德扬。嘉贞昭祖泽，富贵定传芳。是一首工整的五律。

或曰：族谱内世系排行惟男丁居多，而女性不见经传，何也？

余考证多次，亦有所得。中国自秦始皇称帝，绵延两千余年，思想文明开化所限，男权至上，致使女子事迹难以大张。昔日女子多尊奉三从四德，在家从父，出嫁从夫，老来从子，此是为三从；妇德、妇言、妇容、妇功，是为四德。故旧时多以男子为香火承继，女儿在家即书于父亲旁备以小注，若已出嫁且有节行则多注述其事迹，若无节行则不入族谱，而妻子或续弦皆书于丈夫旁备查。

又常有继他之类，如同胞或同宗无子，则过继他房子嗣为继，此称之为过继也；若他房独子，又不得不过继长房或同宗者，则子嗣双继承两房支，此称之为双祧也；若同一子嗣，同时多继承多房支，则称之为三祧或四祧不等。

## 后记

本文草草附就，未能尽如人意，然大体无差，余亦小心校正，还望诸君，暇时相顾，不吝赐教。谨此以闻，供族谱编修之参考，互相印证，则可！

班飞舞

2012 年 6 月 1 日

# （三十一）告班姓后裔书

时逢中华奥运之年，内忧外困，民不气馁，国不耽乐，举贤于思齐，纳言于善治，奋长策以攘外方，拯民众以安盛邦，乃致华夏凝空前之深聚，团民族之强结，环宇震摄，世界垂青。此皆民以爱国之心，舍小身，明大义，抑强扶弱，同仇敌忾，上下无差，老幼一体，化悲恸而重来，救苦难而再继，虽天之灾，其奈何乎？斯是国民，幸哉甚矣！

当此之时，寄居沪上，不敢以闲情娱日，必操书之于夤夜，非以招钓誉之名，实有所想以耀先祖之圣德，上不负望于前，下不遗憾于后，则庶几而无愧！恰以闻之，中华班姓，论坛在举，益扬班姓，文武兼修，其功于斯，凡诸子弟，不可或忘。余虽不才，荷蒙不弃，得前辈讳名俊元两番相询，属吾以文字记之，故强逞逊才，以进此文，诸位临观，恐其不佳，心犹惴惴焉。

昊天罔极，爰有姓氏，凡古之初，人或不知有氏，是先有姓也。

原始母族，但知有母，不知有父，是故姓乃女生，随母姓之，如姬、姜、姒、姚等，然其时所谓姓者，多出于部族村落名。后父族盛起，氏乃分之于姓，而承于姓，其间或以诸侯国名为氏者，如齐、鲁、晋、宋、郑、吴、越、秦、楚、卫、韩、赵、魏、燕、陈、蔡、曹、胡、许、虞等；或以邑名为氏者，多出于国君同姓分封，如苏、夔等；或以县、乡、亭名为氏者，如裴、陆、阎、郝等；或以住地名为氏者，如邱、门、乡、闾、里、野等；或以先人字名为氏者，如班、林、皇甫等；或以排行为氏者，如孟、仲、叔、季等；或以官阶为氏者，如司徒、司马、司空、司寇、谏、库、仓、军等；或以技能为氏者，如巫、卜、陶、匠等。自此而姓氏遂合，统指宗族之姓也。而贵族有姓氏，平民尚无氏，同氏可婚配，同姓拒婚配，此皆礼法也。常闻唐时，有高士廉撰《氏族志》，又闻北宋有《百家姓》，收录单姓者四百零八，复姓者三十，后增至五百余数，盖其洋洋，各得其所。

人或言，氏皆同源，姓者无二，理所当然，总其一脉而已。然吾闻龙生九子，贤愚不一，后得镇诸海者方能继其家，家其后又不知其几千数矣，而不肖者毁其宗庙获天堑至死方休者，又不知其几千数矣，故能守其本而不负于后世者，只此千数，此外尚不知几万数而冥沦。

国有史，家有氏，国史记于公，家氏记于私。余尝观史至董狐直笔，肃然起敬，愿为墨仆，又观崔纾弑君，北史官三亡而不改其笔，真史官也，深为敬服。而转赌各氏宗谱，多有虚言不实者，务在扬己饰非，全为歌功颂德，怕以污名毁之先人，虽其情可原，其理不然，吾不愿苟同，乃以为戒，诸公亦自省。

察吾班氏一脉，又何其远哉！

吾方将其脉络分理推之，各位细考，或有疏漏，便以纠之。

华夏民族，皆炎黄孙，故此由黄帝考之，遂以传系脉络为主，或间叙之，本以明因。

自伏羲、娲皇、神农之后，公孙轩辕起，与炎帝战于阪泉，与蚩尤战于涿鹿，因居土德而称黄帝。黄帝娶西陵氏女嫘祖生二子，曰玄嚣、昌意；昌意娶蜀山氏女昌仆生高阳；高阳继帝位为颛顼生子曰穷蝉，后玄嚣之孙高辛继帝位为帝喾。[注：此间有同族兄弟辈名好祥相询，黄帝→昌意→高阳→穷蝉→敬康→句望→桥牛→瞽叟→重华（舜），黄帝→昌意→高阳→鲧→禹，舜与禹世系相差悬殊，禹焉于舜之后继位，其寿孰大？关乎此论亦先有史学者质疑之声，此非太史公之误？然吾细细推之，惟坐於此：盖其高阳、帝喾、尧在位长久，查尧立七十年，辟位二十八年，一百余岁矣；再推高阳、帝喾皆圣德之人，“高阳北至幽陵，南至交阯，西至流沙，东至蟠木。动静之物，大小之神，日月所照，莫不砥属”“帝喾溉执中而遍天下，日月所照，风雨所至，莫不从服”古之徒步遍行天下，必长年累月，如后世禹治水十三年疏通九州，亦未曾行遍天下，以此推之，高阳、帝喾年皆高寿之人。而后高阳少生穷蝉，老生鲧，未尝不可也，故禹之于舜年龄孰高不作细究，而禹在舜后继帝位亦属常耳。]

高阳第十子曰称，称娶东城之女生子曰卷章；卷章娶根水之女娇福生二子，曰重黎、吴回，后吴回代为祝融，为高辛火正之官；吴回娶东稚之女女华生子陆终；陆终尧舜时封于陆，夏为诸侯，娶鬼方氏之女生六子，曰昆吾、参胡、彭祖、会人、曹姓、季连；季连娶苍舒氏之女生子曰附沮；附沮后封于熊，生子曰穴熊；穴熊其后中微，或在中国、蛮夷，不能记也，故其后以父名为姓，姓熊氏。

史载熊氏得姓者第一人为鬻熊，鬻熊生子曰熊丽；熊丽为文王师，生子曰熊狂；熊狂生子曰熊绎，熊绎为楚国开国之君，居于丹阳；熊绎生子曰熊艾，熊艾生子曰熊胆，熊胆生子曰熊胜，熊胜生子曰熊扬，皆为国君；熊扬生二子曰熊渠、熊延，后延及兄位为君；熊延生二子曰熊勇、熊严，后严及兄位为君；熊严生四子曰伯霜、仲雪、叔堪、季徇，伯霜、季徇皆及君位；季徇生子曰熊鄂为君；熊鄂生子曰熊仪，即若敖，为君；若敖娶于郧生子其一曰斗伯比，后为令尹；斗伯比与表妹私通生子曰斗子文，后为令尹，辅佐楚成王，使齐桓、管仲不敢正视南面；斗子文生子曰斗班，亦为令尹，为人敬重，其十数世后人乃以其名为姓，姓班姓；斗班生子曰斗克黄，亦名生，为箴尹；斗生生子曰斗弃疾，斗弃疾生子曰斗韦龟，斗韦龟生子曰斗成然，斗成然生三子曰斗辛、斗怀、斗巢，其后战国末年，秦国一统，斗氏后人多有隐匿，或更姓氏以避乱，乃记其先祖斗谷于菟[①]、斗班，遂姓班姓。

史载班氏得姓者第一人为班壹，避乱迁楼烦，畜牧起家，当孝惠高后，出入弋猎，俨如帝王，年百岁终；班壹生子曰班儒，曾任陕州郡歌之；班儒生子曰班长，官至上谷太守；班长生班回，以茂才为长子县令，后迁扶风之平陵；班回生班况，举孝廉，为郎官，上河都卫，左曹越骑校尉，后迁长安；班况生三子曰伯、斿、稚，一女后为成帝婕妤；伯生子曰都，斿生子曰嗣，稚生子曰彪；彪生二子曰固、超，一女曰昭[②]；固生二子曰珩、珪，超生三子曰雄、英、勇；雄生三子曰始、商、调，始袭封定远侯，初为郎，尚清河孝王女阴城公主，永建五年庚午四月以擅杀公主得罪，同产者皆弃市，侯国除。此后班姓分支，请参考《班姓先世世系表》一文。

现今班姓已遍及全国，支数远胜，实幸事耳。先祖文治武功，至今追思不已，《汉书》流传千古，定远威震万里，子孙与有荣焉。思之当勤慎以自勉，常怀励辛志史追左马，每思报平身功大傅张，吾侪当记于心。

盛世於期，有志者欲修宗谱，使全国班姓之一统，其任重道远，可笃行之。查班姓分流不一，东至辽鲁，西至边疆，南达广滇，北通蒙冀，中安江河，凡地之广，皆现班裔，此先祖之德而后世之遵不变矣。由是群集响应，网站迭兴，联络有致，互通有无，此又一论坛号中华班姓开通之际，望诸位暇时以顾，群策群力，使此处得以张兴，共欢同举。

於此偶遇一事，不得不告尔等。吾尝网上查之，有滇省曲靖爨[3]氏后人，言自称亦属班氏支脉，尚有证据可考，吾察其出入则有失偏颇，未足采信。为使诸位不惑，先录其爨氏何来，再细推之。

往者爨氏，追溯甚远，论者不一，准道汉末，采邑于爨，是以姓爨。三国南中有大姓者为孟、李、爨、董、毛等，蜀汉时有爨济火助诸葛南征有功，后独霸南中，至爨龙颜为宁刺史，宁州麒麟城始兴。爨氏称王南中凡五百年，至唐初为南诏所灭，唐玄宗时为杨国忠所谗，几欲灭门，其族人避难他方，或有更姓为寸、段者。唐末爨氏支脉段氏掌大理，明嘉靖时再染祸殃，逐渐零落，其后失主云南，多隐山林或市井之中。史载爨习、爨龙颜、爨宝子等皆一时名人，又载爨文化之“蝌蚪文”今已失传，其事多隐没于世，鲜有知者。据查史册有记述爨氏之事，不过《蛮书》《新唐书》只言片语，此外便是爨氏奉为至宝者，如陆良之《爨龙颜碑》《爨龙骧石刻》，再如曲靖之《爨宝子碑》《爨琛碑》等。此外为何盛传爨氏乃班氏之分流？

南朝刘宋孝武帝大明二年[4]，立有一块题名曰“宋故龙骧将军护镇蛮校尉宁州刺史邛都县侯爨使君之碑”之爨龙颜石碑，今停放於陆良薛官堡斗阁寺大殿之内，此碑于《爨宝子碑》五十三年后所立，亦称大爨碑。碑文记云：“君讳龙颜，字仕德，建宁[5]同乐县[6]人。其先世则少昊颛顼之玄胄，才子祝融之渺胤也。清源流而不滞，深根固而不倾。夏后之盛，敷陈五教，勋隆九土，纯化洽于千古，仁功播于万祀。故乃耀辉西岳，霸王郢楚，子文铭德于春秋，班朗绍纵于季叶。阳九运否。蝉蜕河东，逍遥中原。班彪删定汉记，班固述修道训。爰暨汉末，采邑于爨，因氏族焉。……”

文中亦是斗子文与班氏之后，于前者则姑且信之，于后则不能明也。查班朗无此人，正史不见录，班氏宗谱至东汉末亦未曾有之，则“班朗绍纵于季叶”[7]典从何出尚不知，倘有贤公得知敬请赐教，此其一；其二，闻得某皇帝遣班裘开屯南蛮，乃班固后人，聪颖有才，上恶其名，遂赐姓爨名习，当属无稽之谈；此人若如此大才，纵名不雅，然正扬名传世之时，不为官史所录，则班氏宗谱岂会摒而不用？

据《风俗通》载曰："爨者即班姓，楚令尹斗班之后，到汉末食采于爨，是以姓爨。"

秦灭楚，爨襄及卜携族人十万入滇为王，而后始有爨氏，爨氏多言老祖乃爨襄。

此等记录，多有穿凿附会之嫌，亦各相矛盾，难以求证。故总其要而言之，有其二可信，一者采邑于爨而得姓后世称王五百年，二者战国末年子文后人或分支有二，其一为班，其二为爨，然云爨即班氏之后，乃不可考。

亦可得正，无论先时，华夏班姓，只此一家，同脉同源，自班壹至今已历世近九十代传，可谓枝繁叶茂，源远流长，祖宗遗德，庇荫千载。

仓促之间，荼毒笔墨，下笔千言，不知所云，望诸位勿怪，伏察规箴，则在下必深为感谢。

厥录至此，辗转复言，望诸位常登此处以留墨宝，暇时自娱，更为班姓互通，贡献微薄之力，此亦千秋大事耳。

敬谢。

戊子夏至记于沪上

公元2008年夏至

**附：2008年夏为中华班姓一论坛而作**

注①：斗谷于菟即斗子文，子文幼于云梦泽为虎所乳，楚人谓虎为于菟，谓乳为毂，故称斗子文为斗谷于菟

注②：班昭后嫁曹寿，世称曹大家，家音gū，同姑

注③：音cuàn。

注④：公元458年。

注⑤：今曲靖。

注⑥：今陆良县。

注⑦：季叶指末世之意，爨氏则言春秋末世班郎为斗子文之后，而春秋末世尚无班姓，若称斗班为班朗，尚且勉强说得过去。扬雄《司空简》载有"昔在季叶，班禄遗贤"，或"朗"来"郎"字之讹而特指班彪，亦未可知。

# （三十二）关于族旗与族徽

写这篇文章的心思酝酿已久，一直为琐事耽搁，迟迟未能下笔。期间不断有各地本家相询个中缘由，我们也在不同场合下做过一些概述，包括在各类聚会活动或私下场合，总觉得不够正式，许多口头术语也不够庄重，诸如此类，不得要领，还请本家们谅解。

2012 年山西聚会后，族群越发壮大，全国各地本家的联络更加紧密，形成了一个强有力的家族团体。我们有着共同的目标和心愿，为了加强这一团体的有利发展和亲密团结，也为了更好地扩大宣传和影响力，我们不断碰撞出新的火花，也由此而产生了新的创意，设计族徽和族旗。在一番集思广益的设计理念大讨论中，有了基本的方案，由河南郑州本家班宪伟负责族徽图案的绘制，提交多个不同版本，讨论后达成一致，才有了最初的族徽设计雏形。最终定制时，念东与我再次确认了族徽的正式样式，便是如今的族徽。

2013 年 4 月，我用四天的时间起草《四海班氏族群章程》，与念东在周末就具体细节反复商讨并最终发布，章程中正式就族徽族旗的相关含义和内容做了相关描述。

5 月 3 日，我在贵州紫云的本家聚会中，再次阐述了当初族徽的设计思想与理念。

11 月中旬，河南本家班俊元老爷子嘱咐我写篇关于族徽族旗的文章，要放入联合修谱的新谱中。我已深深感觉要着手写这篇文章的重要性和紧迫性，为此便将个中关节理顺，写下有关族徽族旗的相关故事，使大家知悉。

族徽是基于圆形的图案，直径九厘米。

边缘由内外同心圆组成，象征家族后人同心同德团结一致。

圆环内配以斑斓虎纹，象征班姓得源于楚的由来。

环内背景衬以纯天蓝色，象征海纳百川的包容，将全国本家聚集到一起的美

图 96　班氏族徽设计图样

好愿望。

上方是一卷展开的竹简，当中凸显一个小篆体的“班”字。

班姓老祖宗有名第一人是班壹，秦末汉初，生活于山西娄烦，以牧雄边，富甲一方。

秦以前各国文字不一，有大篆、小篆等，秦时统一小篆文字，汉初亦使用小篆体，后慢慢兴起隶书，所以字体用的是小篆体。

至东汉蔡伦发明纸张，之前所观书籍多用竹简羊皮纸，羊皮纸多为官家富贾所用，平常多见于编制竹简，以竹简象征班固《汉书》之流传。

中间是两只铜戈，其意有二，一是枕戈待旦，二是化干戈为玉帛，以象征班超出使西域之功，定远功在二通西域，止戈之意，不忘备战。

下方是汉字“班”的中文全拼大写字母组成。

我们的族旗是以长两米宽一米的土黄色布旗（战国楚尚黄色），只在正中凸显族徽，不以任何杂色或其他图文配饰。

族徽族旗是我们家族的象征和标志，家族成员要自觉维护族徽族旗的尊严，必须按照规定样式制作和使用族徽族旗。

班飞舞写于上海

2013 年 11 月 23 日

图 97　班氏族旗设计图样

# （三十三）碑文记

2016年全国班氏第六届祭祖大典之前，班银万、班景喜等班氏后人商讨给已经修缮一新的三班古墓竖立石碑，并邀我撰写碑文，当时未得闲暇，遂邀请班夫玉撰写。夫玉一再推让，方落笔起草，后转我修改，我不能辞，于是校之再三，删繁就简，修改数处，便成稿交付，镌刻于先祖石碑后，立于三班古墓之前。

碑文内容如下：

往者秦之灭楚，迁民于晋代间，班氏始祖壹公避地于楼烦，牧疆垦塞，致马、牛、羊数千群。值汉初定，与民无禁，当孝惠、高后，以财雄边，出入弋猎，俨如帝王，年百余岁，以寿终。后七世孙班彪，八世孙班固、班昭，纂续汉史，为世称颂，得名三班，标榜青史。有先祖墓，合葬于娄烦故里，遂称三班祖墓，有是地乃有是墓，今原平一隅。时逢盛世，班氏后裔汇聚于此，同心同德，遂立此碑，上彰祖先之功德，下表后昆之孝道。水木本源，吾辈子孙当常怀先祖之志，奋发图强，团结一致，以扬我族。

中华班氏后裔　立

公元二零一六年五月一日

2016年春节期间，收到安徽阜阳班兴旺信息，称阜阳颍上、六安霍邱两地在蛤蟆洼班利生前辈12年辛苦奔波之下，自费完成淮颍班氏家谱。由于两地集中于淮河、颍河流域，阜阳市郊七里铺和尚庄（阜阳市开发区京九办事处三角社区和尚庄）、颍东区口孜镇蛤蟆洼村、颍上县润河镇、耿棚镇班庄、新集镇刘海子村、南照镇，六安市霍邱县新店镇、周集镇班台子村、班老庄、范桥乡殷庙村、马店镇，几处班姓都一致公认祖辈从班台子迁徙出来，虽没有文字记载具体何辈开始迁徙，但近日从几位八旬长者记忆中找到近五百年的老祖宗坟，乃夫妻

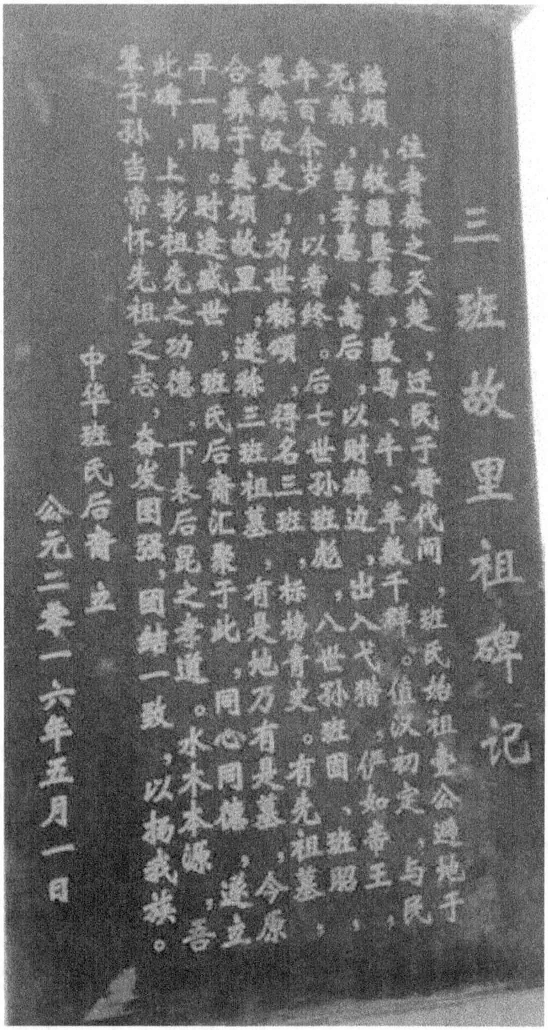


图 98　三班古墓先祖石碑背后（碑记由班夫玉、班飞舞共同拟定）

双墓合葬于班台子北侧古坟，因此阜阳、六安两地共商将来一起每年清明于祖墓祭祖，并立石碑，望撰写碑文以记之。

余感其情，同时搜查了相关历史迁徙信息，虽无实记可考，但感其诚，且利生前辈多年辛劳得续新谱，可喜可贺之事，料其探索多年所得必不虚也。而几处分支后裔如此团结共处，凝一心而聚一族，实乃幸事。小子甘愿为之作文，且留待后论。

# 淮颍班氏祖碑记

（班飞舞草拟）

碑记内容如下：

据查淮河一隅，旁及南北，有班氏后裔流布于皖西阜阳六安，然后世多不知其由来也。且历史更迭，此当中原要冲之地，屡遭兵燹，人口迁徙不定，更无文字记载传承，遂于家族之事难于理清，徒限于祖辈口口相传，间或遗缺，亦不得所闻。惟六安市霍邱县周集镇班台子迁徙一说流传甚广，人多信之，有志之士奔走其间，访于草野，索于县志，得其大概，撰文字以传。阜阳市口孜镇蛤蟆洼村班利生殚精竭虑，车马劳顿，奔走于淮颍之间，疏财献义，得续淮颍班氏支脉家谱，当为一族之楷模。溯源归本，今合阜阳市，则有七里铺和尚庄、口孜镇蛤蟆洼村、耿棚镇班庄、新集镇刘海子村、润河镇与南照镇，六安市霍邱县则有周集镇班台子村班老庄范桥乡殷庙村、新店镇与马店镇，其当世班姓子孙一致认同，班台子先祖为淮颍共祖，各地相传，少则三世，多则七世，上不可考，下尚可追，彼此互通有无，连成一脉，续谱以传后世。

近于耆老之口，得闻五百年先祖坟，祖考妣合墓，位于班台子周边，高两米有余，为家族之荣，遂得众人齐心，修缮保护，定于每期清明，共祭于此，竖碑以记之。

淮颍班氏后裔敬立

公元 2016 年 3 月 21 日

附注：本篇所作碑文，同见载于拙作《翠香斋诗集》。

# （三十四）三班故里文化墙

2016年全国班氏第六届祭祖大典之前，班银万、班景喜等班氏后人商讨在班政铺村重新立碑“三班故里”，并修建文化墙，需要画像和像赞记录，邀我撰写文字，先祖画像由班德海前辈绘制，以供宣传之用。

## 班壹像

生卒年不详，春秋楚令尹子文之后。子文初生，弃于云梦泽，而虎乳之，楚人谓乳“縠”，谓虎“于檡”，故名縠于檡，字子文。楚人谓虎纹“班”，其子以为号。秦灭楚，迁其民于晋代之间，遂以班为姓。始皇末年，班壹为避战乱，迁居楼烦（今山西宁武一带），致马牛羊数千群。值汉初定，与民无禁，当孝惠、高后时，以财雄边，出入弋猎，旌旗鼓吹，年百余岁，以寿终，有子班孺。

## 班婕妤像

公元前约48年—约前6年，班壹五世孙左曹越骑校尉班况之女。少有才学，成帝时入选后宫，初为少使，后为婕妤，颇受宠幸，有男而数月失之。工诗善赋，仪德兼备，成帝尝邀与同辇，而婕妤辞曰：“观古图画，贤圣之君皆有名臣在侧，三代末主乃有嬖女，今欲同辇，得无近似之乎?”，王太后闻之，喜曰：“古有樊姬，今有班婕妤。”后赵飞燕姊妹嫉而诬之，婕妤自诉其怨，且请服侍太后于长信宫，遂免遭陷害。成帝崩，守墓以终，后葬于延陵。有《自悼赋》《怨歌行》传世。

## 班彪像

公元3—54年，字叔皮，扶风安陵人，班壹六世孙广平相班稚子。游学修儒，好老庄之术。年二十，王莽败，光武帝即位于冀州，隗嚣招雄据陇右，公孙述称帝于蜀汉，天下扰攘不息。隗嚣问兴运于班彪，对以《王命论》劝其归刘，嚣终不寤，乃避地于河西。大将军窦融嘉其美德，举茂材拜徐令，以病去官。后数应三公之召，皆不就。班彪既才高而好述作，遂专心史籍之间，继采前史遗事，傍贯异闻，作后传数十篇，因斟酌前史而讥正得失。后察司徒廉为望都长，吏民爱之。年五十二卒官，所著赋、论、书、记、奏事合九篇。

## 班固像

公元33—93年，字孟坚，扶风安陵人，班壹七世孙班彪长子。年九岁，能属文诵诗赋，及长，遂博贯载籍，九流百家之言，无不穷究。所学无常师，不为章句，举大义而已。性宽和容众，不以才能高人，诸儒以此慕之。弱冠说东平王苍而纳言。会父亡，归乡里，潜精研思，以继其志，人告之私改国史而下狱，其弟班超诣阙上书得免，拜兰台令史，后迁为郎，典校秘书，乃撰功臣、平林、新市、公孙述事，作列传、载记二十八篇以奏，帝乃复使终成前所著书。班固探撰前记，缀集所闻，以为《汉书》，二十年乃成。后坐窦宪罪免官，洛阳令种兢捕之下狱，卒于狱中，年六十一岁。有《两都赋》《幽通赋》《白虎通德论》等以传。

## 班超像

公元34—104年，字仲升，扶风安陵人，班壹七世孙班彪次子。为人有大志，不修细节，然内孝谨，居家常执勤苦，不耻劳辱，有口辩，而涉猎书传。尝诣校书郎，辍业投笔叹曰："大丈夫无他志略，犹当效傅介子、张骞立功异域，以取封侯，安能久事笔砚间乎！"后奉车都尉窦固出击匈奴，以班超为假司马，将兵别击伊吾，战于蒲类海，多斩首虏而还。班固以为能，遣与从事郭恂俱使西域。班超至鄯善恰遇匈奴使者，遂以"不入虎穴焉得虎子"之志率众击之，迫使鄯善归汉。班超终以三十六人转战西域三十一年，不废中国之兵，而降服五十余国，再通西域之功，诏封定远侯。年老上书乞骸骨，幸得其妹班昭再申前言，乃得征还，卒于洛阳，年七十一岁。

## 班昭像

公元49—120年，字惠班，又名姬，扶风安陵人，班壹七世孙班彪之女。嫁与同郡曹寿，寿早卒，有节行法度。昭博学高才，其兄班固著《汉书》未竟而卒，尚有八表及《天文志》未完，和帝诏昭就东观藏书阁踵而成之。帝数召入宫，令皇后诸贵人师事焉，号曰大家。每有贡献异物，辄诏大家作赋颂。及邓太后临朝，与闻政事。以出入之勤，特封其子成为关内侯，官至齐相。时《汉书》始出，多未能通者，同郡马融伏于阁下，从昭受读，后又诏融兄续继昭成之。昭作《女戒》七篇，有助内训，辞以卑弱、夫妇、敬慎、妇行、专心、曲从、和叔妹为其要义，马融善之，令妻女习焉。昭年七十余卒，皇太后素服举哀，使者监护丧事。所著赋、颂、铭、诔、问、注、哀辞、书、论、上疏、遗令，凡十六篇。子妇丁氏为撰集之，又作《大家赞》焉。

第六届全国班氏祭祖大典于 2016 年 5 月 1 日如期在山西省忻州市原平市沿沟乡班政铺村三班古墓如期举行，并参观班政铺村文化墙，纪念拍照等。

图 99　山西忻州原平班政铺村石墙

图 100　山西忻州原平班政铺村文化墙

# （三十五）班姓源流、郡望堂号与人口分布

借用灵魂三问：我是谁？我从哪儿来？我要去哪里？

用英文表达便是：Who am I？Where am I from？Where am I going？

不管是东方人，还是西方人，自打来到这个世界，从植物到动物，从生存到死亡，从经济到文化，从地理到天文，从自然到哲学等等，人们一直都在追寻这三个灵魂拷问。

答案总是似有似无，你以为明白了，也许只是糊涂地开始，要真正解开谜底，那是要耗尽一生去不断追求的，只有当你经历人生该经历的一切，或许有一天才会恍然大悟。

那么关于班姓，同样是三个灵魂拷问。

班姓究竟是谁的后人？班姓从何处来？班姓又分布到哪里？

## 一、班姓源流

秦朝末年有出现《世本》一书，现已佚，其中记载的是王侯卿大夫们的世系传承与氏姓源流，而庶民则无。

唐初太宗李世民为加强皇权提高李氏皇族地位，令高士廉等修订《氏族志》，重新调整士族的郡姓门第。至武则天如出一辙，由李义府等建议重修再翻新成《姓氏录》，不过为武氏显出而已。

北宋初由吴越钱氏国人所作《百家姓》，因置大宋国姓赵氏于前，次钱姓，吴越王钱俶正妃孙姓，南唐李姓，周吴郑王皆吴越王钱镠妃族姓氏，而后姓氏并非门第望族之序，却因次排列，句句成韵，使得"赵钱孙李，周吴郑王"的宋版《百家姓》成为儿童启蒙读物，经久流传，影响深远。

班姓在宋版《百家姓》排第二百三十五位，姓无大小，只是人口众寡不同，不必因此较真，倒是越稀少的姓氏，血缘关系可能相对更亲近，也更好追踪溯源。

《汉书·叙传》班固明确点明班姓出处，楚令尹子文之后，楚人谓虎“班”，其子以为号，后世因以为氏。班固距离班壹不过八代，家族兴盛，为当时望族，虽改姓班，然对其祖楚斗氏之说，毫无隐晦，应该是家族内部口口相传，故笃信之。

东汉应劭撰《风俗通·姓氏篇》载“班氏，楚令尹斗班之后”，该篇亦已散佚，无法考证，斗班即斗子文之子。

南宋高宗绍兴三十一年（公元1161年），郑樵撰《通志》二百卷，其《氏族略第一》载：“臣谨按，司马迁曰书，班固曰志，东观曰记，华嶠曰典，张勃曰录，何法盛曰論，诸史通谓之志。然志者古史之名，今改曰略，略者举其大纲云。”其中有列举“以名为姓”和“以名为氏”皆包含“班”。

因此源于芈姓，楚国斗氏子文，斗班之后，而班壹后裔，这一支班姓渊源，可信度最高，基本是毋庸置疑了。

只不过尚有其他几个说法，不妨列出。

其一，源于子姓。按《左传·文公十一年》载：“宋公于是以门赏耏班，使食其征，谓之耏门。”春秋时宋昭公子杵臼五年（公元前615年），赏城门税与大夫耏班，故有“耏门”典故一说。其后人有以班为氏，现在可能无法分辨，但若其果真有姓班，即为“耏门班氏”。

其二，源于姬姓。春秋鲁国有名匠公输般，般与班同音，擅木工，时人称为鲁班，其后裔有改姓班者，同样无法考证，但若其果真有姓班，即为“鲁班班氏”。

其三，他族改姓。古代人口繁衍迁徙不定，各族文化交流，相互融入，有少数兄弟民族汉化改姓，是否有改班姓的，亦难以考证。

比如清太祖努尔哈赤之孙，辅国公爱新觉罗·塔拜之子，爱新觉罗·班布尔善，因涉鳌拜牵连而为康熙处死，年终五十二，子孙黜为闲散宗室。其后或有改班姓者。

又比如蒙古成吉思汗铁木真第二十世孙博尔济吉特·班第，属镶黄旗，历任内阁学士、兵部侍郎、湖广总督、兵部尚书，三度行走军机。乾隆十一年（公元1746年）巡抚山西，十五年（公元1750年）任驻藏大臣，二十年（公元1755年）授定边将军征准噶尔，封一等诚勇公。后因左副将军阿睦尔撒纳反叛，撤退被围，自刎而死，谥义烈，建祠并画图形于紫光阁。其后或有改班姓者。

以上三类，若有班姓，则与斗班后裔的班姓主流并非一支。

其四，改姓他族。因历史原因，变更原有姓氏，亦不胜枚举，或有从班姓改他姓者，尚有迹可循。

如云南爨（音 cuàn）氏，盛传从班姓改爨姓，陆良有《爨龙颜碑》与《爨龙骧石刻》，曲靖有《爨宝子碑》与《爨琛碑》。南朝宋孝武帝大明二年（公元458 年）立有《爨龙颜碑》载：“……子文铭德于春秋，班朗绍纵于季叶……班彪删定汉记，班固述修道训。爰暨汉末，采邑于爨，因氏族焉……”

又据《风俗通》载：“爨者即班姓，楚令尹斗班之后，到汉末食采于爨，是以姓爨。”

由此可证，班爨原是一家。

或有传闻某皇帝遣班袭开屯南蛮，因恶其名，遂赐姓爨名刁，这个传闻似乎不大可靠，查无实据。

再如贵州安顺平坝有一支王姓，据说是从班姓改王姓，其谱上载有明朝朱元璋因见班姓含两王，引“天无二日，民无二王”为由，将班姓改为王姓。

这句话最早出处见《孟子 · 万章上》：“孔子曰：‘天无二日，民无二王。’舜既为天子矣，可帅天下诸侯以为尧三年丧，是二天子矣。”

为什么只改了这一支呢？或许当时这一支的班姓当官或其他原因，刚好被朱元璋看到，也是有可能的。2013 年 5 月 2 日，我到贵州贵阳班家寨，曾见到该支后人，彼此讨论分析过，宁可信其有，不可信其无。那么这一支王姓也是班氏后人。

其五，无稽之谈。

有传闻藏传佛教格鲁派活佛班禅乃班氏后人，纯属无稽之谈。班禅只是简称，全名班禅额尔德尼，且是汉译，班是梵语“班智达（学者之意）”，禅是藏语“钦波（大之意）”，“额尔德尼”是蒙古语“珍宝”。

而国外如班得瑞等都是汉译，毫无关系。

不值一说。

其六，他族类姓。

根据 2010 年江西人民出版社正式编纂出版的有袁义达、邱家儒著《中国姓氏大字典》载：“藏族有班角楞布姓，即贵族班楞氏，见《西藏的贵族和政府》，景颇族有班达姓，见《中国人的姓名》。”

可知少数民族有类班的姓氏，当然不是直接班姓，是复合的多字姓氏组成，故属于类姓之说，需要有所区别。

## 二、郡望堂号

春秋始置郡，秦统一后，划全国为三十六郡，可见郡是当时的行政区划，而望则是望族的意思，故郡望是指某一地区的名门望族。古时人们比较注重门第与出身，而望族大姓也通常受人推崇，有比较高的社会地位。

比如唐时的“五姓七族”，陇西李氏、赵郡李氏、清河崔氏、博陵崔氏、范阳卢氏、荥阳郑氏与太原王氏，男大当婚，女大当嫁，通常名门望族之间相互选择，门第有差是不能结合的，这就是所谓的门当户对。

堂号是针对家族而言，每一姓氏都有自己的堂号，旧时厅堂或后来的祠堂，都会悬挂匾额或大红灯笼，注明“某某堂”字样，主要是彰显先祖的功德，训诫后世子孙，不要数典忘祖，要牢记先祖郡望，传承先祖的余烈。

比如郑姓有著经堂，来自东汉经学大家郑玄潜心注群经而闻名；杨姓有四知堂，来自东汉东莱太守杨震，当其路径昌邑，县令王密欲送十金贿赂，且言“三更半夜，无人知晓”，杨震正道：“天知地知，你知我知，何谓无人知晓?”故立四知堂以明后世；谢姓有东山堂，来自东晋谢安东山再起的典故；赵姓有半部堂，来自北宋开国宰相赵普“半部《论语》治天下”的典故；孟姓有三迁堂，来自孟母三迁的故事。

可见堂号最能反映一个姓氏家族历史上最光耀的人物和事迹，好让子孙后代铭记在心，继续发扬光大门楣的重任。

那么对于班姓，有哪些郡望堂号呢?

历史发展上主要有两个郡望：扶风郡与黎阳郡。

对于扶风郡，想必大家都很清楚，就是七世班彪、八世班固、班超、班昭的祖籍地了，当时关中有班、马、耿、窦四大姓，可为名门望族的姓氏。

黎阳郡，今河南省鹤壁市浚县，没有查到直接的出处，也无名人事迹之类，大概是当时此地群居的班姓人数多，故而推为望地，已不得而知了。

关于堂号，主要有定远堂、汉书堂、扶风堂。

图 101　摄于安徽巢南班家巷班氏宗祠

定远堂，应该是大家最为熟知的，来自东汉班超出使西域，功封定远侯的故事。

扶风堂与汉书堂，来自班彪、班固、班昭著汉书的故事。

此外，贵州省毕节市水西县的班姓族人修建的祠堂，堂号是投笔堂，取自班超投笔从戎的故事。再有安徽省六安市舒城县的班姓族人修建的祠堂，堂号是衍庆堂，取自明英宗正统十一年护国大将军班开基的故事，获御赐锡制《衍庆堂》，舒城族谱上有记录，明史中尚未查到班开基的传记，容待后续考证。

建祠续谱，必著堂号，而伴随堂号彰显家族历史荣耀时刻的信息，那自然是对联了。

祠堂对联，作得好，给家族增添荣耀，作的不好，可能贻笑大方，过去都是寻找名人或有学问的人给祠堂撰写对联。对联是要讲究基本的平仄谐调、对仗工整，如果不懂格律，随意乱写，恐怕连打油的对子都算不上，内行看门道，外行看热闹，若是写着玩，写错了也没什么，不过一笑了之。若是祠堂对联，那还是要讲究些，否则被人笑话是小事，使祖宗蒙羞，就说不过去了。因此祠堂对联必须审慎为好。

班氏祠堂各地流传有名的很多，如“史追左马（左丘明、司马迁），功大傅张（傅介子、张骞）”“仙舟循吏（班景倩），虎穴通侯（班超）”“著书世泽

（班固），投笔家声（班超）”“投笔惟期纯祖武（班超），著书仍望继前徽（班固）”等非常工整，不能一一枚举。

另外网上有流传很多写班氏的对联，没有列在此处，是因为对联虽写的像模像样，也很彰显先祖的业绩，但从对联本身来说，要么平仄不谐，要么格律不对，仅对仗略可，不能算正式对联，因此摒弃不用。

说到这里，再点一点字辈排行的问题。

为什么会有字辈排行一说？很多族姓家人取名字，往往中间带有一个字辈排行的标识，逢同姓族人往往问一句“您是什么字辈？”辈分不同，称呼也就不同。

字辈除了区分长幼次序外，起先最主要是为了避讳，避的是先祖讳，晚辈不能和先祖同名，否则视为大不敬大不孝，这是有严格限制的，只是现如今人们不大讲究这些了，比如有很多叫班超的名字，但过去可不行。

古人先避皇帝讳，再避先祖讳，这是不容置喙的，不避皇帝讳，是要杀头的，当然家族里可不会杀头，但也要严格遵守祖制家法。那么避皇帝讳容易，直接改名，避先祖讳就没那么容易了，隔的年代久远，难免会出错，怎么办呢？

后人就想出在名字中间加一个固定字以示区分，同一个字的属于同辈，前后字不同可以推出长幼顺序，一举两得。这个字序怎么定，也不是随便乱取，但和对联一样，同样是请名人或有学问的人，将该族历史上荣耀时刻信息带入，撰写成一首四言、五言、七言等绝句或律诗，如果字辈用完了，就接着再续下去。因此现在大家看到的字辈排行多是这种绝句或律诗组成，不过还是再慎重说下，这可比对联又更加讲究了，要求更高，别写成打油诗来蒙混过关，给祖宗留点颜面吧。

当然可能有的地方因家谱损坏等情况，可能残缺不全，有可能遗失一些，成了断章断句，也在情理之中。

如山东莒县字辈留有“得喜瑞发，贵夫凤孝”。

如天津静海字辈留有“士居振荫，景维俊哲，乃国之祥”。

如广西钦州字辈留有“文瑞日光华，广成秀仕喜，国泰永荣家”。

如广西南宁长堽字辈留有“济元以道光，文廷名克正，定作品忠臣，汝世荣华永，尚其义复仁”。

如河南夏邑字辈留有“续述德俊兴，宜孝念高增，恪慎知崇业，庆祥福禄升。建勋继汉远，传贤振华东，爱国先安民，连贵世昌荣”。

如贵州紫云字辈留有“七洲开可国，应世文天廷，大电荣光祖，鹏程万里名”。

如贵州惠水字辈留有“国朝文正起，世代福禄强”。

如安徽巢湖字辈留有“文廷志仲尚，永有国善良，光大宗先业，宏开锡庆长。经正邦基盛，家隆世德扬，嘉贞昭祖泽，富贵定传芳”。

如辽宁大石桥字辈留有“启世公圣，守国德兴，显耀允兆，吉树永成。开功玉师，熙福扬明，浩学尚礼，康泰易生”。

因地域太多，不能一一枚举，敬请谅解。

## 三、人口分布

1996 年 1 月 1 日，教育科学出版社出版的由袁义达、杜若甫编著的《中华姓氏大辞典》是一部工具书，收录姓氏 11969 个，单姓 5327 个，复姓 4329 个，三字姓 1615 个，四字姓 569 个，五字姓 96 个，六字姓 22 个，七字姓 7 个，八字姓 3 个，九字姓 1 个。该书对全国各族姓氏进行了源流考证和说明，体系非常庞大，论据充分。

2010 年江西人民出版社出版的由袁义达、邱家儒编纂的《中国姓氏大辞典》是前书的扩充新版，该书收录了中国各个历史时期全部汉字姓氏，共 23813 个汉字姓氏，请季羡林先生作序，可以说是蔚为大观。

班姓除了汉族外，在该书中提到班姓分布多个民族，包括白马人（白马藏族，亦称白马族、白马人）、苗族、布依族、瑶族、回族、傣族、满族、蒙族、台湾土著等民族，后分布较广，约占全国人口的 0.01%，而以广西、安徽、河北、山东四省区最多，约占全国班姓人口的 73%。

2013 年 1 月 1 日江西人民出版社出版的由袁义达、邱家儒编纂的《中国四百大姓（套装共 3 册）》，主要分析中国姓氏的特点及 400 余姓氏的分布和迁徙及图谱。

还是袁义达，袁先生头衔光环太多，不说了，想了解的可以自行百度。而邱家儒是中国文化促进会副主席、谱牒学专家，二人合作，终成大作。袁先生的数据来源是经公安部人口数据库编写得来的，当时据全国公安部身份证系统录入的

13.3 亿人口中统计的姓氏数据，可以说是最准确的姓氏调查数字。该书结合 2008—2010 年数据库分析而发布了当时中国最新版“百家姓”排行榜，从中看到班姓排在第 269 位，人口总数 27.3 万，占全国班姓人口最多的省份是广西壮族自治区。

另一份资料可能有所出入，根据《全国人口普查条例》和《国务院关于开展第六次全国人口普查的通知》，2010 年 11 月 1 日零时为标准时点进行了第六次全国人口普查，登记总人口 1370536875 人，人口漏登率为 0.12%，后来公布的姓氏排名前 300 名中，查无班姓。

两份数据来源都具有公信力，袁先生的数据可能更早，第六次全国人口普查已是 2010 年底，最终完成可能也是到 2011 年初了，因此数据可能更为接近当时的实际情况，班姓人口有可能退出前 300 位，也是正常的事情。

2019 年 1 月公安部官微发布，公安部户政管理研究中心依托目前全世界最大、覆盖全国近 14 亿人口的人口信息系统，采用大数据技术，对 2018 年公安机关登记的全国姓氏和新生儿姓名再次统计分析，目前全国在用姓氏共计 6150 个，当中班姓在前 300 位中依然找不到。

截至 2020 年 1 月 31 日最新数据统计显示，公安部治安管理局中国姓氏排名当中，终于看到班姓排在第 336 位，并未看到具体的数字值，不过根据人口数字变化和之前的数据，我们大体可以推断，当前全国班姓人口数在 30 万左右。

至于地域分布可能散居全国都有了，只是大体知晓广西可能仍是第一位，然后广东、安徽、河南、山东、山西、东北等相对较多的地方，其他各省市区等地都有分布，包括港澳台以及海外。

（注：以上所有数据也不能百分百精确，但相对而言是较为准确的数字，还是仅供参考。）

# （三十六）贵州班氏与青岩古镇溯源

贵州，得天独厚，风景甚佳，东湘西滇，南桂北川，放眼处尽是高山耸立，环山处遍寻城寨村落，实是气候宜人，风物喜俗！如此绝佳之地，总被人误解？当地人以“穷山恶水”戏谑，其实山清水绿，钟灵毓秀。

北宋开宝七年（开宝为宋太祖赵匡胤第三个年号，公元968—976年，共九年，开宝七年为公元974年），贵阳当地土著首领普贵以所控矩州归宋，因土语“矩”与“贵”音同，宋太祖未听真切，于《赐普贵敕》中曰：“予以义正邦，华夏蛮貊，罔不率服，惟尔贵州，远在要荒。先王之制，要服者来贡，荒服者来享，不贡，有征伐之兵、攻讨之典。予往为扶播南，扬民之弱，劳我王师，罪人斯得，想亦闻之。有司因请进兵尔土，惩问不贡，予曰：‘远人不服，则修文德以来之，穷兵黩武，予所不忍。’寻乃班师。近得耳父子状，知欲向化，乃布之文告之：‘尔若挈土来廷，爵土人民，世守如旧，故兹制旨，想宜知悉。’”贵州之名首见。

明永乐十一年（永乐为明成祖朱棣年号，公元1403—1424年，共二十二年，永乐十一年为公元1413年）分湖广、四川、云南三布政司地置贵州承宣布政司，治所于贵州宣慰司（今贵阳市）。至清朝正式建制为省，以贵州为省名，治贵阳府（今贵阳市）。

距离贵阳约40公里的花溪区南郊，有一座青岩古镇，而这里正是贵州班氏的发起地之一。

公元2013年5月2日我曾携妻到贵州旅行，承蒙班由科老爷子带同几位贵州当地本家盛情相迎，遂一同前往贵阳花溪区大寨会议处，恰逢贵州班氏谱志第四次工作会议之际，当时贵州省编正着手联络贵州各市县及村落，欲联合修谱，完成贵州班氏宗谱的统一编修，立志深远，草创之初，亲身见证，非常荣幸。

当天参加会议的有近三十位本家，分别来自贵阳市、花溪区、孟关、蔡家关、马洞、惠水、百花湖、长顺、平坝、紫云、镇山、遵义等地，诸位本家代表无不年长于我，更有耄耋之年的老者，却将我一小后辈强按主位，实在诚惶诚恐。我并不通贵州方言，只能慢慢领会当地本家的发言，有些了解不清楚，若有说错之处，还请贵州本家见谅。

贵州山地居多，分散复杂，自古及今，联络不畅，大山之中，鸡犬相闻，往来者稀。许多民族相互杂居，大多保持原生态的寨落风俗，外界信息知之甚少，如此纷繁之势，若要完成贵州班姓传承下来的后裔情况统计，则是困难重重。但班姓向来有一种开创精神，可追溯到班超定远之始，甚或更前，这是一种家族文化基因的传承，事业开创虽有万难，却无法阻挡班氏子孙进取之脚步。贵州联谱之初，工作进展，令我敬佩，也是全国各地班氏联谱工作的先行者和实践者。

我抖擞精神，给大家做了相关汇报，现阶段全国各地家谱联谱都在有条不紊地进行，但基本还在搜集整理，不能跳过也跨越不了这个过程，搜集的时间可能很长，大家都需要明白这一点，时刻奉献自己的一份力量和热情。局部范围内已搞清楚支脉的可以联合编修，全国联谱则需慎行，急躁不得。我们不怕完不成联谱工作，就怕完成后存在一堆谬误，则上对不起祖宗，下误不起子孙。搜集和整理各支脉族谱的相关文字、图片等文献资料，特别是老谱资料，尤其是要以前所未有的态度来重视和保护起来。做文字工作需要高度负责任，必须实事求是，端正态度，若有疑义的地方，必须存疑，不清楚就是不清楚，可以暂时放在那里，不能为了凑数或所谓完美，罔顾事实，强拉硬扯去串连，那是不合格的，会使祖宗蒙羞，也无法正视子孙后代。故此文字工作者，能不谨慎乎？任重道远，相勉以行。

图 102　贵州花溪大寨会议楼合影

图 103 贵州花溪大寨街头合影

中午在班家大院聚餐，厅堂布置考究，雅俗共赏，乡风族情，浓浓四溢。记得在一间书房中品茶畅叙，院主铺开桌案，摆过文房四宝，邀请题诗留字。我提笔在手，思忖片刻，贵州好山好水好人物，此情此景，不由得心底波澜，诗情激荡，即兴写下一首七律，诗云：

贵阳只道花溪景，最美原生造化开。
先祖何曾失定远？子孙重聚念兰台。
当年我若冲天笑，逐尽风云未展才。
不信黄河千古色，人间自有白头来！

飞舞字写得太难看，有辱大家的眼睛，但还是亮出来，作为反面教材。请大家多练字，切莫只晓得敲键盘，不会写字了，聊以自嘲。不过诗意尚可，凑合着看吧。

间或得遇平坝本家，乃王姓，但族谱上明确记载由班姓改王姓之说，未必无因。明朝洪武初定，有班氏从沐英安定西南有功，皇帝以“天无二日，人无二王”为由，指该班姓有“二王”之嫌，乃改赐姓王，故有清镇王官堡一支王姓子孙流传下来。本家名王铭汉问是否可信？因为在他们的族谱上有专门记载下

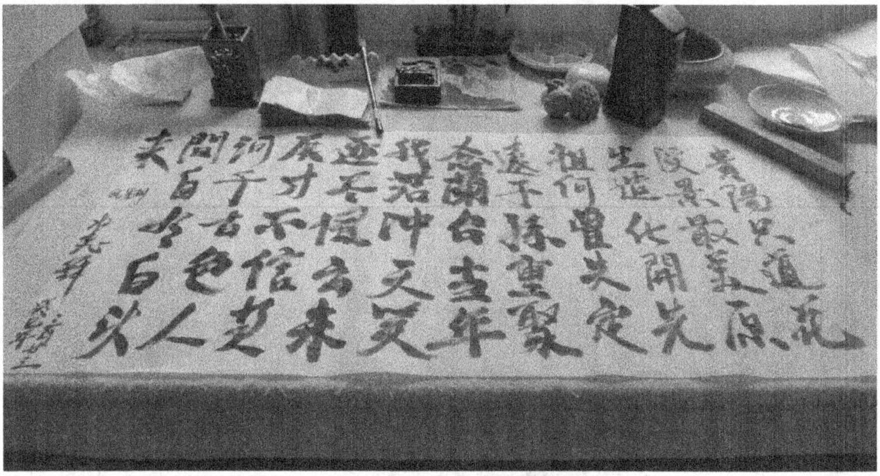

图 104 贵州花溪大寨班家大院书房题诗

来，究竟是否如此，难以断言。我后来多番查寻，虽正史未载，恐非虚传，况于族谱中明确记载此事，为慎重起见，姑且从之。历史上改姓之说颇多，古时有避讳之说，皇族更甚，那宋太祖赵匡胤尚有“卧榻之侧，岂容他人鼾睡（见宋岳珂著《桯史·徐铉入聘》）”，连亲弟赵光义亦以“光”避“匡”字讳，何况他家？再往前有举族变更，春秋时晋僖侯名司徒，故废司徒官职，秦始皇名政，庶者皆不得用政字，汉文帝刘恒将“恒山县”改“常山县”，而唐之后盛行，武则天更是将政敌之后全数改他姓，故有此一说，倒是极为可信。当然族谱中也可能有错，族谱皆前人编撰，错讹之处，在所难免，如《史记》《汉书》皆有错讹，何况族谱？有错正常，无错才是欺人之语。但经此一事，或传闻有差，暂且搁置，继续考证。

从毕节水西班氏族谱得知，水西始祖班起云，明初洪武年间入黔，贵州宣慰使因其征战有功，授其“慕魁”之职，封到水西，自领其兵，镇守领地，亦兵亦农，渐至繁衍。后至清朝有封班氏补袭“慕魁”职，见于当地《大定府志》，故沿称班慕魁者，与迁始祖班起云非同时代人。

贵州发起多源，考证倍难，其间尤以惠水班氏族谱编写最佳，惠水奉班授为迁入始祖，惠水主编班镁光当初整理了许多篇文，发我校对，深受感触，其中大量的文献考证，颇见功底，惠水班氏族谱得以成之，镁光功不可没。

据河南夏邑班俊元（已故）亦曾入贵州，与贵州本家探讨，总结了部分信

图 105　贵州紫云格凸河苗家聚餐留影

息，一体录于此处，供大家参考。明朝洪熙乙巳年（洪熙为明仁宗朱高炽年号，公元 1424—1425 年，共一年，洪熙乙巳年为公元 1425 年）班应龙带领兄弟共八人（应龙、应虎、应彪、应豹、应明、应承、应后、应世）入黔平蛮，后解甲归田，融入当地。应龙、应虎迁于修文县（现为息烽县）瓮社，后随调阿就沟，现花溪（青岩镇、黔陶乡）、息烽九庄济沟湾子属应龙后裔，济沟榜上属应虎后裔；应彪、应豹迁于大定（毕节），再迁黔西，现金沙县洼脚、大岩脚及河边、养龙龙坑、何家洞大洪、小桥、仁怀羊咩寨属应彪后裔，黔西沙窝、自中、开阳岩脚寨、白果塘属应豹后裔；应明迁于修文白岩厂田坎寨，现大石岩头上、沙锅寨、六桶苦参屯属应明后裔；应承迁于修文县滥瓦寨，再迁至贵阳大山洞，现都拉营、花溪大寨、桥底下罗关属应承后裔；应后迁于安平（安顺），现安顺、镇宁属应后后裔；应世迁于定番，现惠水、长顺一带属应世后裔。清朝咸丰乙卯年（咸丰为清文宗奕詝年号，公元 1850—1861 年，共十一年，咸丰乙卯年为公元 1855 年）黔苗作乱，九世祖弟兄八人，贵香、贵熔、贵伞、伞银、在位、在明、在龙、在元四散逃离，而在位、在明、在龙被掳到下八府（现黔东南凯里）筑香炉山、轿顶山营盘，数年后脱险返家。此处暂无确切考证，贵州本家可以继续挖掘相关信息以填补。

位于长顺南部的鼓扬镇附近乡村，有许多班姓布依族，有自称“茶班”与

"酒班"两部，分以茶、酒祭祖，互不通婚，因为起源共同先祖，据考都是明朝洪武年间"调北填南"而来。当然也有传说是楚斗氏子文的姓"斗"与"酒"有谐音地方，故斗班讹传成酒班了，后又以茶代酒祭祀，故传出"茶班"之说。这些都是传说，无实据可考，但传说不等于胡说，有其可信的成分，需要区别对待，总之可以确定有这两支班氏的源考，尚待继续挖掘。

贵阳镇山有流传母系班氏一说，据传明朝万历年间，有将军名李仁宇者，率军至此地，目睹山川形胜，便屯居下来。将军娶班氏女子为妻，生二子，一子姓李，一子随母姓班，班李同根，一直流传，今镇山班姓是也。

**图 106　贵州紫云县政府招待所本家们合影**

诸如此类，不胜枚举，基本上有个共同的认识，那就是都认定贵州班氏发源，是在明朝洪武年间有班氏从征入黔而来，这是相对普遍的看法。有些可信度高，姑且记录，有些源于传说，尚待考证，望有识之士继续努力，为贵州班氏家族的资料发掘贡献微薄之力。

当日下午，贵州联合修谱主编洪彩、主任正忠亲自陪同，由科老爷子与我忘年交，忠能、齐斌一道去青岩古镇。洪彩和正忠一路给我介绍，每经过一个地方，他们都如数家珍地指出哪一片是班姓聚居地。

青岩曾是黔中战略要地，往来川、湘、滇、桂之通衢，亦是商贾通商的必经之路，如此集军事和经济于一体的要塞，地位自是不同凡响。作为古驿道，这里

图 107　自左向右：班由科、班奇斌、班忠能、班飞舞、班洪彩、班正忠

古城墙至今仍保存完好，整个古镇都用石头垒砌，路面用青石板铺成，古意浓厚，幽静温馨，明清时树立节孝寿坊，修建状元府与文昌阁等，东西南北四城门，人来人往络绎不绝。许多影视剧都曾在此拍摄，穿过其中的石巷，这里曾是陆川执导电影《寻枪》的取景地。

图 108　图为“青岩北古驿道”题壁

图 109　摄于贵州青岩古镇

图 110　摄于贵州青岩古镇

图 111 摄于贵州青岩古镇

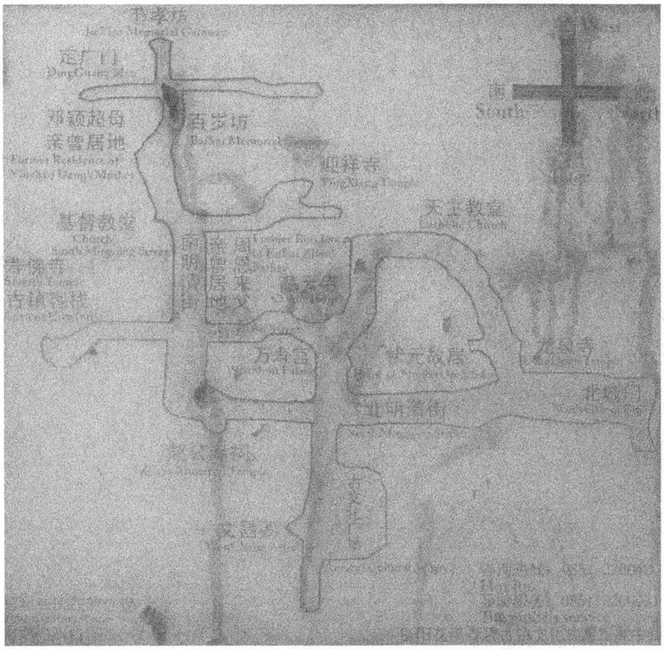


图 112 摄于贵州青岩古镇

明朝隆庆六年（隆庆为明穆宗朱载垕年号，公元1567—1572年，共六年，隆庆六年为公元1572年）布依族人班麟贵为青岩土司（即土官，明朝中期以后对少数民族地区由土官所统辖的地方行政机构统称，有世袭情况，区别于朝廷所派之流官类）。至天启二年（天启为明熹宗朱由校年号，公元1621—1627年，共七年，天启二年为公元1622年），水西彝族安邦彦反叛，率军围困贵阳，侵占周边城镇，包围青岩，截断由定番（今惠水县）输送贵阳之粮道。贵阳城断粮后，兵食草木败革，继而煮死人肉以充饥，再继而互食生人，有里居参政潘润民之女被食，知县周思稷自杀以飨军兵，仍复坚守。青岩土司班麟贵死守青岩堡，并积极筹措粮米偷济贵阳，相持一年。后朝廷派兵解围，因麟贵助战有功，授其同知（同知，同某官之意，职位相当于某官之副，见《历代职官简释·同知》）之职，领三品衔，控七十二寨，将八番十二司，为青岩土守备，准其世袭。

麟贵率所辖各土司及族人，伐木采石，共筑城垣，名之青岩，当地民众有称其“王荣”城，按布依族语为“兵城”“营盘城”之意。麟贵卒，其子应寿承袭父职，明亡后降清，仍为青岩土司。顺治十七年（顺治为清世祖福临年号，公元1644—1661年，共十八年，顺治十七年为公元1660年），应寿改土城为石城，增建定广门，号新城。后人再修缮，方为今日之青岩古镇。

正忠说起班麟贵及应寿等先祖事迹，总是滔滔不绝，他自己和这里的班姓人家基本上都是班麟贵的后人，走过古镇，去往正忠的家里，路过街上一家牛肉粉店，上面竟是“古镇班正忠红烧牛肉粉，汤鲜味美第一家”，原来是他自家开的店。此处属于植入广告，有到青岩的可以去尝尝，正宗班氏牛肉粉。

（附注：公元2019年贵州省谱颁发，六年终成正果，感谢所有真正为贵州省谱付出辛劳的人员！）

图 113　青岩古镇北城门（其中 1600 年字样雕刻错误，应为 1660 年）

图114　青岩古镇定广门

图 115　青岩古镇班正忠牛羊肉粉店

# （三十七）班姓先世世系表

中华姓氏成百上千，然族谱世系图示则多法欧苏所创之五世图例，于古而言，人口稀疏，故而条理清晰，一脉畅通，由前至后，了然于心。然则时移世迁，人口繁衍，与日俱增，致使五世图例难以再胜任庞大支系，勉强凑出，紊乱不清，且查阅亦费周折，卷章靡费，亦在其中。

余于此中探索多次，力求简明，包罗万有，曾多次易稿，方得一纵横世系表法，虽亦不能尽善尽美，较之先前，则有所理清，若贤族同仁有更佳之法则，当一体共享。

余曾四次修订，初修于丁亥年八月初三日子时（公元 2007 年 9 月 13 日），重修于己丑年正月初一日申时（公元 2009 年 1 月 26 日），再修于庚寅年十月廿三日申时（公元 2010 年 11 月 28 日），四修于辛卯年正月初六日亥时（公元 2011 年 2 月 8 日），而定稿于云间星辰园。

后发布共享于同族间，互相传阅、复制，使表格格式紊乱，甚或错误连缀，故此重新校正树状图发布，再次补充修正，方便族人查阅校对。

# 一、黄帝先楚世系表

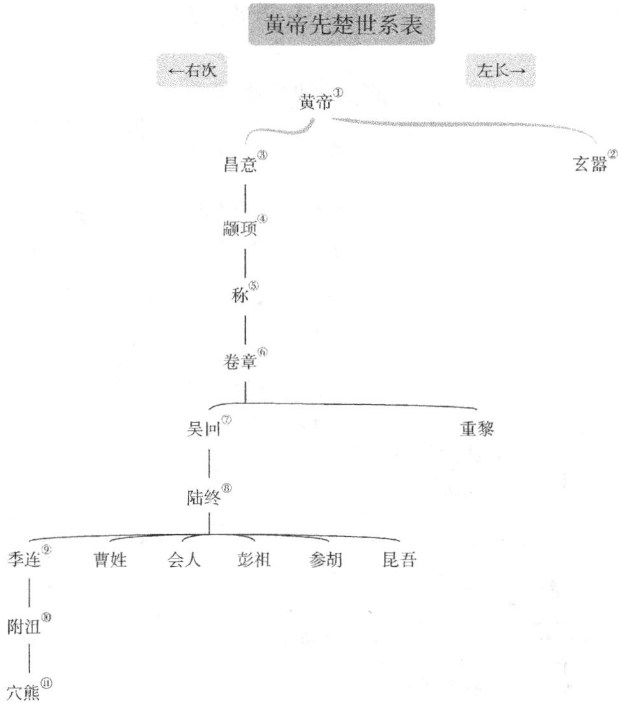


**图 116　黄帝先楚世系图表**

参考文献：《史记》——司马迁著。

①黄帝：上古五帝之首，有熊国君少典之子，生于轩辕之丘（今河南省新郑市）名曰轩辕；国于有熊（今新郑市），故号有熊氏；长于姬水（即岐水，在陕西省），遂以姬为姓；有土德之瑞，故曰黄帝；代神农为天子，在位百年（公元前约 2674—前约 2574 年），葬桥山；娶西陵之女嫘祖为正妃。

②玄嚣：为青阳，降居江水。

③昌意：降居若水，娶蜀山氏女昌仆。

④颛顼：号高阳氏，长于若水，都于帝丘（今河南濮阳），在位七十八年（公元前约 2490—前约 2413 年），寿 98 岁，葬濮阳。

⑤称：颛顼第十子，娶东城之女。

⑥卷章：娶根水之女娇福。

⑦吴回：高辛氏火正之官，后代重黎为祝融，娶东稚之女女华。

⑧陆终：夏诸侯，尧舜时被封于陆，般县陆乡即陆终故地，娶鬼方氏之女。

⑨季连：陆终第六子，娶苍舒氏之女。

⑩附沮：被封于熊。

⑪穴熊：据《史记》载："其後中微，或在中国，或在蛮夷，弗能纪其世，后裔为鬻熊。"

## 二、楚斗氏世系表

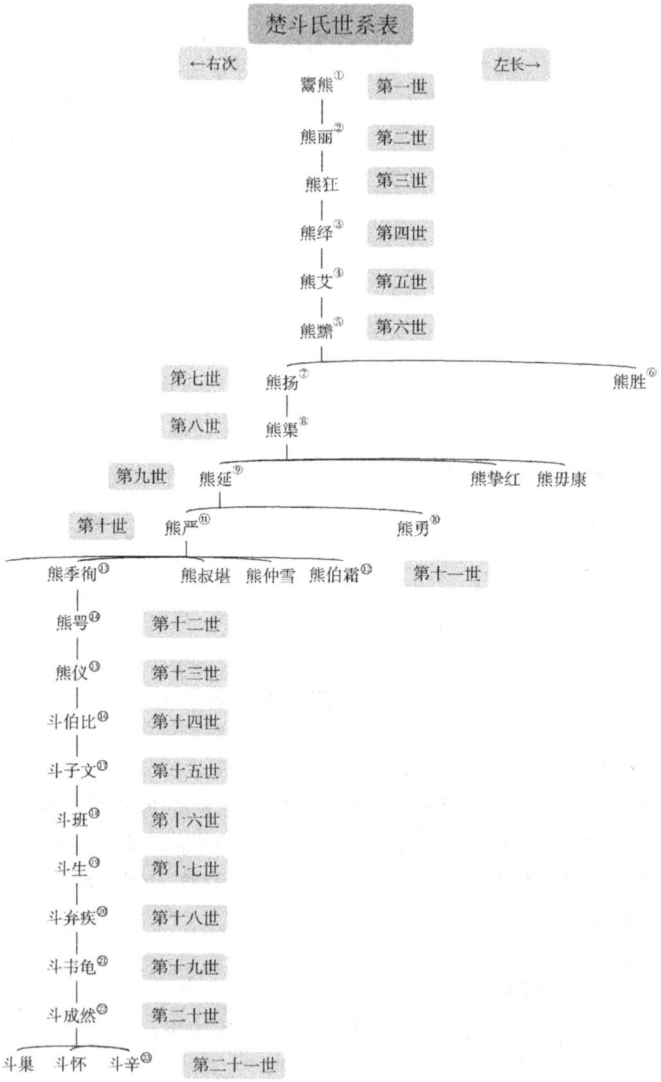


**图 117　楚斗氏世系图表**

参考文献：《史记》——司马迁著；《左传》——左丘明著。

①鬻熊：后人以其名为氏称熊氏，姓芈。

②熊丽：周文王之师。

③熊绎：以功臣之后封于楚，春秋时为楚国开国之君，居丹阳（今湖北秭归县东南），在位二十一年（公元前约1042—前约1021年）。

④熊艾：楚在位国君。

⑤熊黵：楚在位国君。

⑥熊胜：楚在位国君。

⑦熊扬：楚在位国君。

⑧熊渠：楚在位国君。

⑨熊延：后继承兄位为楚国君。

⑩~⑪熊勇、熊严：勇为楚国君，在位十年，严后继承兄位为楚国君，在位十年。

⑫~⑬熊伯霜、熊季徇：伯霜为楚国君，在位六年，季徇后继承兄位为楚国君，在位二十二年。

⑭熊咢：楚国君，在位九年。

⑮熊仪：楚国君，在位二十七年，又名若敖，娶郧国女。

⑯斗伯比：熊仪其中一子，为楚令尹，改姓斗。

⑰斗子文：字子文，因虎乳之，故名斗谷於菟（楚人谓谷为乳，谓虎为於菟）；曾率师灭弦、黄，公元前638年于泓水（今河南柘城县境内）战胜宋师，打破宋国称霸之念；后于楚成王八年（公元前664年）为楚国令尹（宰相），初任时曾捐出全部家产“毁家济国”；史书称其“喜怒不形物我无间，知有其国而不知有其身”，在位二十七年。

⑱斗班：字子扬，曾任申（春秋时楚属国，今南阳县）令，后继任楚令尹，其后裔有以其名为姓而姓班，便是班氏由来。

⑲斗生：原名克黄，曾任楚国箴尹（负责规谏）；楚庄王时发生内乱，工政蔿贾向庄王进谗言而杀斗班，斗班堂兄弟斗越椒为令尹；后斗越椒杀蔿贾并率族与庄王战于皋浒，斗越椒战败，若敖族被灭；此时斗克黄恰好出使齐国，返回时经宋闻此噩耗，同行劝其不要归国，斗克黄曰：“背弃君王之命，谁肯容我，君即天，天可逃乎？”坚持回国领罪，庄王念子文对楚国贡献与克黄对楚国忠诚而赦之，为其改名斗生。

⑳斗弃疾：为楚宫厩尹（副宰相）。

㉑斗韦龟：为楚大夫。

㉒斗成然：因军功为大夫，后为郊尹（郊地大夫），助楚平王登位，封令尹。

㉓斗辛：为郧公。

## 三、班姓先世世系表

参考文献：皖巢湖高林班家巷《班氏宗谱》节选，自秦汉末年班壹至明初迁入皖巢湖高林班家巷班神道，其间或有断代，或有迁徙，后世难以查询，余者暂且不录，仅此所知为先世世系表。后续再单独续出全国各地支脉谱系。

# 班姓先世世系表——第一至第八世

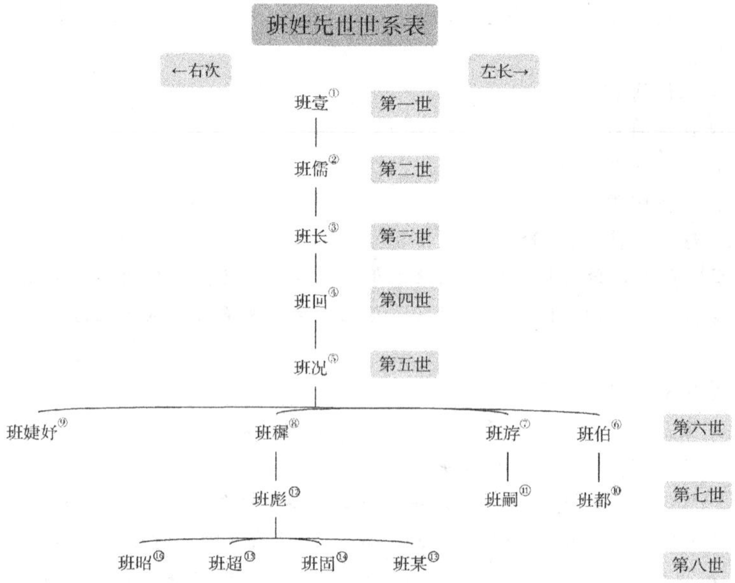


**图 118　班姓先世世系图表（第一至第八世）**

①~⑤班壹、班儒、班长、班回、班况：见《班氏历史人物第一至五世——合传》。
⑥~⑧班伯、班斿、班稺：见《班氏历史人物第六世——兄弟传》。
⑨班婕妤：见《班氏历史人物第六世——班婕妤传》。
⑩~⑪班都、班嗣：见《班氏历史人物第六世——兄弟传》。
⑫班彪：见《班氏历史人物第七世——班彪传》。
⑬班某<女>：见《班氏历史人物第十世前——外传》。
⑭班固：见《班氏历史人物第八世——班固传》。
⑮班超：见《班氏历史人物第八世——班超传》。
⑯班昭<女>：见《班氏历史人物第八世——班昭传》。

## 班姓先世世系表——班超世系（一）第八至第十九世

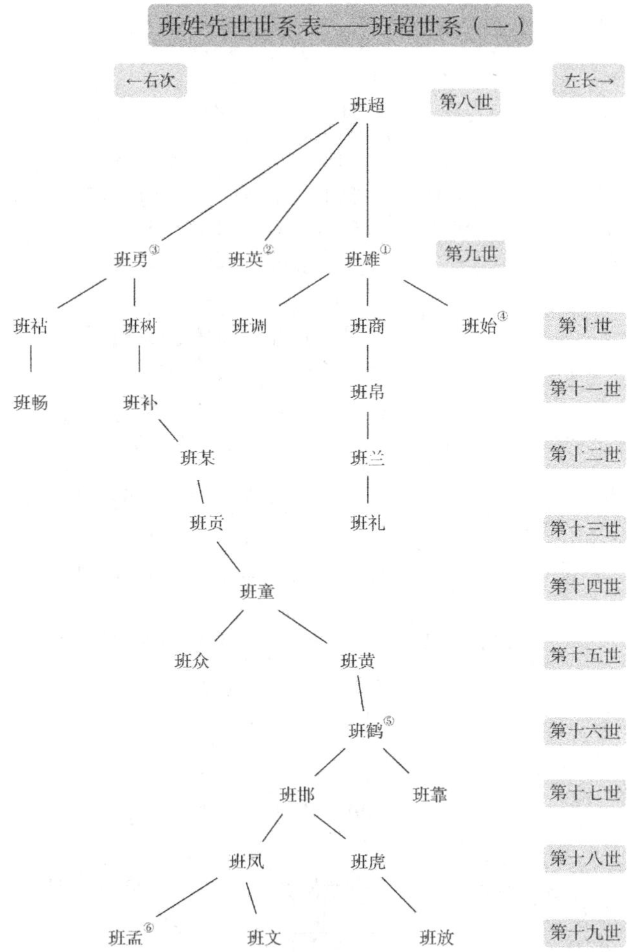


**图 119　班姓先世世系图表［班超世系（一）第八至第十九世］**

①~③班雄、班英、班勇、班始：见《班氏历史人物第九世——兄弟传 2》。
④班始：见《班氏历史人物第九世——兄弟传 2》。
⑤班鹤：见《班氏历史人物第十九世——班孟传》。
⑥班孟：见《班氏历史人物第十九世——班孟传》。

# 班姓先世世系表——班超世系（二）第十九至第三十一世

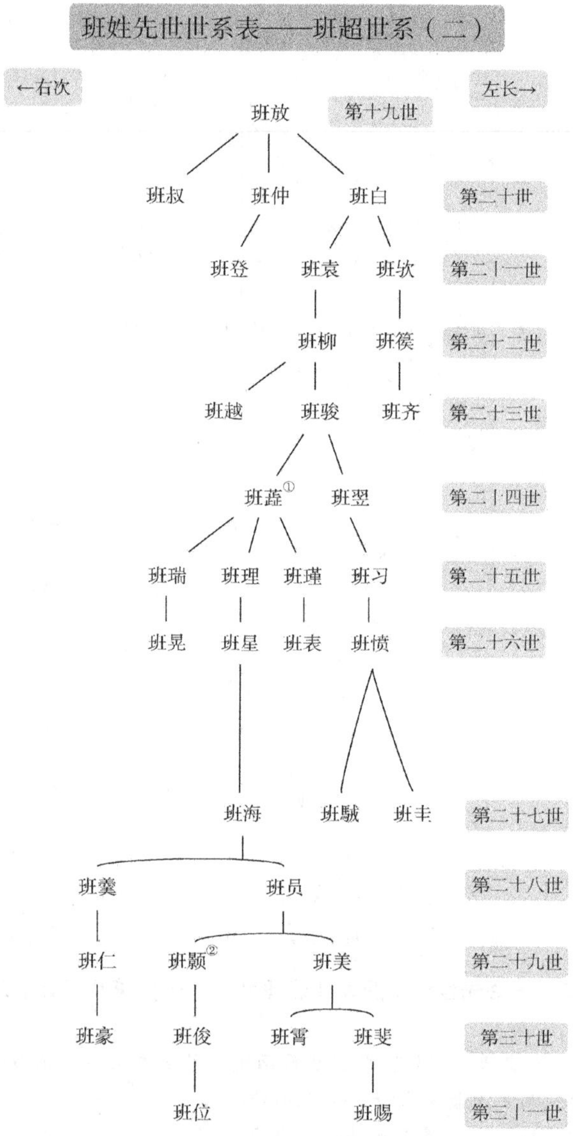


**图 120 班姓先世世系图表［班超世系（二）第十九至第三十一世］**

①、②班蓰、班颢：见《班氏历史人物第十八至三十六世——合传 2》。

## 班姓先世世系表——班固世系（一）第八至第二十五世

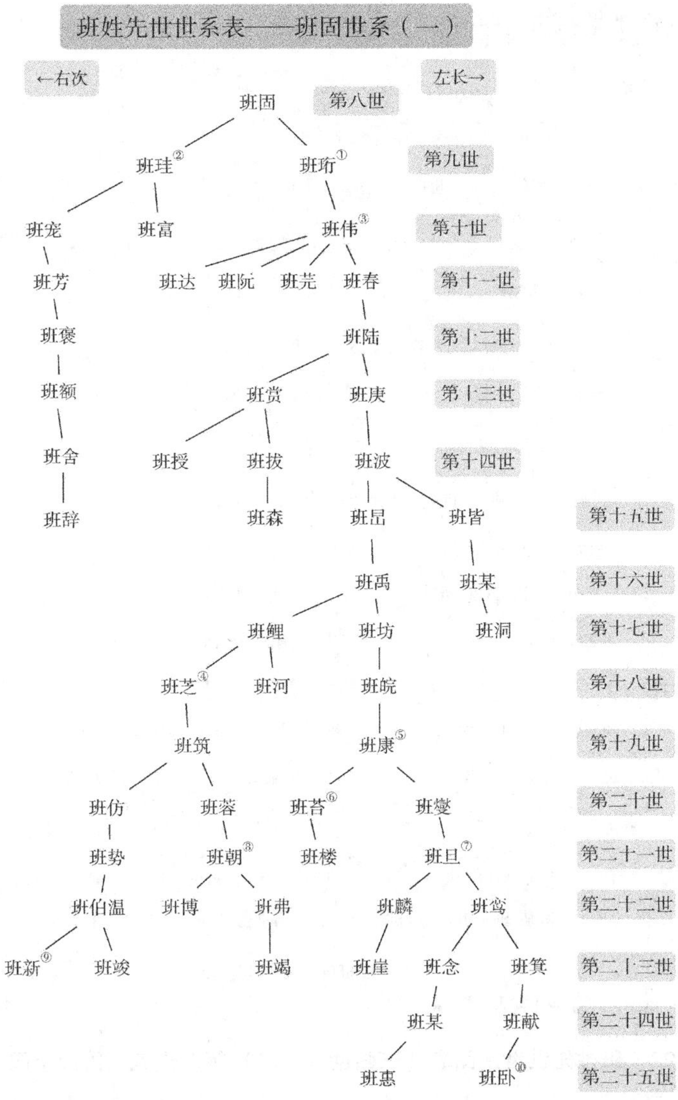


**图 121 班姓先世世系图表［班固世系（一）第八至第二十五世］**

①~③班珩、班珪、班伟：见《班氏历史人物第九世——兄弟传 2》。

④~⑩班芝、班康、班苔、班旦、班朝、班新、班卧：见《班氏历史人物第十八至三十六世——合传 2》。

## 班姓先世世系表——班固世系（二）第二十五至第四十四世

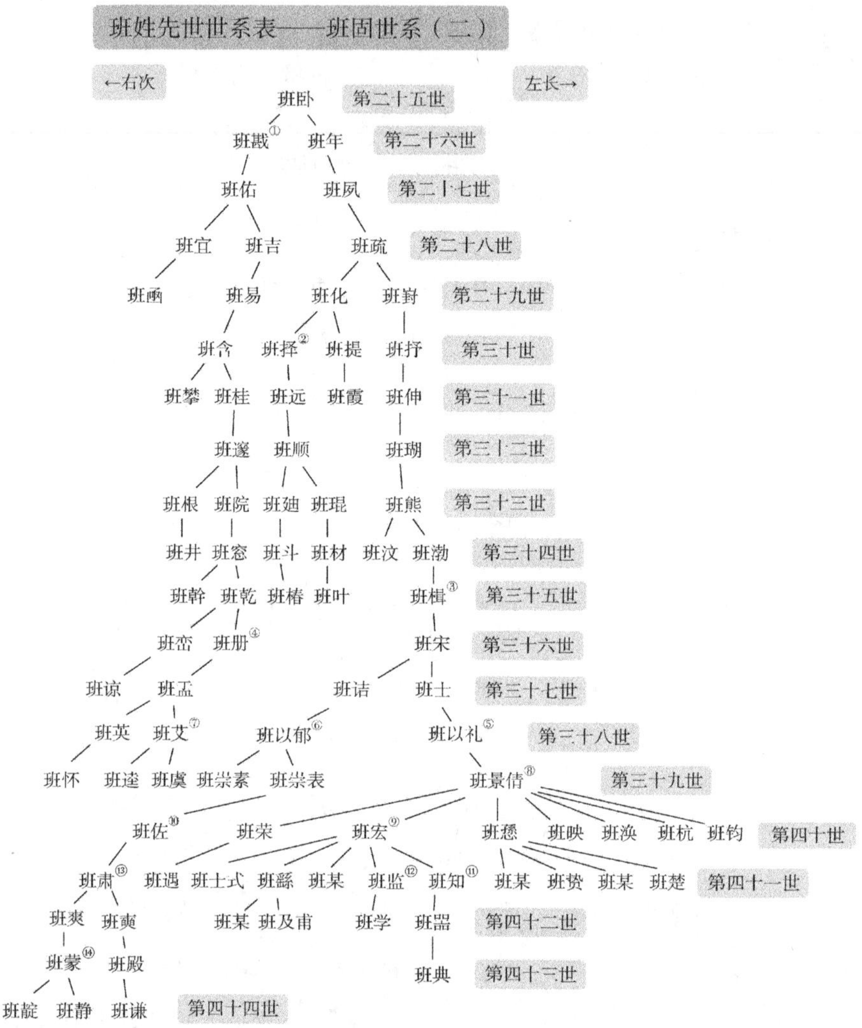


**图 122 班姓先世世系图表［班固世系（二）第二十五至第四十四世］**

①~④班戬、班择、班楫、班册：见《班氏历史人物第十八至三十六世——合传 2》。
⑤~⑦班以礼、班以郁、班艾：见《班氏历史人物第三十八世——兄弟传 3》。
⑧班景倩：见《班氏历史人物第三十九世——班景倩传》。
⑨班宏：见《班氏历史人物第四十世——班宏传》。
⑩~⑬班佐、班知、班监、班肃：见《班氏历史人物第四十一世——兄弟传 4》。
⑭班蒙：见《班氏历史人物第四十三世——班蒙传》。

## 班姓先世世系表——班固世系（三）第四十四至第六十七世

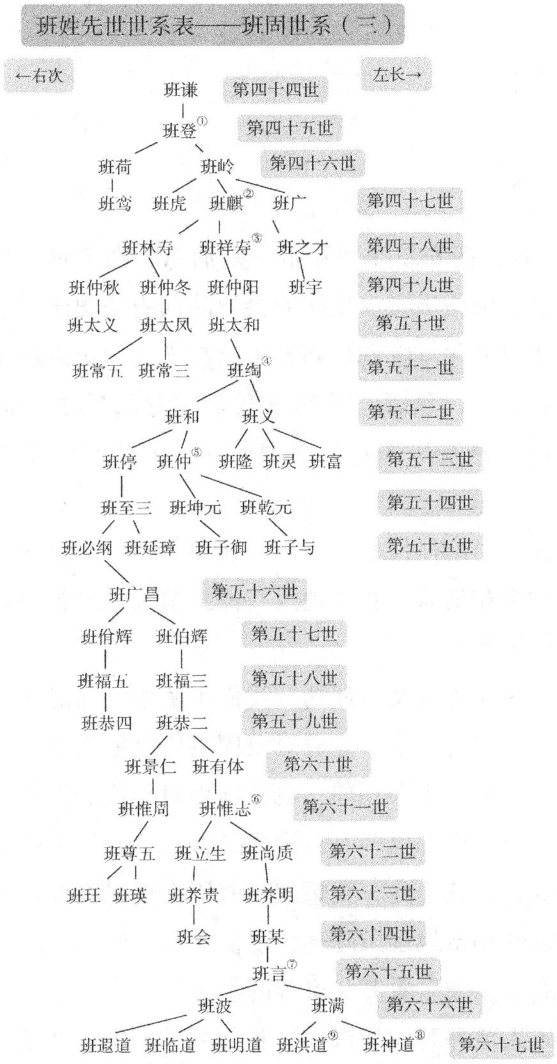


**图123　班姓先世世系图表［班固世系（三）第四十四至第六十七世］**

①~⑤班登、班麒、班祥寿、班绚、班仲：见《班氏历史人物第四十五至五十三世——合传3》。

⑥班惟志：见《班氏历史人物第六十一世——班惟志传》。

⑦~⑨班言、班神道、班洪道：见《班氏历史人物第六十五至六十七世——合传4》。

# （三十八）班固班超生卒年新考

2013年8月20日，西安新闻网发布一则消息，在宝鸡市扶风县太白乡浪店村的班固墓有望修复，由中国秦汉史研究会、陕西省历史学会、西北大学历史学院、陕西师范大学历史文化学院和陕西省神州汉文化保护发展基金会五家单位发起并举行班固学术研讨会，邀请全国20多位历史专家探讨班固墓现状和《汉书》的深层研究，同时启动修复班固墓的揭牌仪式，因此而引发了大家对班固墓的关注。

期间不断有班氏后裔前往探查和祭拜。2013年9月，四海班氏总群也前往班固墓查看，并最终联系和确认了相关地点与保护情况，并告知散居全国的班氏后裔，欲与明年会聚扶风举行祭拜活动。

作为班氏后人，对先祖的文治武功，我们不陌生，而对问及先祖如今诞辰多少周年时，只怕就不是很清楚了。随着对班固墓修复的重视，有关班固班超的生卒年开始引起关注，尽管有史书在前，也有学界对年代的划定，但我们并不能就因此而模糊地认可。况且史书也多有错讹之处，真要弄个水落石出，问个清楚明白，也是非常必要的，有鉴于此，我想就一些历史情况和社会公认的年代以及个人所见，进行一番抽丝剥茧地逐条陈述，以使大家了然不惑。

在说班固班超之前，先看看其父班彪的生卒年。

南北朝时期，宋人范晔著《后汉书·班彪列传》载："建武三十年，年五十二，卒官。"东汉光武帝刘秀建国前后用过两个年号，即位初用建武，元年始自公元25年，至三十二年四月，即公元56年改用中元，至二年二月崩，即公元57年。故班彪卒于建武三十年，即公元54年，年五十二，当生于公元3年，也即是西汉平帝元始四年。

中国古代一直沿用阴历计算年龄，与如今算虚岁一般，如年满十八周岁，虚岁已经十九，会比周岁大一岁。所以班彪生于公元3年，卒于公元54年，年52，准确无误，这一点毋庸置疑。

班彪生卒年已定，然则班固班超的生卒年却值得商榷了。

史书上对班固生年不见描述，卒年模糊不清，对班超卒年又矛盾重重，疑云难释。

兄弟二人的年龄关联甚紧，学界对班固的生卒年有种普遍的共识，认定班固生年基本倾向于建武八年（公元32年），卒于永元四年（公元92年），主要根据有两点：一是认为班超生于建武八年，班固长于班超，故至少是建武八年；二是《后汉书·班彪列传》后附班固传记其年六十一卒，故推论班固卒于永元四年。

那么班超是不是生于建武八年呢？如果不是，第一条便站不住脚，第二条也就不攻自破了。

让我们先来看看东汉皇帝的年号，把握好这条大经脉，方不致有差。

前面说到光武帝刘秀中元二年二月崩，即公元57年。

而后明帝刘庄即位，仍用中元年号，至次年改元永平，即公元58年，至十八年八月崩，即公元75年。

后章帝刘炟即位，仍用永平年号，至次年改元建初，即公元76年。章帝共用过三个年号，建初九年八月，即公元84年，改元元和，故建初九年也是元和元年。至四年七月，即公元87年，改元章和，故元和四年也是章和元年。至二年二月崩，即公元88年。

和帝刘肇即位，仍用章和年号，至次年改元永元，即公元89年。和帝共用过两个年号，永元十七年三月，即公元105年，改元元兴，故永元十七年也是元兴元年。至是年十二月崩。

殇帝刘隆即位，改元延平，即公元106年，至是年八月崩。

安帝刘祜即位，改元永初，即公元107年，至七年末，即公元113年。安帝共用过三个年号，改元元初，即公元114年，至七年四月改元永宁，即公元120年，故元初七年也是永宁元年。至永宁二年二月崩，即公元121年。

后略。

《长沙电力学院社会科学学报》1997年第2期发表了孙亭玉一文《班固生卒年新说》，该文否定了学界说，提出班固生于建武十一年（公元35年），卒于永元五年（公元93年）之说。主要论据有三：一是班固死于狱中具体时间难定；二是班昭永元十四年（公元102年）上书提到班超“今且七十”，认定班超其年六十七，则班超生年当是建武十二年（公元36年）；三是班固在《汉书·叙传》中自言“弱冠而孤”，班彪卒年建武三十年（公元54年）。

且不说学界说是否正确，单就孙文而言，第一条尚可，然证据不足，等于没说。第二条直接认定班超在永元十四年为六十七岁，亦属推测，缺乏确凿证据支持。古人多以男子二十岁加冠为成人礼，第三条单言弱冠以二十岁以下论，具有必要性，不具有充足性，因而不能推出上述论点。更何况《后汉书·班彪列传》附班固传中明确提到班固年六十一卒，建武十一年至永元五年，当卒年五十九，也无法吻合。

《史学史研究》2000年第1期登载了方是的文章《班固生卒年问题》，再次支持学界说，否定1997年2月孙文的新说。方是认定学界说的根据有两条。

第一条是《后汉书·班彪列传》附班固传云：“……及窦氏败，固先坐免官。固不教学诸子，诸子多不遵法度，吏人苦之。初，洛阳令种兢尝行，固奴干其车骑，吏椎呼之，奴醉骂，兢大怒，畏宪不敢发，心衔之。及窦氏宾客皆逮考，兢因此捕系固，遂死狱中。时年六十一。”

窦宪败于永元四年（公元92年），死于永元五年（见《后汉书》窦宪传、周章传）。窦宪败，班固先坐免官，种兢衔恨捕班固，遂死狱中。推测班固死于永元四年或五年，若是四年，时年六十一，当生于建武八年，学界说据此而论。认为永元四年可能性较大，因永元六年七月之前，洛阳令已有陈歆担任（见《后汉书》和帝纪、张纯附奋传）。若是五年，当生于建武九年，不是建武十一年。

第二条是《后汉书·班梁列传》云：“（超）永元十四年八月至洛阳。……其年九月卒，年七十一。”认为班超死于永元十四年（公元102年），当生于建武八年，班固是班超兄长，必生于建武八年或之前，故学界说较为可信。

从方文两条证据看来相当有说服力，但第一条毕竟还是猜测，没有准确的界定，第二条以班超的生卒年推论，又回到学界说开始的疑点，就是认定班超的生年为建武八年（公元32年），卒年为永元十四年，假若依此为前提，则学界说颇为可信。

那么还是之前所提出的问题，班超的生卒年是否准确？退一步说，即使班超的生卒年准确，对班固也还是一个推测，并不能说明班固的准确生卒年。

2009 年 9 月《辽宁工程技术大学学报社会科学版》第 11 卷第 5 期登载西华师范大学文学院高山一文《班固生卒年新论》，该文反驳了方是、孙亭玉，提出后汉书错误较多，经分析论证后认为班固应生于建武九年（公元 33 年），卒于永元五年（公元 93 年）。

高文列举了一系列证据和推导，大胆地对班超生卒年提出了质疑，认为班超的生卒年史书有误。

高文以《后汉书·班梁列传》载“（永元）十四年（公元 102 年）八月（超）至洛阳，……其年九月卒，年七十一”，认为班超卒于永元十四年是错误的，应为永元十六年（公元 104 年），而其生年当为建武十年（公元 34 年）。

《后汉书·班梁列传》载：“（永平）十六年（公元 73 年）奉车都尉窦固出击匈奴，以超为假司马，将兵别击伊吾，战于蒲类海，多斩首虏而还，固以为能，遣与从事郭恂俱使西域。……帝壮超节，诏班固曰：‘吏如班超，何故不遣而更选乎？今以超为军司马，令遂前功。’”

后续载：“明年（永元七年，公元 95 年），下诏曰：‘超遂踰葱领，迄县度，出入二十二年，其封超为定远侯，邑千户。’”严可均编《全上古三代秦汉三国六朝文》载为永元六年（公元 94 年），其出处亦是《后汉书·班梁列传》。

而考察班超传有“六年秋，……明年下诏曰”的字样，则此诏必作于永元七年，且袁宏撰《后汉纪》有“永元七年三月”条也记载“上嘉超，封超为定远侯”，故班超加封定远侯的诏书必是永元七年。

诏书中云“出入二十二年”，永元七年上推二十二年，当为永平十七年（公元 74 年），说明班超虽然永平十六年出战过西域，但是其出使西域时间应为永平十七年，所以班超出使西域必定是在永平十七年。

其传又云“超在西域三十一岁”，后又有任尚谓班超“君侯在外国三十余年”，则班超回归的时间应该在永元十六年（公元 104 年），而非永元十四年（公元 102 年），此为史书年代自相矛盾处，当为一处误笔。

班超以年七十一卒，则其生应在建武十年（公元 34 年）而非建武八年（公元 32 年）。

所以其妹班昭上疏时曰“且得延命沙漠，至今积三十年。……今且七十。……万里归诚，自陈苦疾，延颈踰望，三年于今”，其中“积”通“几”，为接近之意。而班超曾于永元十二年（公元100年）上疏请归，故班昭此疏当作于永元十四年（公元102年），恰为班超出使西域二十九年，时年六十九，“且”为将近之意，恰符合“今且七十”之言。

如按班超生于建武八年，则班昭上疏时应已七十一，不符合“今且七十”之意。以此可知，班超卒于永元十六年（公元104年），当生于建武十年（公元34年），实为可信。

班超生卒年即错，则学界说以班超为参考，便难以立足。由此可推知班固最晚亦生于建武十年，并不一定生于建武八年（公元32年）。

关于班固卒年，史书的确无确切记载，而学界以永元四年（公元92年）窦宪败以推知，并不确切。因为永元四年窦宪并不一定卒官，按《后汉书·周章传》载“大将军窦宪免，封冠军侯就国。章从太守行春到冠军，太守犹欲谒之”，所以班固卒年很可能是永元五年（公元93年），而非永元四年（公元92年）。

《后汉书·张酺传》载：

及窦氏败，酺乃上疏曰：“臣实愚蠢，不及大体，以为窦氏虽伏厥辜，而罪刑未着，后世不见其事，但闻其诛，非所以垂世国典，贻之将来。宜下理官，与天下平之。方宪等宠贵，群臣阿附唯恐不及，皆言宪受顾命之托，怀伊、吕之忠，至乃复比邓夫人于文母。今严威既行，皆言当死，不复顾其前后，考折厥衷。臣伏见夏阳侯瑰，每存忠善，前与臣言，常有尽节之心，检敕宾客，未尝犯法。臣闻王政骨肉之刑，有三宥之义，过厚不过薄。今议者为瑰选严能相，恐其迫切，必不完免，宜裁加贷宥，以崇厚德。”和帝感酺言，徙瑰封，就国而已。

此处东晋袁宏《后汉纪》记载略有出入，书载：

河南尹张酺上疏曰：“臣愚以为，窦氏之事，宜下理官，与天下共平其罪，恐后世不见其事，窦氏盛时，群臣莫不阿附，唯恐在后，皆以宪为伊、吕，比邓夫人于文母。及陛下发雷电之怒，皆以为罪不容诛。何前后之相背也？赖圣朝明达析其中，伏见夏阳侯瑰，前为光禄勋，每与臣相见，常有厉节竭忠庶几之心，检敕宾客，未尝犯法。臣闻王政有三宥之义，故蔡叔流言，周公原本而诛。臣愚以为，可黜环爵关内侯，还京师，竭忠供养比阳主，以优属垂示厚德。”上感酺言，徙瑰长沙侯。于是班固、何敞等免归家。

两篇虽字句有出入，但大体意思不差，全为窦氏求情之作。可见班固免官归家应在窦瑰徙侯、就国之后。

《后汉书·酷吏列传周纡传》载："永元五年，复征为御史中丞。诸窦虽诛，而夏阳侯瑰犹尚在朝。纡疾之，……会瑰归国，纡迁司隶校尉。"

《后汉书·窦宪传》载："瑰以素自修，不被逼迫，明年（永元五年，公元93年）坐秉假贫人，徙封罗（县，长沙郡）侯。"

说明窦瑰归国改封侯都应当于永元五年，则班固永元五年初应当还在，于是年曾免归家，所以班固卒年不应该早于永元五年。

假如班固永元四年即死，那么《后汉书》已明确记载班固党于窦氏，及窦氏败，班固先坐免官，则班固并没有被立即系捕，且太尉宋由于永元四年秋七月坐宪党自杀，而其实并没有被罢免官职，故窦宪党羽免官归家亦应晚于七月，则班固被捕时间很可能就在永元五年。

而永元六年秋七月时，洛阳令已是陈歆，见《后汉书·张纯附奋传》载"收洛阳令陈歆"，从《后汉书》记载看，种兢似乎也不可能等太长时间，所以班固卒于永元五年较为合理。

《汉书·叙传》载："弱冠而孤。"

《后汉书·班彪列传》载："建武三十年（公元54年），年五十二，卒官。"

弱冠在两汉时期并不特指二十岁，如《汉书·东方朔传》载："至年十八而冠，出则执辔，入则侍内。"又如《后汉书·胡广传》载："终、贾扬声，亦在弱冠。"李贤注二人皆为十八岁，又如《后汉书·张衡传》亦引其《思玄赋》云"董弱冠而司衮兮"，李贤注董贤字圣卿，哀帝时为大司马，年二十二岁。

可见弱冠在两汉时期当在二十岁左右，其差当不大于两岁。

若以学界说班固生于建武八年（公元32年），则班彪卒时班固已二十三岁，与二十岁相差较远，似乎不应该称"弱冠而孤"。

所以推论班固应该生于建武九年（公元33年），卒永元五年（公元93年），颇为可信。

《后汉书·班彪列传》后附班固传载："永平（公元58年）初，东平王苍以至戚为骠骑将军辅政，开东，延英雄。时固始弱冠，奏记说苍曰：……苍纳之。

父彪卒，归乡里。”

永平初班固已二十六岁，仍称“固始弱冠”，纯属史书错误，后又说其父班彪卒，班固归乡里，便是错讹相承，自相矛盾之处。史书中多有此类错误，不足为奇。

古人父母卒，多有守孝三年期，不出游，不入仕。故建武三十年（公元 54 年）班彪卒，班固归乡里守孝。

《后汉书·班梁列传》载：“永平五年（公元 62 年），兄固被召诣校书郎，超与母随至洛阳。”说明班固归乡守孝期满并未立即离开，而是过了五年，等到永平五年时才奉诏入京，此时班固已三十岁。

《隋书·经籍志》曾载录八家《后汉书》为“谢承《后汉书》一三〇卷；薛莹《后汉记》六十五卷；司马彪《续汉书》八十三卷；华峤《后汉书》十七卷；谢沈《后汉书》八十五卷；晋张莹《后汉南记》四十五卷；袁山松《后汉书》九十五卷；范晔《后汉书》九十七卷，又刘昭注本一二五卷”。

现除范晔书及附于其后的司马彪书“八志”以外，皆已散佚。鲁迅曾与一九一三年三月精校谢承《后汉书》辑成六卷，但未印行。

谢承（公元 182—254 年），字伟平，会稽山阴（今浙江省绍兴）人，三国时吴国孙权皇后谢夫人之弟，其父为东汉尚书郎谢煚。承博学洽闻，尝所知见，终身不忘，尤熟悉东汉史事及本郡掌故，曾任武陵太守，著《后汉书》。

据说谢承《后汉书》中载：“班固年十三，王充见之，抚其背谓班彪曰：‘此儿必记汉事。’”谢承书已佚，此文见于范晔《后汉书·班固传》李贤注：“班固生于建武八年，比王充小五岁，班固十三岁，王充到京师时，已年满十八，正当汉光武二十年。”故推测王充到太学的时间，大约在建武二十年（公元 44 年）。

且不说谢承书真本如何记载，只是李贤注也是基于范晔《后汉书》的年代问题，未做深层细考，也是推测罢了。

李贤，字明允，章怀太子，唐高宗第六子，武则天次子。李贤成为太子后召集众多学者如张大安等为范晔的《后汉书》作注释，史称“章怀注”，具有很高的历史文献价值，后人大多对《后汉书》的理解也多从此注而来，想必学界说也多借鉴于此注。

综上所述，结合相关证据推导，大体可得出较为可信的情况，总结如下：

班彪，当生于元始四年（公元 4 年），卒于建武三十年（公元 54 年），年五十二。

班固，当生于建武九年（公元 33 年），卒于永元五年（公元 93 年），年六十一。

班超，当生于建武十年（公元 34 年），卒于永元十六年（公元 104 年），年七十一。

# （三十九）中华班氏宗亲历届祭祖大典视频记录篇

本篇说明

回忆记录全国班氏后裔相聚一堂，开始全国性联谊并祭祖大典，摄录历届祭祖大典主会场的视频，以供大家分享。

这里仅就全国班氏后裔共同祭祖视频为要，并未列出各分支地方的祭祖视频，因为内容太多，难以覆盖全，望乞见谅。诸如安徽、河南、天津、山东、广东、广西、贵州等地皆有各自祭祖联谊视频，未能尽数列出。

祭祖与联谊，本就为凝聚和团结班氏家族后裔子孙，共同见证历史与未来的发展，努力奋斗，贡献社会自己的一份力量。

公元 2011 年 4 月 3 日，来自上海、内蒙古、山西、山东、河北、河南、安徽、湖北、湖南、贵州等 10 个省市区的班姓后人，共 60 余人，参加了在山西省忻州市及原平市举行的第一届中华全国班氏宗亲联谊会暨“三班故里”祭祖大典。

让我们记住这个时刻吧！

未来还有更多的期许！

**图 124 摄于 2011 年山西忻州原平三班古墓祭祖大典**

图 125　摄于 2011 年山西忻州原平三班古墓祭祖大典

**附视频记录链接列表（请输入链接地址到浏览器打开）**

1. 第一届中华班氏宗亲联谊会暨“三班故里”祭祖大典。

https://v.youku.com/v_show/id_XNzE3NDQ1MTUy.html? spm=a2hbt.13141534.app.5~5! 2~5! 2~5~5~5! 2~5~5! 2~5! 2~5! 2~5~5! 5~A.

2. 第二届中华班氏宗亲联谊会暨“三班故里”祭祖大典。

https://v.youku.com/v_show/id_XNzE3NDQ2ODUy.html? spm=a2hbt.13141534.app.5~5! 2~5! 2~5~5~5! 2~5~5! 2~5! 2~5! 2~5~5! 4~A.

3. 第三届中华班氏宗亲联谊会暨“三班故里”祭祖大典。

https://v.youku.com/v_show/id_XNzE3NTM0OTYw.html? spm=a2hbt.13141534.app.5~5! 2~5! 2~5~5~5! 2~5~5! 2~5! 2~5! 2~5~5! 2~A.

4. 第四届中华班氏宗亲联谊会暨“班固墓”祭祖大典。

https://v.youku.com/v_show/id_XNzE3NDc3OTA0.html? spm=a2hbt.13141534.app.5~5! 2~5! 2~5~5~5! 2~5~5! 2~5! 2~5! 2~5~5! 3~A.

5. 第五届中华班氏宗亲联谊会暨“三班故里”祭祖大典。

https://v.youku.com/v_show/id_XNDM3MTYxNzUyOA==.html.

6. 第六届中华班氏宗亲联谊会暨“三班故里”祭祖大典。

https://v.youku.com/v_show/id_XMTU2Nzk5NDc0MA==.html? from=s1.8-1-1.2.

7. 第七届中华班氏宗亲联谊会暨“三班故里”祭祖大典。

https://v.qq.com/x/page/j0930qf5l5z.html.

8. 第八届中华班氏宗亲联谊会暨“三班故里”祭祖大典（缺）。

https://www.meipian.cn/237qfw5v.

9. 第九届中华班氏宗亲联谊会暨“三班故里”祭祖大典。

https://v.qq.com/x/page/t3011t35rn1.html.

10. 第十届中华班氏宗亲联谊会暨“三班故里”祭祖大典。

（因疫情影响，2020年不举办祭祖大典和联谊活动，十周年祭祖大典推迟，敬请期待）